BASTEI
LÜBBE

JOACHIM BRESCHKE

Der Garten ohne Gift

ALTERNATIVE METHODEN FÜR EINEN NATÜRLICHEN UND GESUNDEN GARTEN

BASTEI
LÜBBE

BASTEI–LÜBBE TASCHENBUCH
Band 66 102

Farbfotos: Fotodienst Fehn, Schwabenheim
Illustrationen: Fritz Windscheif

Lizenzausgabe: Gustav Lübbe Verlag GmbH, Bergisch Gladbach
Printed in Western Germany 1986
Einbandgestaltung: K.K.K.
Satz: ICS Computersatz GmbH, Bergisch Gladbach
Herstellung: Ebner Ulm
ISBN 3–404–66102–8

Inhalt

Der Garten ohne Gift, aber mit modernen Methoden

Was ist Gift für den Garten? Jeder denkt, das ist leicht zu beantworten: natürlich die Chemie. Aber schon Paracelsus wußte, es kommt auf die Dosis an, damit aus einem Gift ein Heilmittel wird. Und so ist es auch bei der Pflanzenernährung, schädlich ist hier nur ein Zuviel zum falschen Zeitpunkt, aber auch, und daran denken heute wenige, zu wenig, wenn es dringend gebraucht wird! Sonst entstehen unterernährte Krüppelpflanzen, die geschwächt leichter von Schädlingen und Krankheiten befallen werden. Viele Erreger sind Schwächeparasiten, das heißt, sie befallen pflanzliches Gewebe nicht, solange es gesund und widerstandsfähig ist.

Es geht also nicht darum, grundsätzlich alle synthetischen Produkte aus dem biologischen, alternativen, naturnahen Garten herauszuhalten. Vielmehr muß ein Kompromiß gefunden werden, der alle modernen Mittel und Methoden zuläßt, soweit sie absolut unschädlich sind. Zur großen Überraschung stellt sich dabei heraus, daß viele industrielle Produkte in ihrer Wirkung natürlicher sind als Opas Rezepte. Nehmen wir nur die Kunststofferzeugnisse von den Schaumstoffen zur Bodenverbesserung bis zu den Folien und plastischen Details. Sie sind steriler, weil künstlich, aber was heißt das schon? Sie sind sauberer, keimfrei, vorbeugender Pflanzenschutz.

Das gleiche gilt für die Pflanzenernährung. Die organischen Düngestoffe haben ihre Tücken; nicht umsonst heißt es bei vielen Kulturen immer wieder und grundsätzlich: Nicht auf frisch gedüngtes Land. Wer Vogelmist für harmlos hält, kann sein blaues Wunder erleben. Daneben sind die synthetisch-organischen Stickstoffverbindungen in den Formaldehydkondensaten Crotodur und Isodur, die seit den 20er Jahren hergestellt werden, wahrhaft biologisch. Sie werden von Bakterien ganz allmählich und abhängig von Temperatur und Feuchtigkeit so weit abgebaut, daß die Pflanzen sie dann aufnehmen können, wenn sie am dringendsten gebraucht werden, bei Wuchswetter.

Naturgarten – Nutzgarten

»Naturgärten werden zu ökologischen Nischen, in denen sonst zum Tode verurteilte Arten überleben können; zu Inseln auf dem Weg wandernder Tierarten«, vermutet Horst Sterns Umweltmagazin »natur«. Ihr Wert liege in dem »konkreten Beitrag, dem Arten-Sterben in unseren totgepflegten Kultur-Landschaften entgegenzuwirken«. Damit ist der Sinn des Gartens in sein Gegenteil verkehrt, und deshalb ist diese Auffassung nicht vollständig. Naturgärten sind in diesem Buch alle Gärten, in denen Pflanzen auf natürliche Weise heranwachsen. Es sind keine winzigen Naturschutzgebiete. Es soll darin nicht Natur wie in romantischer Landschaftsmalerei nachgeahmt werden. Der heutige Naturgarten ist vielmehr ein Nutzgarten, dessen Vegetation standortgemäß ausgewählt und mit dem absoluten Minimum an Pflege herangezogen wird.

Schließlich, wovon lebt die Pflanze wirklich? Kein noch so überzeugter Makrobiologe kann daran vorbeigehen, daß neben dem Kohlenstoff und Sauerstoff, als CO_2 aus der Luft aufgenommen, eine ganze Kette elementarer Chemikalien als Nährstoffe vorhanden sein müssen, damit eine Pflanze wachsen kann: Stickstoff, Phosphor und Kali, Kalk, Magnesium, Mangan, Eisen, Bor, Kupfer, Zink, auch der verdammte Schwefel aus dem sauren Regen gehört dazu, ja die Schwefeldüngung war sogar die erste Mineraldüngung überhaupt, als man noch Gips auf die Felder streute. Das Element wird gebraucht für den Aufbau von Eiweiß (warum sonst riecht faules Ei nach Schwefelwasserstoff?), Vitaminen, Enzymen und wohlriechenden Ölen in Knoblauch, Zwiebeln, Porree. Bei Schwefelmangel hellen die Blätter auf, mit den biologischen Erzeugnissen ist nicht mehr viel los.

In seenahen, schwach besiedelten Gebieten, wo der Wind hauptsächlich vom Meer her kommt, kann Schwefel heute noch bei intensiver Kultur fehlen, so daß mit Kali- oder Magnesiumsulfat gedüngt werden muß. Sonst kommt davon mehr als nötig vom Himmel runter und zeigt noch einmal mit aller Schärfe das eigentliche Problem: Es kommt stets auf die richtige Menge an. Auch im biologischen Pflanzenschutz, selbst da oder gerade da, wo er wirklich wirksam ist. Es bringt überhaupt nichts, natürliche Pflanzenschutzmittel einzusetzen, bevor die Zahl der Schädlinge so groß geworden ist, daß die natürlichen Feinde dagegen nicht mehr ankommen. Dann aber muß man seine Pflanzen schützen.

Von der Baugrube zur Pflanzgrube

Bevor die Baugrube ausgehoben wird, muß der Mutterboden abgehoben und sorgfältig aufbewahrt werden, das ist Vorschrift. Die Erde wird in Mieten gelagert, die nicht höher als 1,50 m liegen. Damit sie nicht austrocknen oder vernässen, deckt man Schwarzfolie darüber, die kein Unkraut aufkommen läßt. Gründüngungspflanzen aktivieren das Bodenleben bis in tiefere Schichten und sammeln mit ihren Wurzeln Stickstoff aus der Luft. Es gibt winterharte Arten wie Seradella (für Sandboden), Inkarnatklee, Winterwicken und -raps, Weißer Stein- und Gelbklee, Esparsette (für kalkreiche Böden), die ab Sommer gesät werden können.

Bodensäuberung mit Gründüngungspflanzen
Gründüngungspflanzen, die zu den Korbblütlern gehören, können Schädlinge bekämpfen. Deutsche Saatgutzüchter haben diese Wirkung zuerst in Indien beobachtet. Felder mit Tagetes bepflanzt, waren praktisch nematodenfrei. Nematoden sind bis 1 mm kurze Fadenwürmer, die zum Teil im Boden leben und sich vom Pflanzensaft der Wurzeln ernähren. Einige der schönsten Sommerblumen haben sich reinigend für den Boden erwiesen, etwa die einjährige Tagetes, Calendula, Rudbeckia, Coreopsis und andere. Sie locken die schädlichen Kleinwürmchen an und vergiften sie mit ihrem Pflanzensaft.

Wie holländische Wissenschaftler in der Versuchsstation Wageningen herausgefunden haben, erreichen gut zusammengestellte Mischungen dieser Sommerblumen eine 95prozentige Todesrate unter den einheimischen Nematoden. Ein Pflanzenzüchter hat für schwere Böden eine Kurpackung aus blauer Lupine, Felderbse, Sommerwicke, Inkarnatklee, Gelbsenf, Phacelia, Sonnenblumen und der Plattererbse Bodenfreund gemischt (hauptsächlich für den Sommer). Leichte bis mittlere Böden sind besser bedient mit gelber Lupine, Seradella, Weißklee, Rüben oder Phacelia. Vorbeugend gegen Bodenmüdigkeit gibt es eine Mischung, die prächtig aussieht und trittfest ist.

Aussaattermine
Die Frühjahrskur auf den Erdmieten wird Ende März, Anfang April ausgesät, und zwar 50 g auf 50 m^2, breitwürfig auf die gelockerte Oberfläche. Viel Pflege brauchen die Einjahrsblüher nicht, sie müssen nur feucht gehalten und, falls die Wüchsigkeit nachläßt, mit etwas Volldünger bestreut werden. Eine zweite Aussaat ist zwischen Mitte Juni und Mitte Juli möglich. Werden die Wurzeln kompostiert, kann man den Rohkompost im Garten ausbreiten, wo Massenbefall von Saugälchen das Wachstum von Bäumen und Sträuchern, Rosen und Koniferen, die Erträge von Gemüse und Erdbeeren schmälert. Man erkennt das deutlich, wenn Möhren beinig werden, verdickt oder verkrüppelt.

Unterboden beleben
Der Unterboden muß spatenstichtief umgegraben werden. Doch die mechanische Lockerung des Untergrundes hält nicht lange vor, wenn die Feinerdebestandteile nicht biologisch gekrümelt, in beständige Komplexe verbaut werden. Dazu helfen Kalk und Torf mit seinem hohen Anteil an schwer verrottbaren Dauerhumusfasern und riesigem Porenvolumen. Lehm- und Tonböden auf kalkhaltigem Gestein, sogenannte Kalkböden, brauchen langsam zersetzbaren Humus, weil hier alle anderen organischen Stoffe schnell verrotten.

Torfgaben
Mit Kalk- und Torfgaben verändert man den Reaktionszustand des Bodens, daß er im neutralen Bereich zwischen 6 und 7 pH pendelt (s. S. 42). Je nach Schwere des Bodens schätzt man 1 bis 2 kg Düngekalk pro Torfsack, um den pH-Wert anzuheben. Bei fünf oder mehr Ballen Torf ist das für hundert Quadratmeter eine solche

Menge, daß sie auf mehrere Gaben in den folgenden Jahren verteilt werden muß. Im Mittel liegen die Mengen für kalkbedürftige Böden bei 10 bis 20 kg kohlensaurem Kalk.

Azotobacter

Um den Boden lebendig zu machen, wird Florahum mit luftliebenden Azotobactern angereichert. Sie leben von Luftstickstoff und der hundertfachen Menge Kohlenstoff in leicht verrottbaren organischen Substanzen. Außerdem müssen Spurenelemente wie Molybdän vorhanden sein. Zusammen mit anderen freilebenden Stickstoffsammlern bringen sie bis 10% reinen Stickstoff auf 1 m^2, ausreichend für Gehölzpflanzung, Stauden und Rasenflächen. Für die Bodenverbesserung werden fünf bis zehn große oder sieben bis 14 kleine Polypackungen empfohlen. In den großen sind 110 Liter naturfeuchter, ohne Einweichen sofort verwendbarer Edeltorf, in den kleinen 80 Liter enthalten.

Den Boden natürlich verbessern

Ein dichter Rasen von Kräutern und Gräsern überzieht in kurzer Zeit den Aushub eines Baugrundstücks. Dazwischen sind prachtvolle Gewächse, wuchtig im Wuchs, vollendet die Blütenschönheit. Das ist ein selten gewürdigtes Geschenk unseres Klimas, das uns vor Versteppung bewahrt, selbst wenn der Mutterboden verloren ist. Wir könnten uns auf die Natur verlassen, wenn im Garten nichts weiter wachsen soll, als was der Wind und die Vögel aussäen.

Diese Natürlichkeit wird von einigen Gartengestaltern empfohlen. Der Garten hat jedoch noch einige andere

Gegen den Naturgarten

Das Urteil des Amtgerichts Darmstadt (Aktenzeichen 36 C 4279/81) über einen verwahrlosten Garten hat zu einem heftigen Gutachterstreit geführt. Dr. Aloys Bernatzky, Frankfurt, Mitglied der Akademie für Städtebau und Landesplanung, vertritt darin kompromißlos konservative Ansichten. »Diese Mode« werde nur von vereinzelten Spinnern imitiert, das gesunde Volksempfinden wünsche dagegen den harmonisch angelegten und gepflegten Garten als »Sinnbild des Friedens«. Das Gericht war vernünftiger und wies die Klage ab. Allerdings nicht rechtskräftig, es ist Berufung eingelegt. Neues Aktenzeichen beim Landgericht: 17 S 168/82.

Aufgaben, die so nicht erfüllbar sind. Er soll ein erweiterter Wohnraum für die Familie sein, Spielplatz für Kinder, Marktplatz für die Küche, zur gesunden Selbstversorgung beitragen, die Kosten für Lebensmittel senken oder einfach schön sein.

Boden lüften

Umweltschützer können den Boden auf natürliche Weise verbessern, so daß die gewünschten Gewächse gedeihen. Was aber, wenn der Boden tonhaltig und schwer ist? Die oberflächig wurzelnden Gräser brauchen Luft an den Wurzeln, sonst ersticken sie. Dazu verhilft ihnen eine ausreichende Menge kalkfreier, scharfkörniger Sand, der oberflächig eingemischt wird. Koksgrus oder Koksasche ist stellenweise leichter zu bekommen, feiner Splitt oder Torf lockern ebenfalls.

Unkraut als Salat

Nach Untersuchungen von Prof. Dr. Wolfgang Franke vom Institut für landwirtschaftliche Botanik an der Universtität Bonn enthält Kopfsalat 13 mg Vitamin C in 100 g Frischmasse, Gänseblümchen dagegen 85 mg, die Pimpinelle sogar 540 mg. 55 Pflanzen wurden untersucht, darunter Schafgarbe, Ochsenzunge, Gänseblümchen, Wegwarte, Weidenröschen, Wegerich, Vogelmiere, Wiesenbocksbart, Löwenzahn, Huflattich und Brennesseln. Prof. Franke plädiert dafür, einige Wildarten im Garten gezielt anzubauen oder wachsen zu lassen (entsprechende Samen sind in guten Fachgeschäften erhältlich). Und das nicht nur wegen des Vitamingehalts, sondern weil sie oft hohe Mineralstoffwerte und heilkräftige Substanzen enthalten, die nach alter medizinischer Weisheit die Gesundheit fördern.

Harzschäume

Die beste dauerhafte Bodenverbesserung sind Harnstoff-Harzschäume und aufgeschäumtes Polystyrol. Das sind natürliche Produkte. Schon Luftsauerstoff genügt, daß einfache Ameisensäure daraus wird. Diese leichte Reaktionsfähigkeit führt zu schnellen Verbindungen mit Eiweiß, das gerinnt, sich härtet und verfestigt. Es dauert lange, ehe sich der Harnstoff wieder aus dieser Verbindung löst und in schwachen Dosen als Dünger pflanzenaufnehmbar wird.

Organischer Harzschaum

Hygromull-Flocken speichern das 40fache ihres Gewichts an Wasser, das schnell und voll wieder für die Pflanzenwurzeln verfügbar ist. Auf diese Weise entsteht ein »Verdünnungseffekt« in versalzenen Böden. Die offenporigen Zellstrukturen schaffen regelrechte salzfreie Zonen, die von den Pflanzenwurzeln bevorzugt werden, vor allem bei der Keimung, die in manchen Fällen überhaupt erst in schaumverdünnten Substraten möglich ist.

Schaumstoffflocken sind pflanzenfreundlich, chemisch neutral, lockern oder erhöhen die Wasserhaltekraft besser als viele organische Bodenhilfsstoffe.

Geschlossene Poren

Für bindige, schwere Böden sind geschlossenporige Schaumflocken geeignet, die zu 98 Prozent aus Luft bestehen. Sie sind so leicht, daß ein Kubikmeter zwischen 10 und 20 kg wiegt; drei bis vier Kubikmeter reichen aus, um 100 m^2 Gartenfläche aufzulockern. Das Material saugt kein Wasser auf, ist chemisch neutral und damit uneingeschränkt pflanzenverträglich. Es verrottet kaum und hinterläßt keinerlei Neben- und Nachwirkungen. Denkt man an die Moore, aus denen unser Torf gestochen wird, sollten einem die Flocken gerade recht sein.

Offene Poren

Offenporige Schäume haben die entgegengesetzte Eigenschaft, um lockere, sandige Böden bindiger zu machen und ihre Festhaltekräfte für Wasser zu stärken. Torf ist empfohlen worden, damit der Rasen seine eigene Humusschicht bildet. Das vermögen die wasserspeichernden Poren aus der Retorte nicht , dafür halten sie das Wasser so fest, daß es erst bei starker Trockenheit an die Graswurzeln abgegeben wird.

Wasseranziehend

Sie sind wasseranziehend (hygroskopisch, daher der Name Hygromull), so daß die Luftfeuchtigkeit nahe über der Erdkruste abgesenkt wird. Das ist in Versuchen exakt gemessen worden. Feuchte Grashalme trocknen schneller, und die Gefahr von Pilzkrankheiten sinkt. Unter Glas hat man auf diese Weise erreicht, daß kein Mehltau mehr aufgetreten ist, worauf die Erntemenge um ein Viertel anstieg.

Gemischte Flocken

Die höchste Wirkung erreicht eine Mischung mit geschlossenporigem Styromull im Verhältnis 7:3, die im

Handel als Hygropor erhältlich ist. Die trockenen Flokken haben ein Schüttgewicht von 14 kg pro Kubikmeter und nehmen 50 Volumenprozent Wasser auf. Im Freiland werden nach Schwere des Bodens bis 5 m^3 eingearbeitet, unter Glas 1,5 bis 2 m^3. In Pflanzgefäßen rechnet man ein Fünftel bis ein Viertel des Rauminhalts für Flocken, nach Luftbedarf der Arten mehr oder weniger. In Containern kann man bis 35 Volumenprozent mehr untermischen, für Kübelflanzen, Tröge, Dachgärten bis 50%, Moorbeetpflanzen vertragen 40 bis 50%.

Stallmist

Natürliche Dünger kommen für die tiefere Bodenverbesserung nicht in Frage. Stall- und Kleintiermist verrotten in der Tiefe des Bodens nicht, sondern faulen oder vertorfen. Weil der Boden unter einer Grasfläche jahrelang nicht mehr gegraben wird, muß die Lockerung lange erhalten bleiben. Für den nötigen Humus sorgen die Graswurzeln selber, in Versuchen von 2% auf 8% ansteigend. Der Nachteil organischer Stickstoffdünger wie Stallmist, Jauche, Kleintiermist ist, daß sie nur zu 10 bis 30% ausgenützt werden, wenn man sie auf dem Land verteilt. Ein erheblicher Teil der Düngerwirkung verfliegt in der Luft, wenn sie nicht sofort untergegraben werden. Der Rest wandelt sich im Boden schnell in Nitrate um, die ins Grundwasser, in Bäche und Teiche abfließen. Es sind keineswegs nur chemische Mineraldünger, die Gewässer belasten.

Kalkstickstoff

Kalkstickstoff, diese Verbindung zweier Düngemittel, löst sich stufenweise auf und gerät dabei vorübergehend in eine Phase, die man Cyanamid nennt. Krimileser kennen den ersten Teil des Wortes von Fällen, in denen mit Blausäure gearbeitet wird. Ähnlich wirkt dies im Boden gegen keimende Pflanzen, bevor sich das Gift in Kalk und Stickstoff auflöst.

Kalkgehalt

Wenn der Kalkgehalt auf der Fläche für Rasen zu hoch ist, nimmt man Floratorf, weil seine Huminsäure einen Teil der Basen festlegt und keine mit Kalk versetzten Torfe. Auf Kalkböden ist Rhodohum besser, das sonst für Moorbeetpflanzen gepriesen wird, die in saurem Boden wachsen. Unter den naturreinen Düngemitteln gibt es einige mit hohen Kalkprozenten:

Düngemittel	Kalkgehalt (Ca) in %
Peru-Guano	12 bis 20
Hornmehl und Blutmehl	13
Knochenmehl	30
Holzasche	30 bis 35
Thomasmehl	45 bis 50

Ammoniak

Selbst Hornspäne bringen bis 6% Kalk in den Boden, getrockneter Rindermist 4% und Hühnermist 3%. Besser sind, was immer man gegen Mineraldüngung einwenden mag, Düngemittel, die den Stickstoff in Ammoniakform enthalten, wie Schwefelsaures Ammoniak, Ammonsulfatsalpeter, Kalkammonsalpeter oder Ammonnitrat, die langsamer wirken und nicht so schnell ausgewaschen werden.

Langzeitwirkung

Die Düngemittel-Industrie hat gerade in letzter Zeit bewiesen, daß sie kein Fluch für die Erde ist. Sie hat Langzeitdünger geschaffen, die sensibel sind für warm-feuchtes Wachstumswetter, so daß die Pflanzen nur Nährstoffe bekommen, wenn sie Nachschub brauchen. So werden die Pflanzen über Monate gleichmäßig ernährt, und es geht kein schädliches Nitrat ins Bodenwasser.

Nitratbildung

Ein Stickstoffstabilisator namens Didin verhindert die Nitratbildung im Boden zunächst. Das Mittel kann bei festen und flüssigen, mineralischen und organischen Düngern unbedenklich eingesetzt werden; denn es ist ungiftig. Das ist in langjährigen Versuchsreihen nachgewiesen worden. Die Nitrifikation wird gehemmt; doch es ist nicht nur ein Hemmstoff, sondern ein Konservierungsmittel, das die Nährstoffe festlegt. Mit der Zeit werden sie in aufnehmbaren Stickstoff umgewandelt. Eine ähnliche Speicherkapazität hat Dauerhumus, der Bodenwasser aufsaugt und festhält.

Kalkwirkung

Zu hohe oder zu niedrige pH-Werte binden Spurenelemente, so daß Mangelkrankheiten auftreten, obwohl die Spurenelemente reichlich vorhanden sind. Auf Stickstoffdünger hat Kalk die gegenteilige Wirkung, er läßt den größten Teil gasförmig in die Luft entweichen. Deshalb dürfen niemals Mist, Jauche und Kalk zusammen aufs Land gebracht werden. Diese Verluste entstehen ebenfalls, wenn in kalkhaltigen Boden organische Stickstoffdünger zu oberflächlich untergearbeitet werden.

Torfwirkung

Wenn der Humusgehalt des Bodens gering ist, macht man sich die bodenverbessernde Wirkung des Torfs zunutze, die Pufferwirkung. In den Hohlräumen der Torffasern wird Bodenwasser gespeichert. Selbst wenn die Nährstofflösung konzentriert ist, schadet sie den Pflanzenwurzeln nicht viel. Der Torf hält die Nährstoffe so lange zurück, bis die Bodenlösung wieder ausreichend verdünnt ist. Hochmoortorf kann rund fünfzig Volumenprozent Wasser aufnehmen, dennoch sind in hundertprozentig wassergesättigtem Torf noch 35 bis 45 Volumenprozent Luft enthalten, in jungem Weißtorf mehr. Deshalb wird torfreiche Erde selbst in extremer Nässe nicht gleich versauern.

Schatten macht fruchtbar

»Der Boden will Pflanzen tragen und wird durch Beschattung fruchtbar.« Zu dieser Erkenntnis kamen Wissenschaftler auf dem Versuchsgut Limburgerhof bereits vor Jahrzehnten. Ihnen verdanken wir eine Reihe weiterer Erfahrungen, die für biologische Anbaumethoden grundlegend geworden sind.

Bodenleben

Wichtig sind in der Natur vor allem die zwei, drei Handbreit Oberboden, in denen sich alles Bodenleben abspielt. Wenn ein Sturm Bäume entwurzelt hat, ist jeder erstaunt, wie dünn die Humusschicht ist, auf der diese Baumriesen stehen. Deutlich unterscheiden sich die beiden Grundarten von Wurzeln: An der Oberfläche sind die dichten, feinen Saugwurzeln, mit denen Wasser und Nährstoffe aufgenommen werden. In den Untergrund strecken sich die dicken Haltwurzeln, die das Gewicht der Krone in Wind und Wetter aufrecht halten.

Luft für die Wurzeln

Sie wurzeln in unfruchtbaren Bereichen. Die Bodenlebewesen sind auf Luftsauerstoff und den Abzug der Kohlensäure, die der Assimilation dient, angewiesen. Deshalb ist fruchtbarer Boden locker und luftig, durchlässig und nicht vernäßt.

Humus lockert

Krümelstruktur hält sich auf die Dauer nur, wenn die einzelnen Teile »lebend verbaut« sind, also von organischen Substanzen in ihrer Lage festgehalten werden. Dagegen wirken einige Kräfte, wie beispielsweise das eigene Gewicht des Bodens, das unterhalb der Spatenstichtiefe keine dauerhafte Krümelung mehr zuläßt. Druck von oben verfestigt die Krümel, vom Betreten des Beetes bis zum trommelnden Regenfall. Die Nässe schlämmt den Rest zusammen.

Hacken

Nach Starkregen muß gehackt werden, um die Verdunstung herabzusetzen, indem die feinen Haarröhrchen unterbrochen werden und die lockeren Erdkrümel den Boden beschatten. In einem verkrusteten Boden ist kein Gasaustausch möglich.

Umgraben

Umgraben vernichtet Humus, das ist eine uralte Gärtnerweisheit. Das kommt vom schnelleren Abbau organischer Stoffe, weil die mechanische Lockerung der Brokken nach kurzer Zeit in sich zusammensackt. Ungünstig wirkt es sich aus, wenn mit dem Spaten toter Boden hochgeholt wird. Wenn zwei oder gar drei Spatenstich tief gegraben wird, so wendet man die zweite Lage nur in sich oder tauscht die zweite und dritte Unterstufe aus. Die Oberkrume bleibt immer oben.

Bodenprobe

Wie schnell der Humus abgebaut wird, hängt von der Art des Gartenbodens ab. Ideal ist ein mittlerer Lehm. Um das festzustellen, nimmt man an einem regnerischen Tag eine Handvoll Erde und versucht, einen festen Klumpen daraus zu formen. Fühlt sich die Erde körnig an und fällt auseinander, handelt es sich um lehmigen Sand. Läßt sie sich formen, ohne daß etwas an den Fingern kleben bleibt, handelt es sich um leichten oder mittleren Lehm. Ein kleiner Krümel zwischen Daumen und Zeigefinger zeigt den Lehmgehalt an. Je schneller die Oberfläche beim Drüberreiben glänzt, um so schwerer ist der Lehm. Läßt sich die Probe zwischen den Fingern schwer verformen, hat man Ton vor sich.

Horn und Knochen

Kurzkulturen brauchen schnell wirksame Formen des Nährhumus, während Dauerkulturen mit ausreichenden Vorräten an langsam abbauenden Stoffen versorgt werden. Das kann bereits mit der Korngröße erreicht werden. Horndünger wirken um so rascher, je feiner sie ausgemahlen sind. Hornspäne zersetzen sich langsam wie ein Vorratsdünger, Horngrieß fördert das Bodenleben schneller, während Hornmehl (gedämpft) fast ein richtiger Stickstoffdünger ist. Darin sind zwischen 10 und 14% Reinstickstoff enthalten, mehr als in vielen Mischdüngern. Am schnellsten wirkt eine Mischung aus Horn-, Knochen- und Blutmehl.

Organische Stoffe

Diese Einzelbeispiele sollen zeigen, wie stark die Gehalte schwanken. Sie schwanken innerhalb der einzelnen Produkte, wie bei naturgewachsenen Stoffen unvermeidlich. Wichtig ist der Anteil organischer Stoffe. Um so verblüffender, daß nur ein Hersteller die Menge organischer Substanz mit 100% angibt, die anderen liegen darunter.

Prozent	Produkt
100	Mannahum
80	Hornmehl, -grieß, -späne, Rizinusschrot
76	Wa-Dü-Humus-Volldünger
75	Cuxin plus 90
70	Terragon, Florinchen
60–70	agricorn
60	Oscorna-Animalin
50	Knochenmehl, Hornoska-Aktiv-Humus, Hornphos, echter Guano, Cofuna
45	California-Rinderdung, Humusit-Natur

Nährstoffe

Organische Handelsdünger enthalten überraschend viel Nährstoffe. Entleimtes Knochenmehl führt 30% Phosphat und gedämpftes Knochenmehl 20%, fünf Prozent mehr als Algen-Phosphat, in dem Magnesium-Kalk und Spurenelemente vorhanden sind. 2% Kali stecken in Knochenmehl, echtem Guano, Mannahum und agricorn, aus Stallmist gewonnenem Humusdünger.

Wichtiger sind die Stickstoffanteile, weil davon die Höchstmenge abhängt. Rizinusschrot kommt wie Guano auf Werte von 6% Oscorna-Animalin 7%. Die Unterschiede sind groß: Rinderdung aus Kalifornien liefert 2,2% Stickstoff, während der kompostierte Rinderdung Cuxin plus 90 auf 5 bis 6% kommt, der kalifornische Rinderdung hat mit 4,3% den zweithöchsten Gehalt an Kali, nur das flüssige Biotrissol fördert mit 5% noch mehr die Blütenbildung.

Die Magnesiumwerte schwanken von 3% bei echtem Guano bis 1% bei Geflügel- und Stalldüngern. Eine ganze Reihe gibt keine Nährstoffmenge an, versichert aber, daß dieser Bestandteil vorhanden sei. Bis 8% Kalk neutralisieren die Humussäuren in Terragon, agricorn und Humusit-Natur, einem Vorratsdünger, der bei pH 6,8 schnell und langsam zugleich wirkt.

Kompost im Behälter reifen lassen

Im Naturgarten werden die »wirtschaftseigenen« Humusdünger vorgezogen. Die größte Bedeutung hat der Kompost. Die Gartenindustrie hat diese biologische Kulturmethode erst jetzt möglich gemacht; denn nach dem früher gültigen Abfallbeseitungsgesetz war die häusliche Abfall-Deponie verboten. Inzwischen hat man eingesehen, was für ein Unsinn das war, und auf Länderebene abweichende Bestimmungen über die Wiederverwendung von Haus- und Gartenabfällen erlassen, die gärtnerische Kompostwirtschaft erlauben.

Kein Gestank

Dazu waren geruchlose Kompostsilos nötig. Sie sind zusammensetzbar, transportabel, aus verrottungsfrei imprägniertem Holz, kunststoffummanteltem Draht oder Blech, Kunststoff, Eternit oder Waschbetonplatten. Viele wachsen mit, während das verrottende Material sich setzt und verfestigt, so daß ungleich größere Mengen darin untergebracht werden können. Sobald nichts mehr reingeht, werden die Wände entfernt und daneben aufgestellt, während der Kompostwürfel mit Schwarzfolie abgedeckt wird. Oben drauf setzt man ein paar Pflanzkisten mit Blumen oder Jungpflanzen, damit der Wind die Plane nicht wegweht und es schöner aussieht. Der halbfertige Rohkompost darf nicht austrocknen und bei Landregen nicht vernässen.

Gut geschützt
Staunässe war unter den alten Komposthaufen die Ursache für Faulgärung und Gestank. Gute Kompostsilos stehen auf oder um einen Rost, um die Bildung von Faulsäuren zu verhindern, damit Luft von unten herankommt, sowie als Schutz vor Mäusen, Ratten und anderen Abfallbewohnern. Daß Regenwürmer nicht aus dem Boden zuwandern können, ist anfangs gar nicht verkehrt, weil Wärme bis 70 Grad Celsius entsteht, wenn richtig gepackt wird.

Heiße Rotte
Dabei kommt es auf die richtige Dichte der Abfälle an, um eine luftige Rotte zu erreichen, die Rohkompost im pH-Bereich von 6,5 bis 7,0 entstehen läßt. Es muß nicht gekalkt werden, um Faulsäuren zu binden. Man braucht keinen Kalkstickstoff, um Krankheitskeime und keimende Unkräuter abzutöten. Das besorgt die Heißrotte gründlich. Steht der Komposter sonnig, beschleunigt die zusätzliche Wärme den Rotteprozeß, daß in einem Fassungsvermögen von 1 m^3 monatlich bis 3 m^3 Abfälle untergebracht werden können.

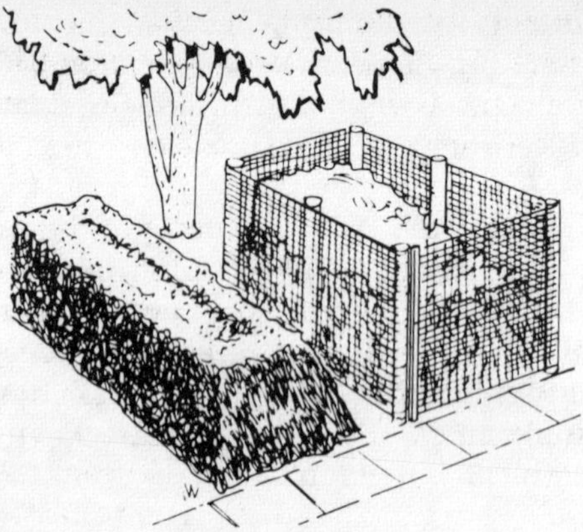

Ein Kompostsilo hat gegenüber dem früheren Komposthaufen zahlreiche Vorteile, es geht schneller, bis ein erhitzt verrotteter Kompost unkrautfrei und schädlingsarm ist.

Schnell fertig

Die Schnellrotte bringt bei guter Schichtung in einem Monat bereits streufähigen Rohkompost. Das läßt sich beschleunigen, indem umgesetzt wird, so daß während der warmen Sommermonate nach drei Monaten krümeliger Nährhumus entsteht; wird im Herbst gefüllt, bis März oder April. Umgesetzt wird, indem man die Wände daneben neu aufstellt, die oberste Lage unten einfüllt und dann mit der Schlaghacke von oben nach unten dünne Scheiben abzieht und diese so weit zerkleinert, daß sie weitgehend gleichmäßig werden.

Bodentiere

Bei luftiger Rotte stinkt nichts, so daß kein Ungeziefer angelockt wird. Tätig sind dabei Strahlen-, Hefe- und Schimmelpilze, später tierische Bodenlebewesen wie Mikroben, Würmer und Springschwänze. Sie alle gedeihen, solange nicht die Luft ausgeht, da unter Luftabschluß giftige Gase und Schwefelwasserstoff entstehen. Pflanzenwurzeln wachsen nicht weiter, wenn sie auf eine faulende Stelle im Boden treffen.

Stallmist

Das ist der Grund, weshalb man mit tierischem Dünger vorsichtig sein muß. Er verläßt den Darm unter Luftabschluß und enthält Lockstoffe für Insekten. Das Ammoniak zieht blutsaugende Insekten an, aus verfaulendem Eiweiß entsteht Buttersäure, ein Geschlechtslockstoff. Deshalb soll frischer Dung kompostiert, locker gelagert, ausreichend durchlüftet und später als Frischkompost dreifingerbreit eingeharkt werden. Auf frisch mit Stallmist oder jungem Frischkompost gedüngtes Land werden keine Wurzelgemüse, Zwiebelarten und Kohlgemüse gepflanzt, die unter Gemüsefliegen zu leiden haben.

Feuchtigkeit

Gut konstruierte Komposter lassen das Rottegut nicht von den Rändern her vertrocknen. Man sieht mitunter Bauweisen aus Maschendraht oder schräggestellten Bohlen, in denen angetrocknete Außenseiten nicht zu verhindern sind. Die Löcher in der Silowand müssen nach Lage und Größe auf die biologischen Vorgänge im Innern abgestimmt sein.

Nicht geeignet

Selbstverständlich gibt es Dinge, die nicht zum Kompostieren geeignet sind: alles, was nicht oder zu langsam verrottet, wie Knochen und Lumpen, erkrankte und von Schädlingen befallene Pflanzenteile, soweit die Erreger sich im Boden halten, überwintern oder sich gar vermehren. Kohlstrünke, Bohnen-, Gurken- und Tomatenkraut werden grundsätzlich nicht kompostiert. Ein bißchen übertriebene Vorsicht ist hier angebracht. Unkräuter, Kartoffeln, Chicoréerüben und Blumenzwiebeln müssen vorher zerkleinert werden.

Laubkompost
Aus Herbstlaub wird stallmistähnlicher Kompost, wenn man es in Lagen von 20 cm gut anfeuchtet, 150 g Kalkstickstoff auf 1 m^2 streut und darüber eine Lage Floratorf deckt. Nur zwei Monate länger dauert es, bis daraus Komposterde wird. Dazu setzt man im Frühjahr einmal um. Herbstlaub ist ein Beispiel dafür, daß man sich die saisonüblichen Garten- und Hausabfälle nicht aussuchen kann. Es muß vom Rasen abgefegt werden, weil es im Winter zusammenpappt und die Gräser darunter erstickt. Zwischen Ziergehölzen und Stauden kann man es liegen lassen; denn es hält warm und bildet eine dünne Lage Humus.

CN-Zahl	Humuslieferant
100	Heidekraut, Nadelstreu von Lärchen, Getreidestroh
60	Eichenlaub
50	Birken-, Buchen-, Linden-, Pappellaub, Nadelstreu von Fichte und Kiefer, Maisstroh
30	Erlen-, Eschen-, Hainbuchenlaub, frischer Strohmist
20	Stallmist mit wenig Stroh
15	Erbsengrün und andere Schmetterlingsblütler
10	Naturhumus im Boden

Sperriges
Die Abfälle werden schichtweise so gemischt, daß dichtes und lockeres, nasses und trockenes Material aufeinander folgen. Rasenschnitt und Koniferengrün lagern dichter, sperrig sind Winterschnittholz von Gehölzen, Staudenreste, gerodete Erdbeerpflanzen. Dichtes Material legt man zwei- bis dreifingerhoch über das sperrige. Selbst fingerdicke Zweige verrotten binnen weniger Monate, ohne daß sie zerhackt sind. Man legt sie mit den Triebspitzen nach vorn, so daß sie beim Umsetzen von der Schlaghacke zerkrümelt werden.

Kalkstickstoff reinigt den Kompost von schädlichen Keimen, weil er auf dem Wege zur Aufteilung in Kalk und Stickstoff eine Zeitlang Cyanamid abspaltet.

Stickstoff zugeben
Damit die Verrottung beginnt, gibt man Kalkstickstoff zu; denn die Rottebakterien brauchen Stickstoff, um ihr

köpereigenes Eiweiß aufzubauen. Auf 30 Teile Kohlenstoff ist ein Teil Stickstoff nötig. Das Verhältnis von Kohlenstoff zu Stickstoff im Abfall ist sehr unterschiedlich: in Gartenabfällen, Mistkompost und Rasenschnitt 7 bis 12, Küchenabfällen 23, Laub 50, Sägemehl 511 Teile vorrottbare Masse auf einen Teil Stickstoff.

CN-Verhältnis

Das für die luftige Rotte notwendige CN-Verhältnis liegt bei 10:1 bis höchstens 20:1. Je mehr Kohlenstoff auf ein Teil Stickstoff entfällt, um so schwerer werden die organischen Stoffe abgebaut. Der Nährstoffgehalt des Bodens wird gesenkt, weil die Mikroben von Vorräten leben. Reichen die nicht, wird im Boden vorhandener Nährhumus abgebaut. Darunter leiden Bodenlebewesen, die ebenfalls auf den Humusgehalt angewiesen sind. So erklärt sich, daß Eichen- und Birkenlaub so schwer verrotten.

Rindenkompost

Jetzt wird klar, warum Holz und Sägemehl, Hobelspäne und Baumrinde einen guten Kompost ergeben, wenn sie richtig behandelt werden. Das mindeste ist ein Kompoststarter. Wichtig ist allerdings, daß die Rohrinde mehrere Monate vorlagert, damit wachstumshemmende Stoffe abgebaut werden. Ist das geschehen, sind die neuen Baumrinden-Produkte wertvoller Humus. Sie werden

Rechts: Auf nicht gemähten Rasenflächen mit frischem, humosem Untergrund vermehren sich die Kleinblumenzwiebeln, aber auch Narzissen und botanischen Tulpen mit Samen und Brutzwiebeln, bis sie einen Blütenteppich bilden.

verwendet als Rinden-Mulch, Rinden-Humus und Kultur-Substrate. Die gewerblichen Hersteller sichern die Mindestqualität mit Gütebestimmungen und standardisierter Kontrolle.

Holzasche

Holzasche ist nach Art des Holzes ein beachtlicher Naturdünger mit 2,5 % Phosphat, 6 % Kalium und 35 % Kalk. Das ist mehr als in vielen organischen Mehrnährstoffdüngern. Der Vorteil ist, daß Stickstoff fehlt. Holz- und Papierasche wird in dünnen Lagen in den Komposter gestreut, weil der hohe Kaligehalt die Rotte verlangsamt.

Manganmangel

Wo Mangan im Boden fehlt, wird das Blattgrün fleckig hell, so daß nur die Adern grün bleiben. Es wird weniger Vitamin C gebildet. Allerdings ist stellenweise festgestellt worden, daß sich zuviel Mangan angesammelt hat. Bestimmte Wurzelgemüse und Hülsenfrüchte sind dagegen empfindlich und dürfen deshalb keinesfalls mit aschehaltigem Kompost versorgt werden.

Kohlenasche

Stein- und Braunkohlenasche sind wertvoll wegen der Spurenelemente wie Eisen, Kupfer, Mangan und Zink.

Links oben: Die rosa Blütenfülle des Mandelbäumchens (Prunus triloba) im April und Mai hält länger an, wenn man mit Stecklingen wurzelechte Sträucher heranzieht, die in sonnigen und kalkreichen Boden gepflanzt werden. *Links unten:* Trompetennarzissen oder Osterglocken (Narcissus pseudonarcissus) wachsen wild auf Wiesen, die im Sommer etwas trockener sind, selbst wenn im Laufe des Tages der Schatten einer Baumkrone darüber steht.

Braunkohlenasche hat den Nachteil, daß sie viel Gips enthält und naß leicht schmiert. Wenn man die Braunkohlenasche mit einer 0,1%igen Lösung von Kaliumpermanganat übergießt, macht das den Schwefel pflanzenverfügbar.

Papier und Pappe

Völlig salzfrei und im idealen pH-Bereich von 6,7 bis 7,0 ist Kompost aus Papier und Pappe. Diesen wertvollen Rohstoff sollte man sammeln und abliefern, damit der Einschlag von Papierholz eingespart wird. Nur Papiere, die zur Ablieferung ungeeignet sind, gehören in den Komposter. Am besten verrotten Papiere aus der Küche wie Packpapier, Wellpappe, Pergament- und Seidenpapier. Zeitungspapier und Kunstdruckpapier sollte man in dünnen Lagen von fünf bis zehn Blatt zwischen 5 cm hohe Schichten anderer Abfälle einlegen. Anfangs gibt man nur 10 bis 20 % Papier und Pappe zu, später können es 50 % werden. Legt man die Blätter ein paar Tage in Wasser, brauchen sie nicht einzeln zerknüllt zu werden. Ist reichlich Rasenschnitt vorhanden, wird das Papier nicht eingeweicht, damit es die Nässe des frischen Grases aufnimmt. Nach ein bis zwei Monaten ist das Papier so mürbe, daß nur noch Schnipsel zu sehen sind, kurz darauf nichts mehr. Da kein Stickstoff enthalten ist, müssen auf das Kilo Kompost 100 bis 150 g Guano, Blut- oder Hornmehl zugegeben werden. Phosphat ist knapp, so daß gedämpftes oder entleimtes Knochenmehl mit 20 bis 30 % Phosphorsäure angebracht ist. An Kali fehlt es dem Papierkompost nicht.

Rasenschnitt

Im Rasenschnitt sind 3 % Stickstoff, 2 % Kali und 1 % Phosphat, doch seine wichtigste Wirkung ist, daß bei richtiger Schichtung die Temperatur des verrottenden Komposts steigt. Die Heißgärung läßt sich bremsen, indem Altkompost, Erde oder Torf dazwischengestreut werden. Dabei entsteht Nährhumus.

Erd- und Torfkompost

Mit Erdzusätzen kann Kompost angereichert werden. Kalkstickstoff läßt unerwünschte Keime verschwinden, wenn 5 kg auf 1 m^3 zugegeben werden. Torf läßt sich ebenfalls kompostieren, indem man je Ballen 150 l Wasser mehrmals mit der Harke kräftig durchmischt, am nächsten Tag nochmals überbraust, bevor er in den Komposter geschippt und mit Erde abgedeckt wird. Torfgrünkompost entsteht, wenn Lagen von Grünmassen und Torf abwechseln.

Rottestart

Damit der Rottevorgang schneller in Gang kommt, gibt es zahlreiche Starthilfen wie den Kompostbeschleuniger vom Corna-Werk, Humofix von der Abtei Fulda, FerTo-

Kompoststarter sind Streupulver, in denen getrocknete Rottebakterien enthalten sind, die sofort aktiv werden und sich vermehren, wenn sie in feuchtes Milieu kommen.

Organic aus Südamerika oder den ECO-Kompoststarter. Europas größte Knochenmühle in Erlangen bietet einen Schnellkomposter, der streufertig und biologisch aktiv ist. Eine Dose mit 1,5 kg reicht jeweils für 1,5 m^3 Kompost. In den trockenen Zusätzen sind die Bodenlebewesen verkapselt, so daß sie Dürrezeiten, Hitze und Kälte vertragen. Damit sie wieder aktiv werden, brauchen sie leichte, gleichbleibende Feuchtigkeit. Alle luftliebenden Bodenlebewesen sind auf einen hauchzarten Wasserfilm angewiesen, deshalb deckt man eine dünne Lage Altkompost oder Gartenboden über den ausgestreuten Kompostpuder. Eine Schaufel Altkompost, gleichmäßig lagenweise über die frische Füllung gekrümelt, reicht zum Rottestart.

Bentonit

Förderungsmittel für den Rottestart bringen Tonminerale mit, die Illit oder Montmorillonit oder vereinfacht Bentonit genannt werden. Diese seltenen Tonarten machen Humus dauerhafter, da die schichtweise gebauten, zerreibbaren Minerale in Wasser aufquellen. Sie heißen nach der französischen Stadt Montmorillon, weil die Feinerden dort besonders rein vorkommen, Stolpenit nach dem Fundort Stolpen (Sachsen) und Erinit die in Irland geförderte Variante.

Mineralerde Balkanin

Eine neue Mineralerde erhöht die Fruchtbarkeit des Bodens, indem die Nährstoffe besser ausgenützt werden. Das Mittel besteht zu 70 % aus Zeolithen, angereichert mit anderen Mineralien, die in Bulgarien erprobt wurden und deshalb Balkanin heißen. Zeolithe sind von feldspatähnlicher, nadeliger bis tafeliger Gestalt, zwischen denen lange Haarröhrchen verlaufen. Sie nehmen

Ionen auf, ohne sich selbst zu verändern. Wertvolle Salze bleiben im Boden erhalten, statt ausgewaschen zu werden. Es muß weniger gedüngt werden.

Zeolithe

In Versuchen haben sich die Erträge von Erdbeeren, Gurken, Melonen und Tomaten erhöht, wenn Balkanin zugeführt wurde. Ähnliche Ertragssteigerungen ließen sich bei Mais, Reis und Weizen nachweisen, da Zeolithe die Bodenstruktur verbessern und die Fähigkeit, Wasser aufzunehmen und abzugeben, erhöht haben. In vielen Agrarländern sind Patente für das neue Produkt erteilt worden, auch deutsche Firmen interessieren sich dafür. Bis dahin wird man sich in die 70 000 Tonnen teilen müssen, die in der Nähe von Kardjali in einem neu erbauten Werk erzeugt werden.

Vom Hügelbeet zum Hochbeet

Eine Art Mistbeet mit Abfällen und Tierdünger ist das biologische Hochbeet mit einer Umrandung aus Hohlblocksteinen oder Rundhölzern. Der Rahmen wird 120 cm breit in Ostwest-Richtung, die Nordwand 76, die südliche 65 cm hoch angelegt und etwa 20 cm tief ausgehoben. Zum Schutz vor Wühlmäusen kleidet man den Innenraum mit engmaschigem Kaninchendraht aus. Fünf Wochen nach der Packung, die mit Mutterboden und Kompost abgedeckt ist, kann gepflanzt werden. In heißen Sommern wird schwarze Folie an den Seitenwänden als Verdunstungsschutz angebracht.

Meeresalgen und Mist
In Frankreich wird ein neuartiger Naturdünger hergestellt, in dem 80 % reiner Stallmist von Rindern, Pferden, Schafen und Geflügel mit 20 % Meeresalgen vermischt und ein Jahr fermentiert wird. Dabei wird die Masse viermal umgeschichtet und kommt jedesmal auf eine Temperatur von 80 Grad Celsius. Dadurch wird das Gemisch vollkommen keimfrei und geruchlos. Die Verbindung von Meeresalgen und Humus ist auch auf dem Kompost neuerdings möglich und erzielt die besten Resultate.

Das nützlichste Tier ist der Regenwurm

Die fleißigsten Kompostbereiter sind Regenwürmer. Sie erzeugen Jahr für Jahr 60 bis 80 Tonnen wertvollen Humus pro Hektar. Er ist fünfmal reicher an pflanzenverfügbarem Stickstoff als normale Gartenerde, siebenmal phosphatreicher, elfmal kalihaltiger, jeweils in gelöster Form, und doppelt so reich an Magnesium. Spurenelemente sind in unterschiedlichen Werten vorhanden. Diese Zahlen wurden vom Hessischen Landesamt für Ernährung, Landwirtschaft und Landesentwicklung mitgeteilt.

Die bodenverbessernde Wirkung eines guten Wurmbesatzes hat Charles Darwin erkannt, der sich 44 Jahre lang mit der artenreichen Familie der Lumbriciden beschäftigt hat, ehe er 1881 sein bedeutendes Werk darüber veröffentlichte. Darin stellt er fest: »Es gibt nicht viele Tiere, die in der Geschichte der Erde eine so wichtige Rolle gespielt haben.« Im Garten sind sie besonders nützlich, weil sie den Boden auflockern, organische Reste in Nährstoffe verwandeln und daraus feste Krümel bilden. Dabei vermischen sie mehr und weniger belebte

Zonen des Erdbodens und vermehren die Zahl der nützlichen Bodenbakterien um das Fünffache.

Zuchtziele

Die Regenwurmzucht im Kompost ist ein gutes Geschäft, weil sich die Zahl der Nachkommen innerhalb von fünf Monaten verhundertfacht. Mit gezielter Zucht läßt sich die Besetzungsdichte in normalen Gartenböden bis 200 Würmer steigern. Es hängt von der Jahreszeit, dem Wetter und ausreichender Nahrung ab. Diese Zahl ist zuverlässig, wie der Präsident des »Förderverbandes zur Nutzbarmachung von Wurmkulturen« Prof. Dr. Graff mitteilt, der bis zu seiner Emeritierung am Institut für Humuswirtschaft an der Bundesforschungsanstalt für Landwirtschaft in Braunschweig-Völkenrode tätig gewesen ist.

Tennessee-Wiggler

Sind nicht genug große Regenwürmer oder Tauwürmer in der Gartenerde vorhanden, um die Zucht zu beginnen, läßt man von einem Züchter eine Portion Tennessee-Wiggler kommen. Das sind 6 bis 8 cm lange, rote Erdwürmer aus einem USA-Stamm, der freßgieriger ist als alles, was hierzulande in der Erde kriecht. Binnen zwei Monaten machen die Tennessees aus frischem Rohkompost einen feinkrümeligen, nahrhaften Humusdünger.

Zuchtansatz

Sie werden in den Komposter eingesetzt, nachdem die erste Heißrotte ausgekühlt ist; denn sie fühlen sich bei 12 bis 16 Grad Celsius am wohlsten. Zuchtgefäße müssen im Schatten aufgestellt werden. Man kann dafür Obstkisten verwenden, die mit Wellpappe ausgelegt sind. Darauf kommt 5 bis 10 cm hoch Zweimonatskompost, der mit Regenwurmbrut geimpft wird, wieder durchfeuchtete Wellpappe, Kompost und Wellpappe, bis die Kiste voll ist. Mehrere Kisten werden im Keller oder Schuppen gestapelt, um sie feucht und warm zu halten. Um die Verdunstung zu verringern, deckt man den Stapel mit Folie ab.

Futterverwerter

Jeder Regenwurm frißt täglich sein eigenes Gewicht an Futter, hundert Würmer mittlerer Größe rund 1 kg pro Tag. Ausgenommen Metall und Plastik gibt es nicht viel, was der Regenwurm nicht frißt. Besonders gern nimmt er Küchen-, Gemüse- und Obstabfälle, Papier, Pappe und Kaffeesatz, den man eimerweise von Cafés und Restaurants abholen kann, ebenso organische Abfälle vom Supermarkt. Auf der Speisekarte stehen weiter Kleintier- und Geflügelmist, Unkraut (vor allem Brennesseln, Schafgarbe und Löwenzahn), Torf, Laub, Heu, Nadeln von Koniferen, gewerbliche wie industrielle Abfälle, soweit sie geruchlos, hygienisch und rückstandsfrei sind.

Verteilung

Den herangereiften Kompost samt Belegschaft verteilt man an einem regnerischen Abend über das Land, ohne gleich unterzuhacken. Man läßt den Würmern Zeit, sich zu verkriechen. Zuerst bekommen alle Baumscheiben einen dicken Belag, desgleichen die Beerenobstreihen. Hier ist von jeder Bodenbearbeitung wegen der flachen Wurzeln abzuraten. Neben den Beeten im Nutzgarten ist die Bodenverbesserung im Ziergarten besonders wichtig, weil wenig umgegraben wird.

Bodenproben verhindern Mangelschäden

Jungpflanzen sollte man nicht blindlings auf die gleichmäßig vorbereiteten Freilandbeete pflanzen; denn sie stellen unterschiedliche Ansprüche. Wieviel Promille von den Hauptnährstoffen im Bodenwasser verfügbar sein müssen, kann man aus Tabellen ablesen. Was im Gartenboden vorhanden ist, sieht man ihm nicht so ohne weiteres an. Dazu muß eine Bodenprobe genommen und untersucht werden. Mit dem Spaten hebt man an verschiedenen Stellen des Beetes eine kleine Grube 25 cm tief aus, so daß an einer Seite ein glatter Abstich in Spatenstichtiefe freiliegt. Mit einem Löffel streicht man von unten nach oben eine Probe ab. Das wiederholt man an gleichmäßig über das Land verteilten Stellen, damit ein Durchschnitt entsteht; denn die Bodenproben sollen gründlich vermischt werden, ehe man sie auf ihren Nährstoffgehalt testet.

Kalkgehalt

Am einfachsten ist das bei den Kalkwünschen. Von den meisten Pflanzengruppen ist bekannt, wenn sie wie Moorbeetpflanzen zu extremen Reaktionen neigen. Mit einfachen Mitteln kann rasch festgestellt werden, wie es mit dem Kalkgehalt aussieht. Das sollte man jeden Herbst prüfen. Einen Anhaltspunkt gibt die Salzsäureprobe. Das geschieht, indem man eine 15%ige Salzsäure auf die Probe gießt. Braust die Erde anhaltend auf, ist der Boden gut mit mehr als 5% kohlensaurem Kalk versorgt. Entstehen weißliche Blasen, ist der Kalkgehalt für die meisten Gartengewächse ausreichend. Bleibt jegliche Reaktion aus, ist im Boden weniger als 1% Kalk vorhanden.

Kalkbedarf

Zu den Gemüsearten, die besonders kalkbedürftig sind, zählen Spargel, Porree, Rote Bete, Sellerie, Zwiebeln, Kohl und Möhren. Geringe Kalkansprüche stellen Gurken, Kopfsalat, Rhabarber, Tomaten, Bohnen, Kartoffeln und Erbsen. Wird erst im Frühjahr gekalkt, sind Rote Rüben, Gurken, Kürbisse und Möhren empfindlich gegenüber Branntkalk.

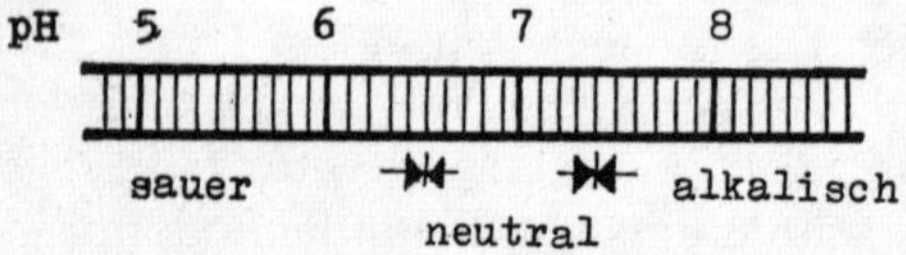

Die saure oder basische Reaktion des Bodenwassers wird in pH gemessen, der Neutralpunkt liegt bei 7, darunter ist eine Flüssigkeit sauer, darüber alkalisch.

Bodenart

Der Kalkbedarf richtet sich danach, ob der Boden leicht oder schwer ist. Sandboden sollte man nicht über pH 6,0 aufkalken, sonst besteht die Gefahr, daß wichtige Spurennährstoffe wie Eisen und Kupfer festgelegt werden. Kalküberschuß macht solche Böden trocken und hitzig. Lehm- und Tonböden können bis pH 7,5 vertragen. Das fördert Krümelstruktur und das Bodenleben, während saure Reaktionen die lebendverbauten Bodenteilchen zerstören.

Bodentest

Um die feineren Unterschiede messen zu können, ist ein ganzes Arsenal von Bodentestern entwickelt worden, das in der Garten-Praxis getestet worden ist. Dabei stellte sich heraus, daß Indikatorpapier »völlig ungeeignet« ist. Andere Meßmethoden führen unter bestimmten Bedingungen zu falschen Ergebnissen. Indikatorstäbchen und Flüssigindikatoren haben sich als preisgünstig und zuverlässig erwiesen.

Bewertungen

Zwei Eigenschaften bestimmen den Wert der Bodenprobe, die Genauigkeit ihrer Meßwerte und wie sie zustande kommen. An der Spitze steht der Calcitest, der in allen Bereichen ausreichend genau angezeigt wird. Dafür zahlt man den höchsten Einzelpreis und hat einige Mühe, Wasser und Erde in das dünne Glasrohr zu kriegen. Viel einfacher ist das beim Hellige Pehameter, dessen flüssiger Indikator einfach auf den Boden getröpfelt wird. Die Messungen sind genau genug, wenn es auch nicht ganz leicht ist, die Farbe der Testflüssigkeit mit der Farbskala zu vergleichen.

Indikatorflüssigkeit

Direkt auf die Erde geträufelt wird die Indikatorflüssigkeit im Rapitest und Sudbury-pH-Test. In beiden Fällen ergaben sich in saurem Boden überhöhte Werte, die gut ablesbar sind. In zwei anderen Fällen, Unisol 113 und Visocolor, müssen die wäßrigen Bodenauszüge erst gefiltert werden, dafür sind die Farben rein und klar vergleichbar.

Teststäbchen
Schließlich sind zwei Teststäbchen für wäßrige Auszüge im Angebot, die einigermaßen genau arbeiten. Sie sind bei der Messung gleich gut brauchbar, wenn man sie lange genug in der Aufschwemmung aus der Bodenprobe stehen läßt. Der einzige Unterschied: Eins heißt pH-Fix 0–14 und stammt von Macherey-Nagel, das andere von E. Merck und heißt demzufolge Merck Spezialindikator pH 4,0 bis 7,0.

Kalk streuen
Hat der Farbvergleich ergeben, daß gekalkt werden muß, streut man an einem windstillen Tag vor dem herbstlichen Umgraben 15 bis 20 kg kohlensauren Kalk auf 100 m^2 gleichmäßig aus, um die Immergrünen und im Freien überwinternden Gemüsearten sorgfältig herum. Auf schweren Böden kann Branntkalk angebracht sein, der stärker auf die Reaktionswerte einwirkt, doch man gibt davon höchstens alle drei Jahre 16 bis 20 kg auf 100 m^2.

Kalk einarbeiten
Nach dem Ausstreuen wird gegraben. Man achtet darauf, daß der Kalk nicht zu tief in den Untergrund kommt, sondern gleichmäßig in der ganzen Krume verteilt wird. Regen und Schneeschmelze sorgen dafür, daß die Kalkgabe weiter absinkt. Im Laufe eines Jahres werden aus mittleren Böden 4 kg Reinkalk (CaO), das sind etwa 10 kg kohlensaurer Kalk, in das Grundwasser ausgewaschen. Deshalb dürfen Staudenrabatten und Ziergehölzstreifen nicht von der Kalkgabe ausgenommen werden. Nur die Rasenfläche (oft die einzige Fläche, die gekalkt wird) und Moorbeetpflanzen bleiben ausgenommen.

Erhaltungskalkung
Im Hausgarten sollte man zur Erhaltungskalkung alle drei Jahre auf leichten, sandigen und humosen Böden 15 bis 25 kg Hüttenkalk auf 100 m^2 ausstreuen. Bindige Lehm- oder Tonböden brauchen 30 bis 50 kg, und zwar nach dem Graben im Herbst auf den mäßig feuchten, gut gekrümelten Boden, der anschließend flach geharkt wird. Hüttenkalk kann im Frühjahr vor der Aussaat oder Pflanzung ausgebracht werden. Im Obstbau ist dieser Kalk besonders wertvoll, weil unter Bäumen, eher als anderswo, Mangel an Spurennährstoffen entsteht. Hier ist es besser, die Gaben zu teilen. Man gibt alle zwei Jahre 15 bis 25 kg Hüttenkalk auf 100 m^2. Bei der Pflanzung kann das Pflanzloch mit 50 bis 100 g Hüttenkalk verbessert werden.

Hüttenkalk
Im Naturgarten hat sich Hüttenkalk bewährt, der bei der Eisenverhüttung im Hochofen entsteht, also nicht gerade ein Naturprodukt. Als Kalk-Tonerde-Silikat mit 45 bis 50% Kalziumgehalt, 3 bis 6% Magnesium, 0,5 bis 2% zitronensäurelöslichem Phosphat, dazu manchmal 0,3 bis 0,9% Kali und Stickstoff wirkt dieser Volldünger mild und nachhaltig auf den Boden. Noch wichtiger fast ist die Menge lebenswichtiger Spurenelemente wie Bor, Chrom, Kobalt, Kupfer, Mangan, Molybdän, Vanadin und Zink. In reinem Wasser ist der Kalk unlöslich, im Boden muß er sich erst mit der Kohlensäure verbinden, ehe er für die Pflanzen aufnehmbar wird. Kohlensaurer Kalk ist dagegen ein natürliches Düngemittel, das durch Ausmahlen von Kalziumkarbonat aus Dolomit, Kreide oder Kalkstein gewonnen wird.

Boden-Analyse

Kein noch so organisches Düngemittel darf über den grünen Daumen ausgestreut werden. Man sollte sich überzeugen, daß kein Mangel an Phosphor und Kali auftritt, und nicht erst Mangelkrankheiten abwarten und dann an den Blättern ablesen, was ihnen fehlt. Die landwirtschaftlichen Untersuchungs- und Forschungsanstalten oder private Labors liefern hieb- und stichfeste Analysen. Sie geben an, was dem Boden fehlt und wieviel.

Dünge-Empfehlungen

Ein halbes Kilo einer gemischten Probe wird eingeschickt. Soll auf dem Land eine bestimmte Pflanzenart angebaut werden, wird das auf der Probe vermerkt. Für Einzelkulturen wie Obst, Gemüse, Rasen und Blumen wird der Bodenzustand allgemein beurteilt, dazu der Lehm- und Humusgehalt und andere bemerkenswerte Eigenschaften. Außendem gibt es Empfehlungen, wie das mit organischen Düngemitteln in besseren Zustand zu versetzen ist, mit Mengen je Quadratmeter und dem besten Streuzeitpunkt.

Stickstoff

In den Werten der Boden-Analyse fehlt ein Nährstoff, der sonst als der wichtigste, oft als der schädlichste bezeichnet wird. Stickstoff spielt wie überall eine Sonderrolle, weil es unmöglich ist, in der Oberkrume einen bestimmten Stickstoffpegel zu halten. Wenige Regentage – und die ganze Rechnung stimmt nicht mehr. Außerdem sollte dieser Wachstumsmotor für jede Kultur einzeln angeworfen werden, für reine Blattkulturen mehr als für Fruchtgemüse, für Radieschen weniger, weil sie nach drei Wochen bereits soweit sind.

Was braucht die Pflanze wirklich?

Unter den Nährstoffen hat sich Stickstoff am meisten verdächtig gemacht. Zu Recht; denn wo er im Überfluß vorhanden ist, werden die Pflanzen groß und geschmacklos. Der Nitratgehalt des pflanzlichen Gewebes wird in Magen und Darm von Baktereien in Nitrit umgewandelt. Zu viel davon stört die Versorgung mit Sauerstoff, zerstört Karotin, verbindet sich mit Eiweiß zu Nitrosaminen, die als krebserregend gelten.

Nitratgehalt

Dennoch werden die Nitrate übertrieben gefürchtet, wie die Vegetarier beweisen. Sie müßten stärker unter Nitritfolgen leiden, sind aber bekanntermaßen gesund. Kann man den eventuellen Gefahren entgehen, indem man biologisch gewachsenes Gemüse verzehrt? Prof. Dr. Daniel Fritz hat in Weihenstephan nachgewiesen, nein, es enthält, von wenigen Ausnahmen abgesehen, genauso viel Nitrat wie konventionell angebautes.

Sortenwahl

Die Ausnahmen kommen zustande, weil der richtig ausgewählte Standort während der Wachstumszeit weniger Nitrat entstehen läßt. Die Art- und Sortenwahl wirkt sich aus, weil der Nitratgehalt vererbt wird. Bei den Arten gibt es Unterschiede, wobei die Blattgemüse (Spinat das unerfreulichste Beispiel) mehr Nitrat auf den Teller bringen als Fruchtgemüse und Zwiebeln. Schattengemüse und -obst bilden weniger Zucker und Vitamin C aus, dafür mehr Nitrat.

Zeitpunkt
Die Nährstoffzufuhr ist nicht allein eine Frage der richtigen Menge, daß die Höchstmengen nicht überschritten werden, sondern es kommt auf den richtigen Zeitpunkt an, auf den natürlichen Wachstumsrhythmus. Das kann sich nach Sonnenscheindauer, Tagestemperaturen und Niederschlagsmenge von einem Tag zum anderen ändern. Zeitlich begrenzter Nährstoffmangel verursacht weniger Schäden als anhaltend überhöhte Mineralsalzkonzentration im Bodenwasser.

Kohlensäuremangel
Jedes Schulkind weiß, daß die grünen Blätter aus der Luft Kohlenstoff und Sauerstoff aufnehmen und mit Hilfe des Sonnenlichts und Wasser in Zucker und Stärke umwandeln. Das ist der bedeutendste Lebensvorgang auf diesem Planeten überhaupt, ohne den kein organisches Leben möglich wäre, auch unseres nicht. Die Hälfte der Trockensubstanz einer Pflanze besteht aus Kohlenstoff, der als Kohlensäure aus der Luft aufgenommen wurde. 3,7 g Kohlensäure müssen verarbeitet werden, um 1 g Kohlenstoff zu erzeugen. Nun finden die Pflanzen aber nur 0,03% Kohlendioxid in der normalen Luft, erheblich weniger unter Glas und Folie, so daß es oft dazu kommt, daß der Mangel als Minimumfaktor das Wachstum begrenzt. Das Minimumgesetz besagt, daß der am wenigsten vorhandene Wachstumsfaktor das Pflanzenwachstum begrenzt.

Kohlensäure
Man sage nicht, das habe im Freiland keine Bedeutung. Es gibt eine bodenbürtige Kohlensäure, die aus den Verrottungsvorgängen organischer Substanzen aufsteigt. Das sind meßbare Werte über einem Beet, das frisch und

oberflächig mit Rohkompost versorgt worden ist. Alle Maßnahmen, die einen leicht erhöhten CO_2-Gehalt in Boden und Pflanzennähe erhalten, Windschutz, Folienhauben und mitwachsende Schlitzfolien, führen nachweislich zu besseren Erträgen.

Stickstoffmangel

Fehlt Stickstoff, hellt sich die Blattfarbe auf, das Gewebe wird schwabbelig und kaum lagerfähig. Schlimmer ist, daß kein gutes Eiweiß erzeugt wird. Das macht die Pflanzen anfällig für Schwächeparasiten. Je nach Kultur müssen 20 bis 50 g Reinstickstoff auf 1 m^2 vorhanden sein. Soviel muß nicht gedüngt werden; denn was aus organischer Substanz durch biologische Aktivitäten frei wird, kann bis 30 g je 1 m^2 ausmachen. Hinzu kommen 2 g aus gewittrigen Niederschlägen und der Tätigkeit von Mikroben, die Stickstoff sammeln. Die Knöllchenbakterien der Schmetterlingsblütler können, wenn ausreichend organische Masse im Wurzelbereich vorhanden ist, bis 25 g auf 1 m^2 zuliefern.

Mit Phosphor schmackhafter

Die für den menschlichen Stoffwechsel schädliche Oxalsäure in Spinat und Mangold nimmt ab, wenn die Phosphatgehalte des Bodens steigen. Im blinden Geschmackstest lagen die Qualitätsnoten von 127 bis 200% über den nicht mit Phosphat gedüngten Vergleichsproben. In der Haltbarkeitsuntersuchung sanken die Verluste durch Abfall und Fäulnis auf 85% bei Weißkohl, bis 36 bei Möhren und 25 bei Spargel. Im Mittel war das mit Phosphor gedüngte Gemüse doppelt so haltbar wie ungedüngtes.

Phosphormangel

Der jährliche Bedarf an Phosphor liegt bei 3 bis 5 g auf 1 m^2. Ist dieses Minimum nicht vorhanden, färben sich die Blätter dunkelrot, braun und schwarz, bevor sie vertrocknen. Das Wurzelwachstum ist schwächer, das Eiweiß minderwertiger, und die Früchte sind weniger haltbar. Das Problem ist, daß Phosphat im Boden festliegt, sich nicht von der Stelle rührt. Es wird nicht ausgewaschen, muß aber bei der Bodenbearbeitung im ganzen Wurzelbereich gleichmäßig verteilt werden.

Kalimangel

Kalimangel ist unvermeidlich, wenn nicht je nach Kultur 10 bis 40 g auf 1 m^2 jährlich zugeführt werden. Sonst sinkt der Zelldruck, das schlappe Gewebe bildet weniger und wertloses Eiweiß. Das Erntegut schmeckt nicht so gut und ist auf dem Lager weniger haltbar. Andere sichtbare Anzeichen sind Blattrandschäden, kümmerliche Knollen- und Kopfbildung, übertriebenes Längenwachstum, in dem der Wasserhaushalt nicht stimmt.

Schwefelmangel

Schwefel ist ein Pflanzennährstoff, der in ausreichendem Maße vorhanden sein muß. Es ist sogar ein Hauptnährstoff, unentbehrlich zum Aufbau von Vitaminen, Enzymen, Eiweiß und wertvollen ätherischen Ölen der Zwiebeln, von Knoblauch und Porree. Der Pflanzenbedarf wird von Bodenbakterien aus organischen Stoffen gebildet. Schwefelmangel erkennt man am Aufhellen des Blattgrüns vor allem in den Blattadern (die bei anderen Chlorosen grün bleiben).

Thomasmehl
Die natürlich vorkommenden, weicherdigen Rohphosphate bringen bis 26% langsam und neutral wirkende Phosphorsäure aufs Land. Die im Hochofen ausgeglühte Thomasschlacke kommt fein vermahlen auf 15%, die sich langsam löst, dazu eine Reihe wichtiger Spurenelemente und Kalk. Das erkannte bereits der Großvater des großen Charles Darwin: »Der fruchtbare Ackerboden zeichnet sich vor allem durch hohen Gehalt an phosphorsaurem Kalk aus.«

Harnstoff aufs Blatt

Mangelschäden, die bei ausbleibender Bodendüngung bald auftreten, werden am schnellsten mit Blatternährung beseitigt. Die aufs Blatt gespritzte Harnstofflösung wird sofort in Ammoniak und Kohlendioxid aufgespaltet. Die Höchstmengen liegen bei einer Brühmenge von 10 l auf 100 m^2 bei Obstbäumen 0,8%, Gurken 0,4%, Salat und Spinat 0,5%, Tomaten 0,6%, Sellerie 1%, Porree 2% und Möhren 3%. Fehlen Spurenelemente, so können zugleich Borsäure, Eisen-, Magnesium-, Mangan- sowie Zinksulfat zugesetzt werden.

Pflanzenschutz mit Thomasmehl
Das widerstandsfähigere Pflanzengewebe hält Schmarotzerpilzen und sonstigen Schwächeparasiten besser stand. Bodenlebende Krankheitserreger, wie bei Kohlhernie und Wurzelbrand, Schwarzbeinigkeit und Rotfäule, lassen sich mit gekoppelter Phosphat-Kalk-Versorgung verdrängen. Auf tierische Schädlinge wirkt das staubfein gemahlene, schwarze Thomasphosphat erstik-

kend und abstoßend zugleich. Erdflöhe und Blattläuse sind von einem Tag zum anderen vertrieben worden. Rübenfelder, schwarz von Blattläusen, sind nach zwei Doppelzentnern Thomasphosphat auf den Hektar (10 000 m^2) innerhalb einer Woche wieder grün gewesen. Es ist die Staubwirkung und das festere Gewebe, das von den Schädigern gemieden wird, wie bei Bohnen und Kartoffeln festgestellt wurde. Bestreut man die Beetränder mit Thomasmehl, lassen sich Ackerschnecken von den Kulturen fernhalten. Selbst Drahtwürmer und Schmetterlingsraupen sind auf diese Weise vertrieben worden.

Pflanzensäfte machen den Boden fruchtbar

Frisch gebrühte oder gegorene Pflanzensäfte machen den Boden fruchtbar und sind teilweise gegen Schädlinge wirksam. Wir werden die Pflanzensäfte deshalb im Kapitel Pflanzenschutz wiedersehen (s. S. 207). Hier geht es um die Wirkung auf den Boden, die in zahlreichen Erfahrungen beobachtet worden ist.

Brennesselsaft

Eine viel beachtete Schaustellung fand auf der Bundesgartenschau in Kassel statt. Es wurde in Versuchen gezeigt, wie Brennesselsäfte die Pflanzen kräftigen. In großen Bottichen wurden Pflanzenauszüge vergoren. Die Große Brennessel verdankt ihren biologischen Wert der Tatsache, daß sie sich auf fruchtbaren Böden ansiedelt, auf Ödland etwa dort, wo Abfälle verrotten und Schutt verwittert. Hier kann sie mit dem reichlich vorhandenen Eisen viel Chlorophyll ausbilden, Blattgrün, das für Stärke gebraucht wird. Mineralstoffe wie Kalk und Kiesel haben sich in den zerbrechlichen Brennhaaren vereint, aus denen heilkräftiges Nesselgift entströmt, von dem schon ein zehnmillionstel Gramm (0,0000001 g) brennende Röte auf der Haut hervorruft. Die Durchblutung wird gesteigert, daß heute noch empfohlen wird, rheumatische Körperstellen ein- oder zweimal täglich mit Brennesseln zu peitschen. Nach zwei bis drei Tagen läßt der Schmerz nach.

Kräuterjauche

Die Anwendung im Garten verlangt weniger Härte gegen sich selbst, höchstens die Nase muß man sich zuhalten, wenn der Deckel vom Bottich gehoben wird, um täglich abends und morgens umzurühren. Man rechnet etwa 1 kg frisches Nesselgrün oder 100 bis 200 g trockenes auf 10 l Wasser. Wo keine Brennesseln blühen, tut es Brennesselpulver, das der Fachhandel führt. Die einen schütten zur Herstellung von Kräuterjauche alles Kraut in das wassergefüllte Gefäß, wobei sauberes Regenwasser den Vorzug genießt, andere stopfen es in einen Sack oder Beutel und hängen den ins Wasser, um das ausgelaugte Restkraut leichter herauszuheben.

Gärung

An warmen Sommertagen setzt die Gärung bald ein, es schäumt und stinkt. Mit Gesteinsmehl oder Baldrianblüten läßt sich dieser Nachteil etwas unterdrücken. Nach vier bis sechs Wochen ist es so weit, daß kein neuer Schaum mehr entsteht. Die fertige Brühe wird in einer Verdünnung von 1:10 auf den Boden gesprengt und im Verhältnis 1:20 auf Pflanzen zu ihrem Schutz. An bedeckten Abenden wird mit der Lösung gedüngt, und zwar alle Kulturen, die zügig wachsen sollen, Gemüse bis zur Ernte, Blumen, wenn die Blüte nachläßt, Gehölze in der ersten Jahreshälfte. Was übrigbleibt, wird in den Kompostbereiter gegossen.

Kräutertee

Andere Kräuter müssen nicht verjauchen, um die Wirkstoffe für den Boden aufzubereiten. Am einfachsten ist es, einen Kräutertee aufzubrühen. Man läßt die zerhackten Pflanzenteile eine Weile in emaillierten oder Steingutgefäßen ziehen, während ab und zu umgerührt wird. Pflanzenbrühe dauert etwas länger; denn sie soll 24 Stunden stehen, ehe 20 Minuten lang aufgekocht wird. In einen Zehnlitertopf passen 1 kg Frisch- oder 200 g Trokkengut, dessen Absud unverdünnt auf den Boden gegossen wird. In kaltem Wasser werden frische oder getrocknete Pflanzenteile eingeweicht und bis zu drei Tagen stehengelassen. Diese Kräuterauszüge dürfen nicht anfangen zu gären.

Ackerschachtelhalm

Die verdünnten Pflanzensäfte bringen keine Hauptnährstoffe in den Boden, sondern Spuren von Wirkstoffen, die das Boden- und Pflanzenleben aktivieren. Das sagt man vielen Pflanzen nach, so dem Ackerschachtelhalm, 1 kg auf 10 l Wasser und 30 Minuten gekocht. Nach drei Tagen gelegentlichem Umrühren wird auf 1:5 verdünnt und im Frühjahr, vor der zweiten Bestellung im Juli/August und im Herbst auf den Boden gegossen. So wird die Ausbreitung pflanzenschädlicher Bodenpilze gehemmt.

Löwenzahn und andere
Im Frühjahr fördert Löwenzahn, 2 kg auf 10 l Wasser als Brühe, Tee oder Gärwasser, den Wachstumsstart wie die inneren Werte von Kurzkulturen. Wachstumsfördernd erweist sich weiter Beinwell, 1 kg auf 10 l Wasser als leicht angegorene Brühe 1:3 bis 1:5 verdünnt, indem vorhandene Kalireservern aufgeschlossen werden. Stark beanspruchte oder vernachlässigte Böden werden wiederbelebt von Hirtentäschelkraut als Auszug oder Brühe. Sicher haben zahlreiche andere Pflanzenarten fördernde und heilende Wirkungen auf den Boden und die Pflanzen. Hier ist viel zu entdecken.

Dünger aus natürlichen Quellen

Meeresalgen
Neben Pflanzensäften tauchen mehr und mehr grüne Meeresalgen aus dem Atlantik auf, um als Extrakt oder Konzentrat das Wachstum im Naturgarten zu fördern. Sie bieten außer Spurenelementen, so zahlreich wie das Meerwasser selbst, Wuchsstoffe und Alginsäuren, die von den Pflanzenwurzeln ausgenützt werden. Die Händler liefern Algifert-Spritzpulver mit 90 Spurenelementen, andere sprechen von 60. Auf ein paar Dutzend hin oder her kommt es nicht an, zumal die Pflanzen mit einer Handvoll auskommen. Der aus Algen gewonnene kohlensaure Kalk Algomin zeigt erste Wirkungen bereits nach Stunden mit lebhafteren Farben von Blüten und Blättern.

Rizinusschrot
Ein Volldünger ist Rizinusschrot aus industrieller Produktion, aber natürlicher Herkunft. Es sind Abfälle aus

der Herstellung von Rizinusöl mit einem Stickstoffgehalt, der zwischen 5 und 7% liegt, dazu 2,5% Phosphor und 1,5% Kali, Magnesium und Spurenelemente. Werden sie vor der Bestellung im Frühjahr aufs Land gestreut, braucht man auf 100 m^2 16 kg für Erdbeeren und 20 kg auf Gemüseland, Stauden vertragen 24 kg, Obstgehölze bis 40 kg. Erdbeeren erhalten die gleiche Menge noch einmal nach der Ernte, der Rasen nach dem Urlaub im Sommer.

Blattdünger

Aus Meeresalgen, Heil- und Wildkräutern ist ein natürlicher Blattdünger entwickelt worden. Er heißt Polymaris III und ist zellstärkend, wuchsfördernd und vorbeugend anwendbar. Für Rosen ist aus Algen und Kräutern ein Blattdünger zusammengestellt worden, das Eco-Rosenpflegemittel. Außerdem gibt es Volldünger wie Wuxal und Gabi-Plus.

Trester

In Obst- und Weinbaugebieten gibt es die organischen Reste der Früchteverwertung. Die Trester gehören als organischer Dünger zur Gruppe III des Düngemittelgesetzes. Bei Versuchen der Höheren Bundeslehr- und Versuchsanstalt für Gartenbau in Wien-Schönbrunn wurden die Fruchtreste erst kompostiert und dann 2 bis 5 cm dick unter Obstgehölzen ausgebreitet. Das ist eine Menge von drei Zentnern auf 100 m^2. Apfel-, Trauben- und Hopfentrester haben bessere und gesündere Ernten eingebracht, obwohl mit den Trestern sehr wenig Nährstoffe in den Boden kommen, dafür der Humusgehalt gesteigert wird. Das genügte für die besten Ergebnisse neben halbverrottetem Schafmist und Oscorna in zahlreichen Versuchsreihen.

Fäkalien

Es ist unvermeidlich, an dieser Stelle die Fäkalien zu erwähnen, obwohl sie von der gesetzlichen Regelung des bundesdeutschen Düngemittelrechts ausgenommen werden. Sie gehören zu den frisch ausgebrachten landwirtschaftlichen Düngemitteln. Aus dem Garten werden diese und andere Jauchen, Gülle, Abwässer, Klärschlamm, Frischmüll und Fäkalien aus hygienischen Gründen grundsätzlich ausgeschlossen.

Wenn derartige Stoffe kompostiert werden, dann mit entsprechend verlängerten Liegezeiten und Vorsichtsmaßnahmen wegen der Schädlinge, die von ihnen angezogen werden. Schwefelwasserstoffe, Phenole und das bei Fäulnis unter Luftabschluß entstehende Methan, aus faulendem Eiweiß hervorgehende Buttersäure sowie Ammoniak wirken magnetisch auf schädliche und unangenehme Insekten.

Torfmischdünger

Die organisch-mineralischen Handelsdünger finden in der Gartenpraxis viel Anklang, voran Torfmischdünger mit hohem Gehalt an langsam verrottendem Dauerhumus, hoher Porenkapazität und ausgewogenen Nährstoffen. Weil sie keimfrei sind, kann man Torfkultursubstrate (TKS 1 und 2, TKS instant) in der Jungpflanzen-Anzucht nicht entbehren. Sie enthalten Volldünger. Torfmischdünger mit Schlempe führt neben 5% Kali und 3% Phosphat auch 3% Stickstoff in organisch gebundener Form. Während die meisten der neueren Torfmischdünger aus mehr und weniger zersetztem Hochmoortorf (Schwarz- und Weißtorf) gemischt sind, besteht der Typ 12 mit Schlempe aus Weißtorf.

Rohbraunkohle

Ein weiterer Rohstoff hat bei den organisch-mineralischen Handelsdüngern von sich reden gemacht, die Rohbraunkohle. Diese letzte Stufe des vertorften Humus hat sich als Handelsprodukt im Angebot gehalten. Das gilt vor allem für die gekörnten Perlhumus-Produkte, hergestellt aus frischer Rohbraunkohle, die ihre natürliche Struktur behalten hat, zusammen mit biologisch aktiviertem, pasteurisiertem, also entkeimtem, schwermetallfreiem Trockenschlamm. Sie enthalten über 80% organische Substanz in der Trockenmasse (nur Hornspäne haben mehr) und 40% in der frischen Masse, so daß 1 kg auf 1 m^2 ausreicht, das sind vier bis fünf Handvoll. Ein Drittel der organischen Masse ist als Nährhumus schnell pflanzenaufnehmbar und führt einen ungewöhnlich hohen Anteil aktiver Huminsäure im besten pH-Bereich von 6,3 bis 6,5.

Dauerhumus

Der Dauerhumus erhöht das Porenvolumen der Oberkrume um 5 bis 7% für längere Dauer, da sich mittelgroße Ton-Humus-Komplexe bilden. Man kann das mit eigenen Augen sehen: Herausgezogene Kohlrabiwurzeln hängen voll von unversehrten Perlhumus-Knöllchen, die von den Wurzeln festgehalten werden. Im zweiten Jahr waren noch stabile Komplexe erkennbar. Damit diese Wirkung erzielt wird, harkt oder hackt man die aufgestreuten Humuskörner in die oberen zwei bis drei Fingerbreit in den Boden. Zugleich kommen damit die Hauptnährstoffe Stickstoff, Phosphor und Kali im Verhältnis 3:1:1 in den Boden, wenn 1 kg/m^2 eingearbeitet wird, in konkreten Zahlen 30 g Stickstoff und je 10 g P und K.

Fruchtbarer Regen

Eine natürliche Nährstoffquelle ist ins Gerede gekommen, als Säureschäden im Wald festgestellt wurden. Was bisher ein Segen für die Pflanzen war, der weiche, fruchtbare Regen, wird heute als Umweltgefahr gefürchtet. Man sollte aber nicht vergessen, daß viele der im Niederschlagswasser enthaltenen Nährstoffe unentbehrlich für die Pflanzen sind. Alle Niederschläge, nicht nur Schnee, waschen aus der Luft alle schwebenden Stoffe herunter. Einige Spurenelemente sind so reichlich vorhanden, daß die jährliche Menge aus dem Regen alles ersetzt, was die Pflanzen dem Boden entziehen. Selbst aus Verunreinigungen der Luft gewinnt die Pflanze lebensnotwendige Mikronährstoffe.

Regenmenge

In Meeresnähe sind mehr Kochsalz und Magnesium im Regenwasser, in dicht besiedelten Industriegebieten mehr Schwefel. Weiter kommt es auf die mittlere jährliche Regenmenge an, die schwankt zwischen 450 mm im Regenschatten der Mittelgebirge und 2600 mm im Alpengebiet, Allgäu und Sauerland. Ist in einem Liter Regenwasser 1 mg gelöst, bedeutet das auf 100 m^2 260 g in Feuchtgebieten und 45 g, wo es weniger regnet. Schließlich hängt die Düngewirkung des Regenwassers davon ab, wieviel in den Boden eindringt. Was oberflächig wegläuft, hinterläßt keine Spurenelemente. Die höchste Wirkung entfältet das Nährwasser in humosem Boden, wie er bei naturgemäßem Anbau entsteht.

Nährstoffe vom Himmel

Es wäre vom Himmel zuviel erwartet, daß die in großen Mengen verbrauchten Hauptnährstoffe aus der Luft ersetzt werden. Obwohl gerade vom Stickstoff aus der Luft viel zu hören ist, gehen jährlich nur 10 bis 30 g auf 100 m^2 nieder. Ähnlich sieht es beim Kali aus, hier sind es 20 bis 40 g. Das reicht nicht aus. Dagegen wird Schwefel in Mengen von 180 bis 330 g in den Boden gespült, während selbst starke Schwefelverzehrer wie Kartoffeln höchstens 220 g im Jahr brauchen. Bor wird reichlich geliefert, 150 bis 350 g, nicht völlig ausreichend für anspruchsvolle Kulturen, aber so viel, daß nicht mit Bor gedüngt werden muß, Sonderkulturen ausgenommen. Magnesium, von dem 70 bis 150 g auf 100 m^2 und Jahr gebraucht werden, kommt zu knapp von oben.

Von der Saatschale zum Pflanzenkübel

Für Blumentöpfe, Balkonkästen und Pflanzgefäße braucht man regenwurmfreie Erde. Praktiker empfehlen dafür ein einfaches Verfahren: Sie stellen die Kompostkisten in die Sonne, so daß die Würmer in tiefere, kühlere Schichten abwandern und der Humus darüber entwurmt ist. Im Hochsommer muß man aufpassen; denn bereits bei 27 Grad Celsius sterben Regenwürmer. Ob die Pflanzerde wurmfrei ist, stellt man fest, indem die Töpfe einige Stunden unter Wasser gesetzt werden. Die Regenwürmer kommen heraus.

Die richtige Erde für Pflanzgefäße

Als Substrat für Pflanzgefäße wird nur ausgereifter Altkompost genommen. Stecklinge sollen mit der Komposterde nicht in Berührung kommen, sie werden in Sand gesteckt. Eine Mischung aus Kompost und Gartenerde ist wenig empfehlenswert, da nährstoffarme Substrate, vor allem torfreiche, die Wurzelbildung fördern. In Balkonkästen kann man beides getrennt benutzen, indem der Kasten mit Substrat gefüllt und eine 5 bis 10 cm dicke Kompostschicht daraufgepackt wird.

Quarzsand

Für die Anzucht eignet sich reiner, wiederholt gewaschener Quarzsand in Korngrößen zwischen 0,5 und 1,5 mm. Zu feines Korn liegt zu dicht und schließt in feuchtem Zustand die Luft ab. Kalk und Ton werden ausgespült, weil die entstehenden Krusten den Luftaustausch behindern. In der Praxis wird meist das Torf-Sand-Gemisch im Verhältnis 1:1 verwendet und über den lockeren Torf bei Stecklingen 1 cm reiner Sand geschichtet. Über Aussaaten wird so viel Sand gesiebt, wie die Samenkörner dick sind, falls sie nicht zu den Lichtkeimern gehören wie Begonien, Fuchsien, Lobelien und Primeln. Leicht faulende Stecklinge brauchen viel Sand, etwa Zierquitten, Cotoneaster und Rosen. Bimskies erfüllt denselben Zweck. Sand soll etwas mehr Halt geben. In der sonnenarmen Jahreszeit wird Sand unter Humintorf gemischt, der dichter lagert als Weißtorf. Man rechnet drei Teile Sand auf zwei Teile Schwarztorf, in dem ein höherer Gehalt an Wirkstoffen die Wurzelbildung fördert.

Bimskies

Stecklinge wurzeln in reinem Bimskies, in dem kein Wurzelwachstumsstoff enthalten ist. Ein Bewurzelungshormon gleicht das reichlich aus. Damit keine Beimengungen stören, wäscht man den Bims aus der Baustoffhandlung sorgfältig und desinfiziert ihn über Nacht in einer Lösung von Kaliumpermanganat. Am nächsten Tag spült man nach und siebt zwei oder drei Korngrößen ab, so daß die gröbste Lage nach unten in das Gefäß kommt. Normal sind Saatschalen 5 bis 6 cm tief, für diesen Zweck braucht man dreimal tiefere Gefäße.

Wasserstand sichtbar
Eine Ecke hält man mit einem Brettchen, einer Glasscheibe oder einem Röhrchen frei, damit der Wasserstand jederzeit sichtbar ist. Gegossen wird, ohne die Keimlinge oder Stecklinge naß zu machen. Der Vorteil von Bimskies ist, daß sich das Wasser aus der Gießecke gleichmäßig über die gesamte Kastenfüllung verteilt. Gegossen wird ausschließlich abgestandenes, warmes, weiches Wasser ohne Nährstoffe. Vermehrungskisten mit Bimskies brauchen zwei bis vier Grad höhere Temperaturen, dafür wachsen die Wurzeln schneller als in anderen Substraten.

Vermiculite
Eine Reihe weiterer Kunstprodukte beweist, daß die Substrate natürlichen Verwesungsprodukten in der Jungpflanzenanzucht überlegen sind, vor allem weil sie steril hergestellt werden. Vermiculite kommt in Grönland mit 200 Grad Celsius aus dem Ofen, in dem der Glimmerschiefer sich aufspaltet und wurmartig krümmt. Danach muß das Material mindestens eine Woche offen liegen, damit metallische Gase abziehen. In den Poren hält sich das Gießwasser wochenlang. In der Praxis verwendet man das Substrat mit einem Torfzusatz, um die Wurzelbildung zu fördern.

Perlite
Mischungen mit Torf verbessern auch das Bewurzelungssubstrat Perlite, ein Aluminium-Silikat, das bei über 1000 Grad Celsius aufgebläht und keimfrei wird. Seine Reaktion ist neutral zwischen 6,5 und 7,0 pH, es zersetzt sich nicht und nimmt das Vierfache des Gewichts an Wasser auf. Zur Vermehrung von Grünpflanzen, Azaleen, Chrysanthemen, Nelken, Lorrainebegonien, Hor-

tensien und Usambaraveilchen mischt man die Körnung von 1 bis 5 mm im Verhältnis von 1:2 oder 1:3 mit Floratorf. Für Eriken verwendet man die feinere Körnung Superlite P bis 3 mm, gemischt mit Torf zu gleichen Teilen.

Grodan

Bis 1500 Grad wird in Schweden Basalt erhitzt, bis Steinwolle entsteht, die man zur Isolierung gegen die skandinavische Kälte auf dem Bau verwendet. Die Fäden sind fünf Tausendstel Millimeter dick, bevor man sie zu Matten verklebt. Sie verdanken ihre Saugfähigkeit den Phenolharzen, die beim Erkalten zugefügt werden. Aus 3% Trockensubstanz ergibt sich eine Porenkapazität von 97%, die zu 90% mit Wasser auffüllbar ist. Aus den Matten werden für Jungpflanzenanzucht Würfel von knapp 4 oder 5 cm Kantenlänge geschnitten, die als Grodan im Handel sind. Sie werden in wasserdichte Schalen oder folienausgeschlagene Pikierkisten gestellt und erzielen in Wurzelschub und Wachstum zufriedenstellende Ergebnisse.

Schaumstoffwürfel

Die Blocksubstrate sind ein faszinierender Gedanke; denn sie sind Topf und Inhalt in einem. Vergleichbares gab es in Opas Gärtnerei mit den Erd- und Torfpreßtöpfen. Die neuen Schaumstoffwürfel mit Namen wie Baystrat, BR 8, Rockwool oder Rack-Substrat sollen den Wurzelballen stärken. Die senkrecht verlaufenden Poren füllen sich etwa bis 60% voll Wasser, wenn sie gesättigt sind. So ist immer genug Luft vorhanden, daß die Jungpflanzen einen warmen Fuß behalten. Das fördert ihr Wachstum. Das sterile Material ist frei von Nährstoffen, muß also präzise gedüngt werden.

Stecklinge

In den angefeuchteten Schaum kann man selbst weiche Stengel stecken, ohne vorzubohren und anzudrücken. Die Wurzeln wachsen gleichmäßig mit dem Verlauf der Poren nach unten, so daß die nebeneinander stehenden Ballen nicht ineinanderwachsen und sich leicht von den 1 cm hohen Stegen abtrennen lassen. In Versuchen der Lehr- und Forschungsanstalt in Geisenheim hat sich die Sandunterlage besser bewährt als wassergefüllte Pikierschalen. Sind die Stecklinge größer, teilt man die Platten in Zweierreihen und steckt so, daß die Blätter zu beiden Seiten nach außen zeigen. Damit genügen die Würfel von 2,5 cm Kantenlänge für alle Arten. Im Endtopf wachsen blockgezogene Jungpflanzen problemlos in andere Substrate, wenn kräftig gegossen wird.

Torftöpfe

Torftöpfe in Tablettenform bestehen aus jungem Hochmoortorf und einem Plastikgewebe, das den aufgequollenen Ballen zusammenhält, aber die Wurzelspitzen nicht am Durchwachsen hindert. Sie werden in Kleinpackungen zu 30 oder 100 Stück geliefert und sind ebenso für Einzelkornsaat wie Stecklinge geeignet. Torfpreßtöpfe oder Jiffy-Pots sind feste Gefäße in einem ganzen Sorti-

Oben links: Kulturgefäße stehen im modernen Naturgarten nicht nur auf dem Treppenabsatz neben der Haustür, sondern im freien Land, um stets blühende Abwechslung zu bieten. *Oben rechts:* Moderne Kunststoffgefäße treten völlig hinter den Pflanzen und Blüten zurück; ihr einziger Nachteil ist das fehlende Eigengewicht. *Unten links:* In der Torfsäule werden Gefäß und Substrat eins. Sie bietet phantastische Pflanzmöglichkeiten, auch für Erdbeeren und Küchenkräuter. *Unten rechts:* Selbst die nostalgischen Kübelexoten sind wieder im Kommen. Wenn ein entsprechender Raum für die Überwinterung fehlt, übernimmt diese der Gärtner für eine geringe Gebühr.

ment verschiedener Größen und Formen, rund und quadratisch, deren Wand zu knapp einem Viertel aus Zellulose, wenig zersetztem Hochmoortorf, 1% gebundenem Harnstoff und Spuren von Hauptnährstoffen besteht. Sie fangen beim Einweichen an, sich zu zersetzen. Sie müs-

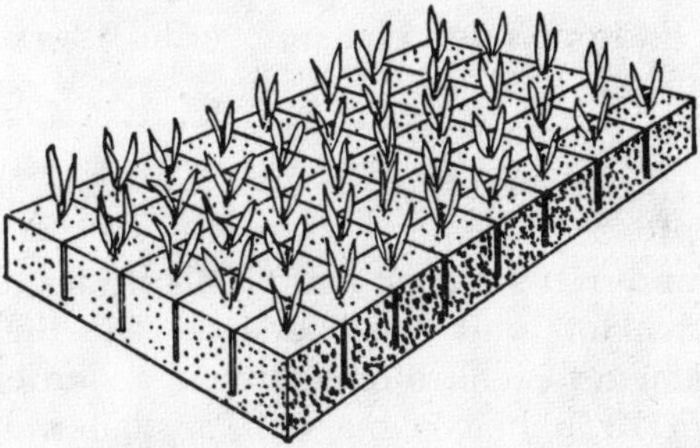

Schaumstoffwürfel als Steckbett sind Substrat und Topf in einem; ihr großer Vorzug in der Jungpflanzenanzucht: Sie sind keimfrei und halten den Ballen fest zusammen.

sen doppelt gegossen werden, für den Topf und die Pflanze, damit sie zwischendurch nicht trocken werden. Außerdem sollte vorsichtig gedüngt werden, weil die Torfwand alle Nährstoffe förmlich ansaugt und festhält. Es wird nährstoffarmes Substrat eingefüllt.

Oben: Gemüsebeete in Mischpflanzung halten sich selbst gegenseitig weitgehend schädlingsfrei, aber unter der Erdoberfläche gehen noch tiefere Wirkungen von einer zur anderen Pflanze über. *Unten:* Die Schönheit des natürlich gewachsenen Gartens lebt aus der Vielfalt; dabei sollte sich jede Pflanze frei entfalten können.

Wurzelballen

Der große Vorteil dieser Methode ist, daß die Wurzelspitzen eine Weile stocken, nachdem sie durch die Wand gewachsen sind. In dieser Zeit bilden sich vermehrt Seitenwurzeln im Topf, so daß die sternförmig wachsende Wurzelmasse dichter wird und sich nicht, wie in undurchlässigen Töpfen, innen an der Wand entlang legt. Im Endtopf oder Freiland verflüchtigen sich die Töpfe spurlos.

Plastiktöpfe

Obwohl undurchlässig, ist Hartplastik in der Jungpflanzenanzucht Holz und Ton überlegen. Die alten Gefäße waren leicht zerbrechlich oder faulten, außerdem hielten sich darin Krankheitskeime und ausdauernde Schädlingsformen. Alles Wässern, Putzen mit Seifenlauge und Sodawasser helfen wenig. Sie müßten chemisch desinfiziert werden, und das ist nicht im Sinne einer natürlichen Jungpflanzenkultur. Plastik nimmt kein Schädlingsbelag

Torfpreßtöpfe lassen die Wurzeln durch die Wände wachsen, dabei stockt das Längenwachstum der Primärwurzeln, so daß im Innern vermehrt Seitenwurzeln getrieben werden.

an, wird blitzsauber, wenn man es abspült, hält viele Jahre, ist unverrottbar und leicht zu tragen.

Schon in den zwanziger Jahren haben Wissenschaftler unwiderlegbar nachgewiesen, daß die Pflanzen keineswegs besser in naturnahen Gefäßwanderungen wachsen. Es ist von Durchlässigkeit die Rede; die hölzernen, tönernen oder Asbest-Zement-Gefäße sollen »atmen«. Was immer man sich darunter vorstellt, kommt nicht zustande, vielmehr sind die feuchten Gefäße undurchlässig für jeden Gasaustausch. Selbst trocken kommt ein Gasdurchtritt nur dann in Gang, wenn man sich eine komplizierte Versuchsanordnung aufbaut, mit der Überdruck auf der einen, Unterdruck auf der anderen Seite der Gefäßwand erzeugt wird. Die Durchlässigkeit bleibt unerheblich.

Keine Tontöpfe

Das einzige, was in stetem Strom durch die poröse Gefäßwand heraussickert, sind Wasser und die darin gelösten Salze. Man sieht es deutlich an den häßlichen Ausblühungen, die nach wenigen Wochen die schönen neuen Tontöpfe verzieren. Wozu sonst werden sie schamhaft versteckt hinter Manschetten und Übertöpfen? Vom Anblick abgesehen, was ist die Folge steter Verdunstung? Verdunstungskälte, die sich dem Wurzelballen mitteilt, so daß Unterschiede von mehreren Graden im Vergleich zu fußwarmen Plastikgefäßen gemessen wurden. Eine verständliche Gärtnerweisheit lautet: Die Pflanzen wachsen mit warmem Wurzelballen besser als mit kaltem.

Nicht zuviel gießen

Der Wasserverlust ist nachteilig, nicht wegen der Pfennige auf der Rechnung, sondern weil jedes Gießen vorübergehend eine Überschwemmung anrichtet. Im Freien mag das nicht so schlimm sein, doch im engen Wurzelraum des Topfes herrschen andere Verhältnisse. Daraus folgt, je seltener gegossen wird, um so besser für die Pflanze. Entsprechendes gilt für den Verlust an gelösten Nährstoffen. Je mehr durch die Wand verlorengehen, um so schneller tritt Mangel ein. Selbst langsam wirkende organische Dünger verlieren dadurch Nährstoffe.

Schwere Pflanzgefäße

Ein gutes Argument haben die schweren Tongefäße für sich, ihr Gewicht. Hochwachsende Gefäßpflanzen schieben den Schwerpunkt immer höher hinauf, so daß ihr Gleichgewicht labil wird, die Sache wird wacklig. Die Haltbarkeit von Hartplastik reicht für schwere Belastungen aus, wie man bei Wassereimern und Wannen sehen kann. Es fehlt aber der nötige Halt für zimmerhohe Gummibäume und Palmen, Oleander und Stechapfel. Im und am Haus kann man die Gefäße verankern, in freier Aufstellung draußen sind die schweren Steingutkübel oder breitere Pflanzwannen wie phantasievolle Sandkästen aus Asbest-Zement besser. Sie halten einen Windstoß aus.

Multitopfplatten

Für die Jungpflanzenanzucht sind aus den Einzeltöpfen die Multitopfplatten entstanden, aus lichtbeständigem PVC geformt. Nach zwei Jahrzehnten Dauergebrauch ist ihnen das Alter nicht anzusehen. Die Topfgrößen gehen von 3,5 cm über 4, 5, 6 bis 7 cm in Gesamtgröße der Platte von 50 x 30 cm, für Hobbygärtner in Baby-Format. Dazu gehört ein Untersatz mit Rillen, aus dem die Töpfe Wasser aufsaugen, das von unten gegossen wird. Die

Platten sind bequemer zu tragen als Einzeltöpfe, das Substrat läßt sich schneller einfüllen.

Glatte Wände
An den glatten Innenwänden klammern sich die Wurzeln nicht fest, wie das in Tontöpfen oft geschieht. Sie reißen nicht ab, wenn der Ballen herausgeholt wird. Den Multiballen holt man mit einer kleinen Gabel wie eine Silberzwiebel aus dem Glas. Das ist noch wichtiger für größere Topfpflanzen, die einmal jährlich umgetopft werden und ihren Ballenumfang behalten sollen. Der schöne, teure Tontopf mußte zerschlagen werden, um den Wurzelballen zu retten. Wenn ihn die Wurzeln nicht schon vorher zersprengt haben, was bei Plastiktöpfen seltener vorkommt und wenn, dann weniger kostet.

Eigenanzucht
Die eigene Jungpflanzenanzucht wird als schwierig und aufwendig hingestellt, aber sie hat Vorteile; denn es ist die einzige Art und Weise, immer die gewünschten Arten und Sorten zum richtigen Pflanzzeitpunkt zu bekommen. Das Angebot auf dem Markt ist auf ein enges Sortiment geschrumpft, aus begreiflichen wirtschaftlichen Gründen, so daß nichts als die eigene Aussaat bleibt. Viele Freilandpflanzen können ohne Vorkultur im Haus auskommen, leider nicht alle. Die langsam wachsenden Arten nehmen bei Direktsaat ins Freie zu lange ihren Freilandplatz ein, wenn sie es überhaupt bis zum Herbst schaffen, Blüten und Früchte zu bringen, ohne vorgezogen worden zu sein.

Saathilfen
Eine brauchbare Wahlhilfe für die Jungpflanzenanzucht von Gemüse und Blumen sind die Saathilfen in Bändern und Platten; denn dafür werden die besten Qualitäten verwendet. Das muß sein, weil bei den gleichmäßigen Abständen während des Keimens zu sehen ist, wo Ausfälle sind. Bevor sie zwischen die leicht zersetzlichen, rückstandsfreien Spezialpapiere geklebt werden, wird das Hochleistungs-Saatgut auf einheitliche Größe gebracht.

> Durchfrorener Schwarztorf besitzt bei gleichem Volumen doppelt soviel Trockensubstanz, bessere Wasserkapazität und höhere Kationenaustauschbarkeit. Damit erhöht sich der große Vorzug des Torfs, schwankende Nährstoffgehalte für die Pflanze unschädlich zu machen.

Siebt man alle kleinen und schwachen sowie alle Übergrößen heraus, keimen die übrigen gleichmäßiger und besser. Das Erntegut ist einheitlicher als bei normalem Handelssaatgut. Hinzu kommt, daß die sauber eingehaltenen Abstände von keiner anderen Methode der Einzelkornsaat erreicht werden. Der Raum wird ausgenutzt, ohne daß wertvolles, teures Saatgut verschwendet wird oder die Sämlinge sich gegenseitig bedrängen, was in der unebenen Saaterde kaum zu vermeiden ist.

Die Saatbänder verkürzen die Kulturdauer, weil sie naß gemacht werden können, ohne zu kleben und zu zerlaufen. Eine neue Schnellkeimmethode hat sich daraus entwickelt. Die Schachtel wird samt ihrem Inhalt mit Wasser gefüllt, in Zeitungspapier dick eingewickelt und einen Tag bei Zimmertemperatur liegen gelassen. Dann holt man vorsichtig die Spule heraus und wickelt sie ab, ohne daß es Bandsalat gibt.

Wie wichtig das Vorkeimen im Garten ist, weiß jeder. Die Saaten kommen schneller und gleichmäßiger in schweren Böden voran und tragen frühere Ernten, bei Radies, Rettich und Kohlrabi bis zu einer ganzen Woche.

Gut gemischt wächst besser

Wie man den Boden fruchtbar erhält, wußten die Bauern im Mittelalter. Sie teilten ihr Land in drei Felder, bestellten das erste mit Wintergetreide, das zweite mit Sommergetreide, das dritte ließen sie brachliegen. Später verbesserten sie die Fruchtfolge und säten als dritte Folgekultur Hackfrüchte oder Viehfutter für den Stall. Sie zeigten tiefe Einsichten in den Vorfruchtwert einer Kultur.

Vorfruchtwert

In Versuchen sind die Folgen des Fruchtwechsels bei den meisten Gemüsearten exakt nachgewiesen worden. In Weihenstephan ergab sich ein Mehrertrag bei Fruchtwechsel in bemerkenswerten Größenordnungen. Porree macht eine Ausnahme und bringt nach sich selbst höhere Erträge. Das liegt an seinem guten Vorfruchtwert, der den Boden mit hohen Wurzelrückständen in fruchtbarem Zustand hinterläßt.

Pflege

Nahrhafter Boden vergrößert die Wurzelmasse, Ernte- und Pflegemaßnahmen haben Einfluß. Wird das Land häufig betreten, verschlechtert sich der Fruchtfolgewert.

Gemüse	Mehrertrag in %
Petersilie	18 bis 31
Rote Rüben	15 bis 20
Zwiebeln	12 bis 21
Tomaten	12 bis 17
Buschbohnen	10 bis 18
Rotkohl	2 bis 8
Sellerie	0 bis 10

So sind Tomaten eine gute Vorkultur, aber der Boden wird beim regelmäßigen Ausgeizen festgetreten. Das läßt sich vermeiden, indem auf die Arbeitsgassen Stroh gelegt wird, das den Druck auffängt und verteilt, so daß die Krume locker bleibt. Dasselbe gilt für Erdbeeren. Ausreichende Wassergaben und Ernährung haben ebenfalls einen guten Einfluß auf die Folgekultur.

Folgekulturen

Aus dem gemächlichen Nacheinander der Dreifelderwirtschaft wurden im Garten die Vor-, Haupt- und Nachkulturen. Auf die Humusdüngung im Herbst und die Grunddüngung im Frühjahr in erster Tracht folgen die Starkzehrer, das sind Dicke Bohnen, Gurken, Kohlgewächse, Kürbis, Salate und Stangenbohnen. Porree und Sellerie gehören in diese Reihe, wenn es keinen frischen Stallmist gegeben hat, sonst stellt man sie in zweite Tracht zu den Schwachzehrern wie Buschbohnen, Erbsen, Möhren, Pastinaken, Roten Rüben, Radieschen, Rettichen, Schwarzwurzeln und Zwiebeln.

Kein frischer Dung
Das Gemüseland wird in zwei Felder geteilt, so daß dieselbe Gemüseart erst nach Jahren wieder an dieselbe Stelle kommt. Außerdem sind alle Gemüsearten ausgeschlossen, die auf frische Düngung mit Schädlingsbefall und/oder Qualitätsverlust reagieren. Da Mist und vergleichbare Düngemittel nicht gerade billig sind, ist es logisch, diese von den Pflanzenarten fernzuhalten, denen sie schaden.

Gute Nachbarn
Aus der Folgekultur hat sich ein weitverzweigtes System von Mischkulturen entwickelt, um die meist schmal gewordenen Gemüsebeete intensiv zu nutzen. Es hat sich gezeigt, daß manche Pflanzenarten besser wachsen, wenn sie mit bestimmten anderen benachbart werden. Dabei ist nichts geheimnisvoll. Kein Grund, von Pflanzenfamilien zu sprechen, die »sich lieben«, oder Lyrik und Psychologie zu bemühen.

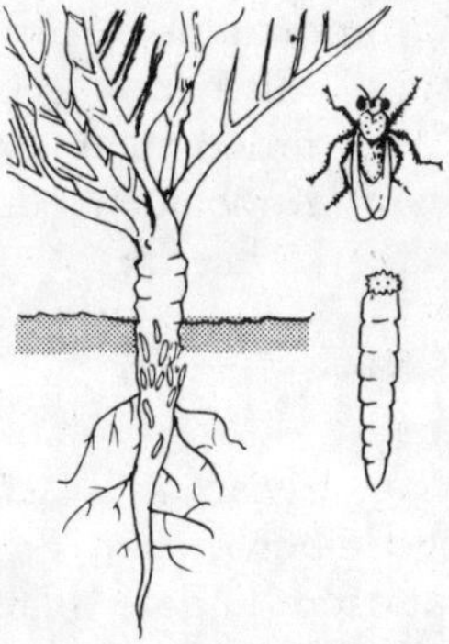

Gemüsefliegen lassen sich bis zu einem gewissen Grade (bis zu welchem, ist wissenschaftlich noch umstritten) mit gut gewählten Mischkulturen von der Eiablage auf dem Beet fernhalten.

Schlechte Nachbarn

Sicher hat sich mancher darüber gewundert, warum eine Pflanze nicht gedeihen will, obwohl alle Umstände ideal sind. Winterrettiche und Gurken dürfen nie auf einem Beet stehen. Dem Rettich macht das nichts aus, aber an den Gurken wird man keine Freude haben. Die Blüten bleiben taub und setzen keine Früchte an. Das kann sogar passieren, wenn Winterrettiche und Gurken auf benachbarten Beeten wachsen. Eine Beetbreite Abstand brauchen sie mindestens.

Unverträglichkeiten

Alte Weinbauern erzählen, daß einige Rebsorten eingehen, wenn sie daneben Kohl, näher als mit 1 m Abstand, pflanzen. Stark duftende Pflanzen wie Tomaten wirken ähnlich auf den Kohlweißling. Seine Schmetterlinge werden gehindert, an den benachbarten Pflanzen ihre Eigelege abzusetzen. Das scharfe Aroma von Zwiebeln, Lauch und Kresse soll die Möhrenfliege vertreiben. Umgekehrt verhält es sich mit Zwiebelfliege und Lauchmotte, wenn Möhren daneben wachsen. Es gibt Zweifler, die solche Zusammenhänge für nicht zureichend nachgewiesen ansehen. Sie haben recht, wenn es um die Wühlmäuse geht. Sie werden nicht von einer Wolfsmilch vertrieben, noch von Knoblauch oder anderen scharf riechenden Zwiebelgewächsen.

Stickstoffsammler

Andere Beziehungen zwischen Nachbarpflanzen sind unbestritten. So gedeihen neben Erbsen und Bohnen gern Salat, Spinat und andere Blattgemüse. Das ist erklärlich wegen der Knöllchenbakterien, die an den Wurzeln der Hülsenfrüchte den Stickstoff aus der Luft im Bodenwasser lösbar machen. Blattgemüse sind als starke

Stickstoffzehrer auf diese Zufuhr angewiesen. Deshalb läßt man die Wurzeln aller Schmetterlingsblütler nach der Ernte oder nach dem Schnitt bei Gründüngungspflanzen im Boden stecken.

Gründüngung steigert Ertrag

Die Landwirtschaftliche Forschung Hanninghof hat die Wirkung von Gründüngung in vieljährigen Versuchen geprüft. Dabei stellte sich heraus, daß Nachfrüchte mit langer Kulturdauer die vorausgegangene Gründüngung besonders gut ausnutzen. Die Mehrerträge waren so beachtlich, daß im fünfjährigen Mittel eine 16%ige Verzinsung des eingesetzten Kapitals erzielt wurde.

Wurzelausscheidungen

Wurzelausscheidungen sind nicht immer förderlich für die Nachbarpflanzen, ebenso Wurzelrückstände im Boden, weshalb die meisten verwandten Arten nicht nach- oder nebeneinander angebaut werden dürfen. Ganz abgesehen davon, daß sich auf diese Weise mehr Schädlinge und Krankheiten ansammeln, die auf eine bestimmte Art spezialisiert sind, während zugleich stark verbrauchte Nährstoffe im Boden fehlen. Außer Porree können Blumenkohl und Buschbohnen, Rosenkohl und Tomaten mehrere Jahre hintereinander auf demselben Beet angebaut werden.

Partner in Mischkulturen

Es gibt viel mehr gute Beziehungen zwischen den Gemüsearten als schlechte, hat das Schweizerische Forschungsinstitut für Biologischen Landbau in Bernardsberg, Oberwil/BL., festgestellt: + = gut, o = ohne Einfluß und − = nicht so gut.

	Bohnen	Endivien	Erbsen	Erdbeeren	Gurken	Kartoffeln	Knoblauch	Kohlarten	Kopfsalat	Mangold	Möhren	Pflücksalat	Porree	Radieschen	Rettich	Rote Bete	Rhabarber	Sellerie	Spinat	Tomaten	Zwiebeln
Bohnen	o	o	−	o	+	+	−	+	+	+	o	+	−	+	+	+	+	+	o	+	−
Endivien	+	o	o	o	o	o	o	+	o	o	o	o	+	o	o	o	o	o	o	o	o
Erbsen	−	o	o	o	o	−	−	+	+	o	+	o	−	+	+	o	o	o	o	−	o
Erdbeeren	o	o	o	o	o	o	+	+	+	o	o	o	+	+	+	o	o	o	o	o	+
Gurken	+	o	o	o	o	o	+	+	+	o	o	o	o	−	−	o	o	+	o	−	+
Kartoffeln	o	o	−	o	o	o	o	+	o	o	o	o	o	o	o	o	o	−	+	−	o
Knoblauch	−	o	−	+	+	o	o	−	o	o	+	o	o	o	o	o	o	o	o	+	o
Kohlarten	o	+	+	o	+	+	+	o	+	+	o	+	+	+	+	+	o	+	+	+	+
Kopfsalat	+	o	+	+	+	o	o	+	o	o	o	o	+	+	+	o	o	−	o	+	+
Mangold	o	o	o	o	o	o	o	o	o	o	+	o	o	+	+	o	o	o	o	o	o
Möhren	o	o	+	o	o	o	+	o	o	+	o	o	+	+	+	o	o	o	o	+	+
Pflücksalat	o	o	o	o	o	o	o	+	o	o	o	o	o	+	+	+	+	o	o	+	o
Porree	−	+	−	+	o	o	o	+	+	o	+	o	o	o	o	o	o	+	o	+	o
Radieschen	+	o	+	+	o	o	o	+	+	+	+	+	o	o	o	o	o	o	+	+	−
Rettich	+	o	+	+	o	o	o	+	+	+	+	+	o	o	o	o	o	o	+	+	−
Rote Bete	o	o	o	o	+	−	o	o	o	o	o	+	−	o	o	o	o	o	o	o	+
Rhabarber	o	o	o	o	o	o	o	+	+	o	o	+	o	o	o	o	o	o	+	o	o
Sellerie	+	o	o	o	+	−	o	+	−	o	o	o	+	o	o	o	o	o	o	+	o
Spinat	o	o	o	o	o	+	+	+	o	o	o	o	o	+	+	o	+	o	o	+	o
Tomaten	o	o	−	o	−	−	+	+	+	o	o	+	+	+	+	o	o	+	+	o	o
Zwiebeln	−	o	o	+	+	o	o	−	+	o	+	o	o	−	−	+	o	o	o	o	o

Förderlich

Sellerie kann das mit Einschränkung ebenfalls, doch hier haben wir den interessanten Fall, daß die Wurzelausscheidungen einer anderen Art, der Tomate, eine günstige Wirkung ausüben. Buschbohnen fördern Sellerie und Möhren, umgekehrt werden sie gefördert von Möhren und Blumenkohl. Möhren wirken sich positiv aus auf Salat und Porree. Es gibt Wechselwirkungen mit Wuchsförderung bei Gurken und Hülsenfrüchten, Tomaten und Petersilie, Kohlrabi und Roten Rüben.

Nachteilig
Weniger erfreulich ist das Zusammentreffen ganzer Familien und Gattungen auf einem Beet. Gurken vertragen sich nicht mit Radieschen und Tomaten, die Nachtschattengewächse nicht mit Erbsen, Hülsenfrüchte nicht mit Zwiebelgewächsen, Zwiebelgewächse nicht mit Knollengemüse, diese nicht mit Kartoffeln, Sellerie nicht mit Kopfsalat und Mais, dieser nicht mit Rhabarber, Kopfsalat nicht mit Petersilie und so weiter.

Unterkulturen
Unterkulturen müssen so ausgewählt werden, daß sie den heranwachsenden Gehölzen nicht schaden. Wie groß die Unterschiede sein können, zeigen Versuche mit Schattenmorellen. Der Zuwachs an Kronenumfang vermindert sich gegenüber Brache, die mit 100 angesetzt wurde, bei Karotten auf 58, Kartoffeln 62, Erbsen 72, Bohnen 90, während bei Gurken eine Zunahme auf 107 gemessen wurde. Ähnlich sieht es mit den Erträgen aus, weil die Zwischenkulturen viel Wasser und Nährstoffe aus dem Boden entziehen.

Nord-Süd-Probleme
Höher wachsende Gemüsearten stellt man als Hauptkultur in die mittlere Reihe der Beete, damit die kleinen Kurzkulturen nicht zu sehr in ihrem Schatten liegen. Nord-Süd-Reihen helfen dabei; denn so zieht die Sonne im Laufe des Tages über den Schnittsalat neben Stangenbohnen. Aber nur auf schweren und feuchten Böden; denn leichte trocknen in der Mittagssonne aus. Sie wer-

den besser von Ost-West-Reihen während der heißen Tageszeit beschattet. Vor- und Nachkulturen greifen Licht und Platz ausnützend ineinander: Der Kopfsalat neben Tomaten ist abgeerntet, wenn diese den vollen Raum beanspruchen. Sobald die unteren Blätter trocken werden, wird Platz für eine Reihe Radieschen.

Gute Nachbarn

Hochwachsende und kleinbleibende Gemüsearten passen auf einem Beet besonders gut zusammen, weil sie den Raum über der Erde voll ausnutzen, ohne sich gegenseitig Luft und Licht wegzunehmen. Gut wachsen deshalb:

Buschbohnen	bei Tomaten, Rosenkohl, Mangold
Kopfsalat	bei Porree, Rettich, Rosenkohl, Kohlrabi
Gurken	bei Kohlrabi, Rosenkohl, Dill, Zwiebeln, Stangenbohnen
Kohlrabi	bei Spinat, Gurken, Kopfsalat

Abstand halten

Daß es nicht zu eng werden darf, zeigen Radieschen. Innerhalb von sechs Wochen sind sie erntereif und nehmen mit ihren kurzlaubigen Sorten wenig Platz ein. Trotzdem dürfen sie nicht beengt am Rande des Beetes stehen. Es hat sich bei Versuchen in den Niederlanden gezeigt, wie wichtig der Abstand auch in der Reihe ist. Beim Abstand von 11 mm erreichten nur 18,6% der Knöllchen eine Größe von 22 bis 27 mm, während bei 20 mm Abstand bereits 38,4% dicker waren. Ebenso wichtig ist der Mindestabstand zwischen den Reihen oder bis zur Nachbarkultur von 10 bis 12,5 cm. Außerdem dürfen die Körner nicht tiefer als 1,5 cm unter die Erde kommen.

Markiersaat

Radieschen mischt man mit Möhren, die ebenfalls ausreichenden Abstand brauchen. Die Möhren keimen so langsam, daß sie eine Markiersaat brauchen, um die Reihen nach einem scharfen Regen wiederzufinden und hacken zu können. Bevor die Reihen fest geschlossen sind, werden die ersten Radieswurzeln bereits vorsichtig gezogen. Vorher wird gegossen, damit die stehen bleibenden Pflanzen nicht unnötig gelockert werden. So wird Platz frei, in dem sich die Möhrenwurzeln ungestört ausdehnen können.

Keine Lücken

Andere Mischkulturen innerhalb der Reihe sind Dill zwischen Pflückerbsen, Petersilie und Salat, Feldsalat und Schwarzwurzeln, Mohn und Möhren. Im Garten sollte nicht mehr auf einmal erntereif werden, als die Küche bewältigen kann, dafür in lückenlosen Folgen bis in den Herbst hinein. Das gilt vor allem für solche Arten, die innerhalb von Tagen geerntet sein müssen, wenn sie reif sind, und solche, die sich nur wenige Stunden frisch halten, wenn sie hereingeholt wurden. Ganze Beete voller Kurzkulturen schafft die Familie beim besten Willen nicht.

Vom Frühjahr bis zum Herbst

Möhren gehören zu den frühesten Aussaaten im März. Ihr Reihenabstand wird größer gewählt, damit in der ersten Aprilwoche Frühkohlrabi zwischen die Reihen gepflanzt werden kann. Sobald die Kohlrabis geerntet sind, setzt man Porreereihen an ihre Stelle. Sie werden mit 30 cm Abstand gezogen, so daß auf ein Beet von 1 m Breite vier Reihen Möhren passen, die äußeren Reihen dicht an der Beetkante. Das reicht für Kohlrabisorten wie ›Roggli blau‹ und ›Roggli weiß‹ sowie ›Prima vera‹ in Blau oder Weiß, die weniger Blattmasse bringen als breitwachsende Sorten, schneller wachsen und mehr Frost vertragen. Stehen die Porreereihen 30 cm auseinander, kann dichter in der Reihe gesetzt werden, 15 cm genügen. Während die Möhren bis zum Herbst hin nach und nach abgeerntet werden, bleibt der Porree in vertieften Reihen stehen. An die Stelle der Möhren wird später, solange der Porree abgeerntet wird, eine Nachfrucht mit Spinat, Feldsalat oder Endivien angebaut.

Auf die richtige Gemüsesorte kommt es an

Blumenkohl

Nicht geschützte Sorten stimmen häufig nicht mit den Beschreibungen überein. Von den Neueintragungen sind ›Delira‹ und ›Nevada‹ von herausragender Qualität. Wichtig für die Anzucht ist, daß die Jungpflanzen nie stocken und immer zügig wachsen. Deshalb zieht man die ersten Folgen ab Februar und März im Hause in Pikierkästen heran, wobei die Temperaturen zwischen 14 und 16 Grad liegen. Spätere Sätze werden im kalten Frühbeetkasten vorgezogen, bei warmer, trockener Witterung ohne Fenster. Der Ertrag von eingetopften Setzlingen übersteigt normal pikierte Sätze bei weitem, weil sie im Freiland ohne Stockung weiterwachsen. Im April werden die ersten im Abstand von 50 x 50 cm ausgepflanzt, in kalten Nächten unter Folie geschützt; der zweite Satz Ende Mai, damit er im Juli und August erntereif ist. Für die späte Pflanzung bis Ende Juli wählt man schneller wachsende Sorten. Viel Humus, Nährstoffe und Wasser sichern stockungsfreies Wachstum. Sobald die Blume sichtbar wird, werden die inneren Blätter zur Mitte umgeknickt. Mit der Ernte darf man nicht zu lange warten, sonst wird die Blume locker und hart.

Bohnen

Erfreuliche Erfolge brachte die Resistenzzüchtung gegen Bohnenvirus 1, der das gewöhnliche Bohnenmosaik erzeugt. Es ist gelungen, Sorten zu züchten, die von ein paar trockenen Blattstellen abgesehen bei höheren Sommertemperaturen gesund bleiben. Im Sortiment der grünhülsigen Buschbohnen sind wenige Sorten resistent: ›Corene‹, ›Delikat‹ und ›Jolanda‹, keine gelbhülsige und keine Trockenkochbohne. Bei den grünhülsigen Stangenbohnen sind drei Sorten gegen zwei Schädiger tolerant, und zwar jeweils Brennflecken und Mosaik bei ›Gallia‹, ›Necores‹ sowie ›Precores‹. Die blau- und gelbhülsigen Sorten sowie eine lange Liste der grünhülsigen sind ausschließlich gegen Schwarzbeinigkeit immun. Zwischen Anfang Mai und Juli sät man Folgesaaten mit 120 g Saatgut auf 10 m^2 im Endabstand von 40 x 50 cm, von der 8. Woche an können erste Hülsen gepflückt werden.

Buschbohnen

Für die laufende Ernte sollte man kleine Folgen aussäen, die den jeweiligen Bedarf decken. Spätere Aussaaten sind zarter und weniger von Krankheiten bedroht, weil es wärmer ist. Starker Temperaturwechsel zwischen Tag und Nacht, zwischen sonnigen und trüben Tagen im Frühjahr führen zu Wachstumsstockungen und schlechteren Ernten. Bis zu den späteren Bohnensaaten bleiben die Beete natürlich nicht brachliegen, eine Vorkultur ist inzwischen herangewachsen und abgeerntet. Sehr beliebt sind Buschbohnen in Zwischenkultur, wobei die benachbarte Gemüseart erst geräumt wird, wenn kein Platz mehr für sie ist. Die Reihen sollen 50 cm Abstand halten, in die 2 bis 4 cm tiefen Rillen legt man alle 10 cm eine Bohne und deckt humus- oder torfreiche Erde darüber. Vorgekeimte Samen sind weniger gefährdet. Sie sind bereits nach sechs Wochen pflückreif. Bei der Ernte immer beide Hände nehmen und die Triebe nie verletzen, sonst sinkt die Nachernte.

Stangenbohnen

Häufig wird die halbe Ernte verschenkt, weil man zu sorglos pflückt. Die erste Aussaat ab 10. Mai, die Folgesaaten im Juni und Juli legt man in Tellersaat oder Hufeisenfurche um Welldrahtstangen, die verglichen mit anderen Klettergerüsten am brauchbarsten sind. Sie sind leicht aufzustellen, miteinander sturmfest zu verbinden, wieder herauszuziehen, das Kraut hält daran erst ausreichend fest und geht gut ab, wenn abgeerntet wurde. Was am wichtigsten ist: An den Metallstäben können sich keine Krankheitserreger und Schädlinge festsetzen, überwintern und die Bestände im nächsten Jahr verseuchen. Die Reihen werden im Abstand von 80 bis 90 cm aufgestellt, die Stangen 50 bis 60 in der Reihe, die Samen 10 cm von der Stange entfernt, 2 bis 3 cm flach und locker abgedeckt. Sind die Keimlinge eine Handspanne gewachsen, häufelt man an. Kürzere Sorten, die nicht 3 m lang werden, lassen sich leichter ernten. Blaue Hülsen werden im Kochtopf grün und bleiben zart.

Feuerbohnen
Feuerbohnen sind so robust, daß sie mit ihren knollenartig dicken Wurzeln überwintern können. Sie vertragen nassen Boden mit hohem Grundwasserstand, gedeihen in rauhem Klima höherer Lagen problemlos. Zudem sind die großen Blätter und roten Blüten eine Zierde für jedes Klettergerüst. Allerdings sind nur die weißen Spielarten selbstfruchtbar. Die saftigen, fleischigen Riesenhülsen brauchen keinen Vergleich mit irgendeiner der zimperlichen Bohengruppen zu scheuen. Gesät werden sie Ende Mai, Anfang Juni mit 150 g auf 10 m^2 im Abstand von 90 x 60 cm, geerntet zwischen 3. und 4. Monat.

Broccoli (Spargelkohl)
Der Name wird unterschiedlich geschrieben und gebraucht; deshalb muß man unterscheiden zwischen Spargelkohl und dem Winterblumenkohl aus Frankreich (Broccoli) mit oft gelb oder violett gefärbten Blumen. Brokkoli stammt aus Italien, ist mit dem Blumenkohl verwandt, aber an Erntemenge und Vitamingehalt weit überlegen (zehnmal mehr Vitamin A als Blumenkohl). Nicht nur die grünen Köpfe, sondern auch die Stiele werden zubereitet, dies wieder genau wie Blumenkohl. Der Anbau entspricht dem Blumenkohl (s. S. 80) auf nahrhaftem Boden von ausreichender Feuchte. Frühe Sorten sät man ab März in den Kasten, zur Herbsternte zwischen 15. und 20. Juni ins Freiland. Im Juni gesäter Brokkoli wird am schönsten, als Nachfrucht von frühem Kopfsalat, Frühmöhren und Spinat; nach fünf Wochen kann gepflanzt werden, sechs Wochen später werden die ersten Blütenstände geerntet. Die Reihen brauchen 70 cm Zwischenraum, die Pflanzen in der Reihe 50 cm. Geerntet wird, ehe die schmalen Knospen aufblühen. Empfehlenswert sind die Sorten ›Medium 90‹, mittelfrüh, hochwachsend, mit mittelgroßem Kopf; ›Coastal‹

und ›Waltham 29‹, die etwas niedriger sind und sehr früh, für die Aussaat Mitte Juli geeignet. Zwei F_1-Hybriden sind ›Clipper‹ und ›Corvet‹ für frühen und mittelfrühen Anbau mit sehr schönen Köpfen, feinkörnig und standfest.

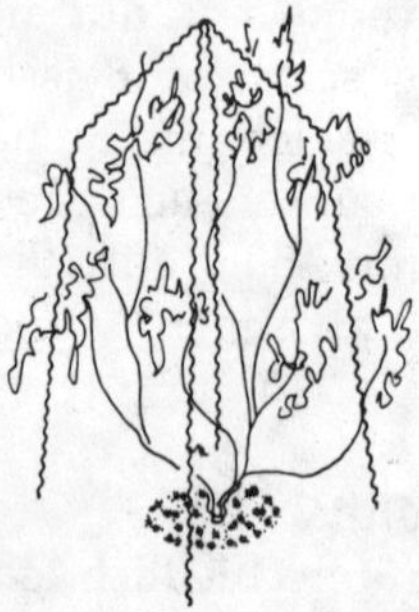

Welldrahtstäbe für Bohnen und andere rankende Gemüsearten sind standtfest und sehen so gut aus, daß man die Pyramide ohne weiteres mitten auf dem Rasen aufstellen kann.

Chicorée (Zichoriensalat)

Mit seinen schönen blauen Blüten, die sich im frühen Morgenlicht öffnen und nachmittags schließen, zeigt der Chicorée seine Verwandtschaft mit der heimischen Wegwarte und dem Löwenzahn, der ebenfalls mehr und mehr zum normalen Gartengemüse aufrückt. Die Gemüsevariante ist eine belgische Spezialität, die sich hier endgültig durchgesetzt hat als reines Wintergemüse, getrieben im Dunkeln von Oktober bis April. Ausgesät wird Anfang Mai in Reihen von 50 cm Weite, vereinzelt Handspanne. Die Wurzeln werden zwischen September und November geerntet, das Kraut auf 3 cm zurückgeschnitten (gutes Viehfutter). Zum Treiben stellt man die Wurzeln dicht an dicht in Kisten, deckt 15 cm hoch mäßig feuchte, leichte sandige Gartenerde oder Floratorf darüber, auf die Erde feuchtes Stroh, Holzwolle oder Folie. Bei einer Bodenwärme von 18 bis 20 Grad Celsius sind die Sprosse in 3 bis 4 Wochen 15 bis 20 cm lang. Senkt man die Treibtemperatur auf 10 Grad, läßt sich die

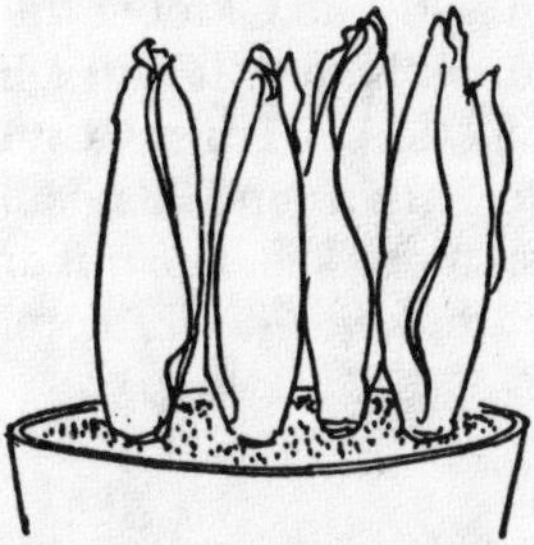

Chicorée als Treibgemüse kann unter schwarzer Folie wie in verdunkelten Räumen auch ohne Erddecke über den Wurzeln getrieben werden, nur sind die Triebe dann nicht so fest geschlossen.

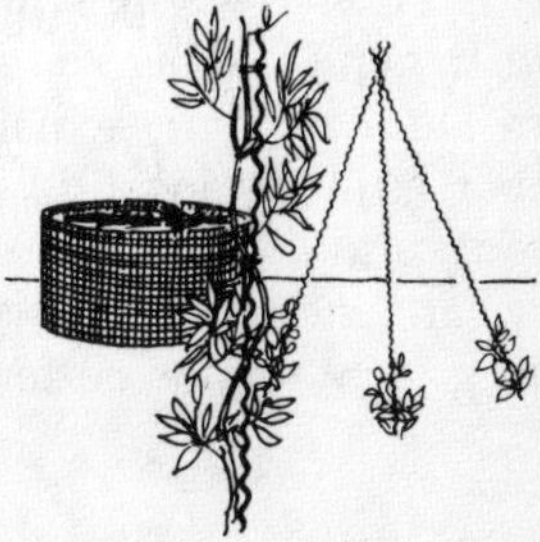

Welldraht hat sich im Garten als vielseitig verwendbar bewährt, nicht nur zum Beranken, sondern auch als Maschenwand für den Kompost und zur Bepflanzung von Torfsäulen.

Ernte bis ins Frühjahr hinein verlängern. Die Sprosse schneidet man so tief am Rübenkopf ab, daß die Blätter beisammen bleiben, nur die äußeren entfernt man. Eine bewährte Sorte für diese Kultur ist ›Edeloof‹, neu für die spätere Treiberei nach Ernte von Ende Dezember bis Mitte März ›Productiva‹ mit schweren Köpfen, die nur 17 bis 18 Grad Treibwärme brauchen und ganz kalt angebaut werden können.

Zuckerhutsalat

Ohne Treiberei wird eine Zuchtform des Herbstchicorées unter dem Namen Zuckerhut kultiviert und im Juni bis Juli gesät. Die Pflanzen werden in den Reihen mit 40 cm Abstand auf 25 cm vereinzelt, der Boden sollte humos, locker und nahrhaft, aber nicht zu leicht sein. Die 30 bis 40 cm hohen Köpfe schließen sich selbst ab Oktober und vertragen Frost bis 3 oder 4 Grad unter Null. Mit Wurzeln im Dunkeln eingeschlagen, halten sie bei 1 bis 3 Grad über Null bis ins Frühjahr. Gute Sorten sind ›Kristallkopf‹ und ›Stamm Hilmar‹, ihr Geschmack ist fast nußartig, angenehm bitter, wenn der Strunk vor der Zubereitung nicht restlos entfernt wird.

Radicchio

Ein roter Chicorée liefert im Winter frischen Salat vom Freiland, solange der Boden unter Abdeckung frostfrei gehalten wird. Mit der Aussaat wartet man bis Juni/Juli, mit 25 cm Abstand. Im November schneidet man die Blätter auf kurze Stummel von 4 cm zurück. Verzehrt werden die jungen Blattrosetten, sobald sie kleine Köpfchen gebildet haben. Bekannteste Sorte ist der ›Rote Veroneser‹, auch ›Roter von Verona‹ oder ›Rosetta Verona‹ genannt.

Chinakohl

Bis 2,5 kg schwere Köpfe in weniger als 2 Monaten liefert der spät im Juli ausgesäte Chinakohl. Er ist vielseitig zuzubereiten als Salat und Gemüse, reich an Vitamin C und bläht nicht. Ausgesät werden jeweils 2 oder 3 Samen auf 40 x 40 cm, von denen der beste Keimling stehen bleibt. Für so schnelles Wachstum braucht er einen nahrhaften, gleichmäßig feuchten Boden. Geerntet wird unter leichtem Frostschutz bis in den Winter hinein. Widerstandsfähig gegen Krankheiten und hervorragend lagerfähig ist die F_1-Hybride ›Winter Knight‹, sehr ertragreich und spät. Hitzefest und früh ist dagegen ›Early Top‹, noch früher ›Kinap‹ besser als ›Hongkong‹ und manche andere Sorte.

Dicke Bohnen

Dicke oder Puffbohnen bringen den höchsten Ertrag, wenn sie früh ab März ausgesät werden, doch dafür sind nicht alle Sorten gleich gut geeignet, am besten noch ›Con Amore‹ aus der Gruppe der schwarzgefleckten Blüten, deren Frischkorn sich beim Kochen verfärbt, weiter die ›Zwijndrechter Weißkeimige‹ und die noch 10 Tage früher erntereife ›Verbesserte Frühe Weißkeimige‹. ›Osnabrücker Markt‹ ist eine schwarzkeimige Neuzüchtung von mittlerer bis später Erntereife, kurz vor der späten ›Gruno‹. Die frühe Aussaat gibt einen gewissen Schutz vor schwarzen Bohnenläusen. Aus diesem Grunde wird die Saat vorgekeimt. Als Gefäß dafür verwendet man Kistchen oder Schalen, 5 bis 7 cm hoch mit feuchtem Torf gefüllt, dem etwas Sand beigemischt ist. Nach wenigen Tagen erscheinen die Keimlinge und brauchen 10 bis 12 Grad Celsius, damit sie kurz und gedrungen bleiben. Vor dem Auspflanzen werden sie abgehärtet, der Wurzelballen sollte erhalten bleiben. Deshalb wird in Töpfe gesät, je 2 Körner 2 cm tief, eins bleibt übrig. Freilandsaat legt man dreimal so tief und 10 bis 20 cm in Reihen von 60 cm Abstand, besser nur einzelne Reihen am Beetrand. Der Boden sollte humos und nahrhaft sein.

Eissalat

Seine Stärke zeigt der Krach- oder Eissalat im trockenen Sommer, wenn jeder andere Kopfsalat leidet. Seine

Köpfe wachsen bis 2 kg Gewicht heran, doch die Hälfte oder ein Viertel hält sich im Kühlschrank oder kühlen Keller etliche Tage. Dazu ist er leicht heranzuziehen, der Boden sollte nicht zu nahrhaft, aber ausreichend feucht sein. Ein Reihenabstand von 30 cm reicht. Im letzten Aprildrittel gesäte Pflanzen sind Ende Juni, Anfang Juli erntereif. Amerikanische Importzuchten sind hier so verbessert worden, daß der Anbauer zwischen sieben geschützten und anerkannten Sorten wählen kann. ›Calmar‹, ›Cristallo‹ und ›Fortessa‹ sind resistent gegen einige Typen des Falschen Mehltaus, die beiden letzten geeignet für Anbau unter Folie und Glas. ›Great Lakes 118‹ bildet runde, schwere Köpfe, umgeben von gefransten, weit ausladenden Umblättern.

Endivien

Unter einer Folie oder im Frühbeet liefern Endivien bis ins Frühjahr hinein frischen Salat, Frost vertragen sie nicht. Auf das Zubinden kann man verzichten bei den heutigen Sorten wie dem krausen Bubikopf ›Wivita‹, eine selbstbleichende, stark wachsende Züchtung mit großen, schweren Köpfen, die widerstandsfähig gegen naßkalte Witterung ist. Eine schwarze Folie deckt nicht selbstbleichende Sorten und dient bei schwachem Frost als Schutz auf Freilandbeeten. Wird es kälter, schlägt man ein paar Latten am Rande in die Erde, auf denen die Folie liegt. Unter Glas wird vom 5. bis 20. September gesät und gepflanzt im Oktober für die Ernte im März und April. Die nächste Kultur folgt zwischen Dezember und März zur Ernte von März bis Mai. Im Freiland beginnt die Aussaat im Februar, Pflanzung im April, Ernte Juni, weiter geht es im März bis Anfang Juli für Ernte im Juli bis Oktober und Juli/August Aussaat zur Ernte von Oktober bis Dezember. Der Boden sollte humusreich, locker und nicht zu leicht sein, im Abstand von 30x30 cm werden 2 oder 3 Körner 1 bis 2 cm tief gelegt, der stärkste Keimling bleibt stehen. Die Sommer-Endivie oder Römischer Bindesalat wird wie Kopfsalat (s. S. 98) bis Juli in Folgen gesät. Selbstbleichende Sorten sind ›Kasseler Strünkchen‹, gelbgrün mit rosa Anflug, und ›Sachsenhäuser‹.

Englischer Spinat

Das ganze Jahr über, auch im Winter, bildet der Englische Spinat viele Blätter. Es ist kein Spinat im strengen Sinne, sondern ein Verwandter des Sauerampfers. Je häufiger geerntet wird, um so höher sind die Erträge, die man von einer Pflanze 3 bis 4 Jahre lang erwarten kann. Wichtig ist nur, daß die Blätter abgepflückt, nie geschnitten werden, um die nachwachsenden Herzblätter auf keinen Fall zu schädigen. Da die Pflanzen über 1 m hoch werden, brauchen sie wenigstens 30 cm Reihenentfernung und innerhalb 20 cm. Ihren enormen Wuchs schaffen sie nur auf nahrhaften Humusböden. Schon wenn die jungen, im Frühjahr oder Herbst gesäten Pflänzchen vier bis fünf Blätter getrieben haben, wird das erste Mal gepflückt. Zur weiteren Pflege gehört nicht mehr als gelegentliches Hacken und daß die im Juli und August erscheinenden Blütentriebe frühzeitig ausgebrochen werden. Gartenampfer eignet sich als Randbepflanzung, selbst in lichtem Schatten. Kulturformen sind wie Sorten zusammengefaßt worden. So ist der ›Goldgelbe von Lyon‹ ertragreicher, geschmacklich angenehm, während der ›Großblättrige Deutsche‹ etwas sauer im Geschmack ist. Man mischt ihn gern mit ›Spinatblättrigem‹, der ertragreich ist und Blätter bis 80 cm Länge bringt, die allerdings ein wenig herb schmecken.

Palerbsen
Schal- oder Palerbsen sind nicht so empfindlich wie Markerbsen, ein paar Frostgrade können ihnen nichts anhaben. Markerbsen kann man nicht trocknen, und gerade das möchte man für die Vorratshaltung. Die Untergruppe mit hellgrünem Frischkorn liefert trocken gelbe Körner, die frisch dunkelgrünen Körner bleiben grün. Dies ist die kleinste Gruppe mit ›Roulette‹, später ›Rheinperle‹ und ›Imperiala‹ (gut zum Einfrieren), während bei den hellgrünen Sorten ›Maiperle‹ am frühesten reift. Sie wird 90 cm hoch, ihre mittelbreiten Hülsen brauchen sieben Wochen zum ersten Pflücken und enthalten 7 bis 8 Körner. Man sät diese Erbsen in zwei Reihen auf einem Beet, bei den kleinen 30 cm, bei den größeren Sorten 40 cm auseinander. Ein nahrhafter Boden hilft über die kritischen Tage, bis sie 30 cm hoch geworden sind.

Markerbsen
Markerbsen werden bevorzugt, weil ihr frisches Korn zarter und süßer schmeckt. Die kleinkörnigen Sorten reifen ungewöhnlich rasch und verlieren dabei etwas an Qualität. Im Garten wählt man deswegen die Sorten mit langer Reifezeit. Sie werden etwas später ab Anfang April in Folgen bis Juni gesät mit 2 bis 4 cm Kornabstand in der Reihe und ebenfalls je nach Größe 3 bis 5 cm tief. Ab 50 cm Höhe brauchen sie eine Rankhilfe aus Reisig, Maschendraht oder Plastikgitter. Schlitzfolien oder Schutznetze halten saatfressende Vögel fern. Samenbeize (s. S. 238) ist nützlich gegen Bodenpilze und Keimlingskrankheiten. Vorgekeimtes Saatgut überbrückt schneller die kritische Keimphase.

Zuckererbsen
Zuckererbsen unterscheiden sich von den beiden anderen Sortengruppen dadurch, daß sie innen keine Pergamentschicht haben. Die Hülsen können ganz gegessen werden, solange sie jung sind. Sie können ohne Reiser angebaut werden, ausgesät Mitte April bis Mai in 4 bis 5 cm tiefe Rillen, mit lockerer Erde oder Torf abgedeckt. Sind die Triebe eine Handbreit hoch, werden sie von den Vögeln in Frieden gelassen; geerntet werden sie, bevor sich die Kerne in den Schoten unter der Schale abzeichnen. Geschützt sind die vier Sorten ›Rheinischer Zucker‹, ›Suggy‹, ›Zuga‹ und ›Edula‹.

Winterharte Erbsen
Erbsen, die ungeschützt im Freiland bis 16 Grad ohne Frostschaden überstehen, waren bis vor kurzem eine Sensation. Inzwischen gibt es mehrere Sorten davon, sie müssen also Anklang gefunden haben. Worin besteht ihr Nutzen? Sie können ab Oktober gesät werden, gehen schnell auf, bestocken sich mit 5 bis 7 Seitentrieben, die einen dichten Stand und hohen Ertrag bringen. Bis zum Frost ist der Bestand 5 bis 10 cm hoch und hat kleegroße Blätter. Aus den Seitentrieben wachsen dichte, standfeste Bestände mit reichem, früh einsetzendem Ertrag. Die winterharten ›Winfrida‹, ›Windressa‹ und ›Winkossa‹ sind ebenso zur Konservierung, zum Tiefgefrieren wie Frischverzehr geeignet. Wildschaden tritt nach bisherigen Erfahrungen nicht auf.

Feldsalat
Früher wurde der Feldsalat tatsächlich auf dem abgeernteten Acker gesammelt. Das hat aufgehört, seit die Felder so gründlich gegen Unkraut behandelt werden. Auf dem Markt ist dieser wohlschmeckende Wintersalat teurer als

das edelste Tafelobst. Gründe genug, im Garten auf den abgeernteten Beeten von Anfang August bis Mitte September breitwürfig oder in engen Reihen von 12 bis 15 cm Abstand 1 bis 2 cm tief auszusäen. Als Dunkelkeimer gehen die Körner gleichmäßiger und besser auf, wenn man sie im lockeren, feuchten Boden mit geschlitzter Dunkelfolie für eine gute Woche zugedeckt hält. Samenbeize (s. S. 238) verbessert auch hier den Keimerfolg beträchtlich. Wenn es schneit oder friert, ist eine Plastikfolie zureichender Schutz. Die einzige Pflege besteht darin, für gleichmäßig ausreichende Feuchtigkeit zu sorgen. Reihensaat ist leichter unkrautfrei zu halten und zu ernten. Allerdings sollte man nie zu eng säen, sonst bleiben die Einzelpflanzen klein, also nie mehr als 2 g Saatgut in Reihen, 3 g breitwürfig, bis 5 g bei grobkörnigen Sorten. Eine geschützte Sorte ist ›Vit‹, schnellwüchsig und ertragreich, dazu mehltauresistent, also geeignet für den Anbau unter Folie und Glas. Sonst richtet sich die Sortenwahl nach der Frosthärte: gut bei ›Etampes‹, ›Dunkelgrüner Vollherziger‹ mit Typ ›Polar‹, der mittelgroße, dunkelgrüne Blätter bringt, die für Freiland und unter Glas gut geeignet sind.

Grünkohl

Winterfest ohne Einschränkung ist der Grünkohl, mehr noch, er schmeckt erst richtig, nachdem er durchgefroren ist. Im Hausgarten bevorzugen wir die niedrigen Sorten mit kürzerer Wachstumszeit, die in ihrem Namen als halbhohe bezeichnet werden; besonders winterfest sind ›Westländer Winter‹ und ›Hammer‹, von feinem Geschmack die ›Lerchenzungen‹. Ausgesät wird Ende Mai auf das Freilandsaatbeet, 2 bis 3 g auf 1 m^2, so daß die Jungpflanzen nicht zu dicht stehen. Gepflanzt wird von Juli bis in den August auf 50 cm Abstand, niedrige Sorten bei späterer Pflanzung enger bis 40x40 cm. Es ist eine gute Nachkultur für Frühkartoffeln, Salat, Gurken, Erbsen, Bohnen, Radieschen und vieles andere. Selbst im Halbschatten kommt Grünkohl noch zurecht, aber kräftiger und vitaminreicher wird er in voller Sonne. An Nährstoffen darf es in der lockeren Erde nicht fehlen. Der halbhohe Grünkohl bietet im Frühjahr die bekannten Kohlkeimchen, die an den kahlen Stünken wachsen und ein besonders zartes Frischgemüse liefern. Der mittlere Ertrag liegt bei 1,5 bis 2,5 kg von $1m^2$.

Gurken

Alle Sorten für den Freilandanbau blühen gemischt, männlich und weiblich, sind mittel bis stark krätzeanfällig. Die Hauptunterschiede liegen in der Empfindlichkeit gegen Gurkenmehltau und -mosaik. ›Aphrodite‹ tanzt aus der Reihe, sie wird sehr wenig von Mehltau befallen. Robust gegen beide Übel ist ›Highmark II‹. Weniger angenehm ist die starke bis sehr starke Mehltaugefahr für ›Carnimus‹, ›Hawo‹ und ›Riesen Schäl‹.

Höhere Erträge, besonders in naßkalten Sommern, bringen die vorwiegend weiblichen Sorten von Einlegegurken. Werden sie spät ausgesät, krümmen sich mehr Früchte, als wenn einige männliche Blüten in der Nähe sind. Deshalb gibt man ein Zehntel gemischt blühenden Samen dazu, oft werden sie bereits vom Züchter beigelegt. Die Mehrzahl der Sorten ist für das Freiland geeignet, sieben nebenher unter Glas. Stark schwanken die Anfälligkeiten für die drei Hauptgurkenleiden. Eine Sorte ist in allen drei Fächern schlecht benotet, und zwar ›Mainstolz‹, während die ›Vorgebirgstrauben‹ beim Mehltau durchschnittlich abschneiden. Keine Sorte ist gleichmäßig robust, am besten noch die gemischtblühende ›Dew‹ oder ›Naf‹ (bekannt unter dem Warenzeichen ›Fanto‹).

Die Bitterstoffe in der Frucht von Salatgurken fehlen in

der Gruppe rein weiblich blühender Pflanzen völlig, während die gemischt blühenden unter Glas verbittern, wogegen die Freilandsorten 5:4 bitterfrei sind. Mit Bitterstoffen muß man rechnen bei ›Chinesischen Schlangen‹, ›Hoffmann Giganta‹, ›Sensation‹ und ›Riesen Schäl‹. Mit vorsichtigem Gießen und Schutz vor Eisregen läßt sich manche Verbitterung ersparen. Bei den Einlegegurken werden Bitterstoffe vom Einlegen zerstört, so daß es im Grunde keine Rolle spielt, ob die Pflanze einschließlich der Früchte voller Bitterkeit ist. Aber viele essen diese Gurken roh, und kurz nach dem Einlegen merkt man die Bitterstoffe noch bei ›Heureka‹, ›Kora‹, ›Levo‹, ›Mainstolz‹ und ›Mervita‹; die beiden letzten zählen zu den gemischt blühenden Sorten.

Freilandgurken

Freilandgurken können erst ausgepflanzt werden, wenn sich der Boden ausreichend erwärmt hat und keine Spätfröste mehr drohen, also Ende Mai bis Anfang Juni. Da der Sommer bis zu den ersten Frühfrösten allzu kurz ist, werden die Jungpflanzen in Jiffy-Pots unter Glas oder im Haus vorgezogen. Die 6- bis 8-cm-Torfpreßtöpfe füllt man zur Hälfte mit unkrautfreier, humoser Komposterde, die frei von Nährstoffen ist, notfalls mit Zusatz von ⅓ reinem Floratorf und ⅓ Sand. In jeden Topf werden drei Kerne gelegt und dünn abgedeckt. Danach stellt man sie zusammen in Kisten und füllt die Zwischenräume mit Torf aus. An einem hellen, schattigen Platz bei 10 bis 15 Grad keimen die Gurken rasch, so daß der weiche Trieb in einer Spirale an die Topfwand gelegt werden kann, bevor man die restliche Erde nachfüllt. So treiben am Stengel zusätzlich Wurzeln. In 6 bis 7 Wochen sind die Setzlinge zum Auspflanzen fertig.

Der Boden sollte nicht nur warm, sondern nahrhaft und humos, im Herbst gekalkt sein. Als besonders vorteilhaft erwies sich ein Graben unter dem Pflanzstreifen, der 30x30 cm mit einer Mischung aus Stalldung, Torf und Kompost gefüllt ist. Über dieses Mistbeet deckt man den Aushub, so daß die Gurken auf einem flachen Damm stehen. Eine Lage Schwarzfolie vor der Pflanzung verbessert das Wurzelklima noch erheblich. Gepflanzt wird in Kreuzschnitte im Abstand von 25 cm. In dieses vorbereitete Gurkenbeet kann ebenso ab Ende April gesät werden, wenn in kalten Nächten Schutzfolie über die Sämlinge gezogen wird. Rankpflanzen wie Gurken sollte man nicht auf der Erde herumliegen lassen. Mehr als hundertprozentig höhere Ernten gewinnt man mit einem Plastik-, Welldraht- oder Maschendrahtgerüst, von dem die heranwachsenden Früchte frei herabhängen, so daß man sie ernten kann, ohne die Ranken zu bewegen oder gar zu quetschen. Etwa wie die Gurken im Gewächshaus gezogen werden. Die ersten Früchte erscheinen nach 2, die letzten nach 4 Monaten.

Veredelte Gurken

Als Pflanzmaterial für Gurken unter Glas wählt man veredelte Jungpflanzen, deren Unterlage nicht welkekrank wird. Neuerdings kann man eine passende Unterlage als Saatgut bekommen, den Feigenblattkürbis, der kräftig wächst und zugleich gegen Kühle unempfindlicher ist. Man sät ihn in Töpfe einige Tage früher als die Gurken und läßt ihn bei 22 bis 25 Grad Celsius 3 bis 4 Wochen wachsen. Zum Veredeln stellt man je einen Kürbis und eine Gurke dicht nebeneinander und schneidet an gegenüberliegenden Stellen jeweils eine Zunge bis zur Triebmitte. Beide Enden werden sauber ineinandergepaßt und fest mit Folie, Tesafilm oder einem Band verbunden, das die Schnittstellen ganz bedeckt. 2 bis 3 Wochen dauert es unter einer gelochten Folie, bis die beiden Pflanzen fest verwachsen sind, so daß von der

Gurke die Wurzeln, vom Kürbis der Trieb abgeschnitten werden kann.

Kohlrabi
Beim Kohlrabi kommt es ganz besonders auf die richtige Sortenwahl an, weil schon etwas wärmere Anzucht der Jungpflanzen dazu führen kann, daß Frühkohlrabis schießen, wenn es draußen noch kühl ist. Also nimmt man in dem Fall nicht gerade ›Prager weißer Treib‹, ›Blauer Delly‹, ›Delikateß Blauer‹, ›Prager blauer Markt‹ oder ›Corvus‹. Die Platzfestigkeit sieht bei weißen und blauen Sorten ordentlich aus, absoluter Star auf dem Gebiet ist ›Azur-Star‹. ›Superschmelz‹ hat neben ›Prinovit‹ die geringste Neigung zum Holzigwerden. Regelrechte Holzköpfe trägt ›Wiesmoor weißer Treib‹. Die neuen geschützten Frühkohlrabisorten mit dem Zusatz ›Treib‹ im Namen eignen sich für die erste Unterglaskultur des Jahres ab Januar. Sie stellen keine Ansprüche, wachsen schnell bis zur Größe von 5 bis 7 cm innerhalb von 8 bis 9 Wochen heran und sind in halbwüchsigem Zustand am delikatesten. Gepflanzt wird im Abstand von etwa 20x20 cm in feinkrümeligen, leicht feuchten Boden. Damit die Knollen nicht unter Molybdänmangel leiden, verwendet man am besten ein neues Torfkultur-

Oben links: Wärmedämmende Werkstoffe und moderne Bauweise haben die Frühbeettechnik stark vereinfacht und für den Gartenbedarf eingerichtet. *Oben rechts:* Erbsen als rankender Schmuck. Das Bild beweist, daß selbst im Ziergarten viele Nutzpflanzen wachsen können. *Unten links:* Im Wind- und Wetterschutz von Mäuerchen, Ziergehölzen und Rankgerüsten liegen die mit Mischkulturen bestellten Gemüsebeete in der Sonne. *Unten rechts:* An diesen Kohlköpfen sieht man, weshalb daraus Zierkohlsorten gezüchtet wurden, die jeden Vergleich mit den schönsten Blumen aushalten.

substrat TKS 1. Wenn die Frühlingssonne das kleine Gewächshaus kräftig aufheizt, nicht lüften; denn das hat Kohlrabi gern. Der Temperaturwechsel dagegen muß strikt vermieden werden, also Vorsicht bei jedem Lüften, sonst platzen die Knollen. Das passiert auch, wenn es mal viel, mal zu wenig Wasser gibt. Reine Freilandkohlrabi vertragen ohne weiteres einen Spätfrost, etwa ›Lanro‹, ein verbesserter ›Rogglis weißer Freiland‹, ›Pollux‹ und ›Marko‹. Unter allen tiefblauen Freilandkohlrabis lag ›Azur-Star‹ beim Bundessortenamt in Bamberg an der Spitze aller geprüften Sorten. Ausgepflanzt wird mit festem Wurzelballen nicht zu tief im Abstand von 25 cm, Riesensorten weiter auseinander bis 60 cm bei ›Superschmelz‹. Die üblichen Schädlinge hält man mit Schlitzfolie fern.

Kopfkohl

Die eigene Anzucht von Kopfkohlarten zwischen Januar und Februar ist die einzige wirkliche Vorbeugung gegen Kohlhernie. Sie wird nur verhindert, indem man selbst gesunde Jungpflanzen in einwandfreiem Substrat (TKS)

Oben links: Artischocken (Cynara scolymus) sind keineswegs nur eine Delikatesse für Feinschmecker, sondern gesundheitsfördernd für Leber und Galle. Im Garten sind sie von stattlicher Schönheit. *Oben rechts:* Die Große Brennessel (Urtica dioica) ist so nützlich für Garten und Küche geworden, daß man ihren Samen bereits in Tüten kaufen kann. Wo sie sich selbst ansiedelt, sollte man froh sein; denn sie zeigt guten Boden an. *Unten links:* Spitzwegerich (Plantago lanceolata) sollte nicht als Unkraut weggehackt werden: er hilft gegen Husten, Bronchialkatarrh und vieles mehr. Gesammelt wird er von April bis Juni, aus den Blättern bereitet man einen Aufguß. *Unten rechts:* Echtes Johanniskraut (Hypericum perforatum) gehört zu den wertvollsten Heilkräutern. Im Naturgarten sollte man sich über eine Johanniskraut-Pflanze sehr freuen.

heranzieht. Ausgesät wird im Januar und Februar mit 8 bis 10 g Saatgut auf 1 m^2 für rund 1000 topffähige Jungpflanzen. Je nach Lichtmenge und Temperatur dauert die Anzucht 8 bis 9 Wochen, ab Februar nur noch 7. Zuerst ist Rotkohl dran, dann Wirsing und Weißkohl. Je weniger Licht vorhanden ist, um so niedriger müssen die Temperaturen gehalten werden, sonst ist Mehltau unvermeidbar. Bis zum Pikieren hält man 14 bis 16 Grad Celsius, später nur noch 10 bis 12. Wird es kühler, muß mit vermehrten Schossern gerechnet werden. Zum Eintopfen eignen sich am besten Plastiktöpfe von 7 bis 8 cm, in denen sich ein dichter, fester Wurzelballen entwickelt. Als allerfrühester Rotkohl ist ›Langendijker allerfrühester Gebeha Nr. 25‹ zu empfehlen, dazu die Sorten mit dem Vornamen ›Frührot‹, für den Herbst die entsprechenden Sorten mit Zusatz Dauer, Lager, Herbst und September. Ebenso eindeutig sind die meisten Weißkohl- und Wirsing-Sortennamen, höchstens daß man etwas raten muß, um herauszubekommen, daß ›Grüfewi‹ ein dunkelgrüner, frostharter Feldwirsing ist (verbesserter ›Böckelmanns Westfalia‹). Je länger die Sortengruppen auf dem Land stehen, um so weiter müssen die Abstände sein, 50 bis 60 cm maximal. Die Ansprüche an gleichbleibende Feuchtigkeit, ausreichende Ernährung, Schutz vor Unkraut und Schädlingen sind nicht gering.

Kopfsalat

Wenige Sorten für den Freilandanbau sind gegen wichtige Typen des Falschen Mehltaus sowie das Salatmosaikvirus immun: ›Benita‹, ›Campan‹, ›Capitan‹, ›Matilia‹, ›Mondian‹. Allerdings ist es mit ihrer Schoßfestigkeit an langen Tagen nicht weit her. Daneben gibt es eine Reihe anderer Qualitätsmerkmale, nach denen sich die Sortenwahl ausrichten kann. Für den Sommeranbau eignen sich schoßfeste Sorten, die langsam wachsen, wenn im Herbst und Winter unter Folie oder Glas die Lichtstärke nachläßt. Wo die zarten, feinblättrigen Buttersalate keine festen Köpfe bilden, haben die Eis- oder Krachsalate im Gartenanbau an Bedeutung gewonnen. Sie sind absolut schoßfest, länger lagerfähig, schmecken angenehm nußartig und färben sich nicht rotbraun.

Ausgesät wird ins Freilandsaatbeet von April bis Juli, nach halbwarmer Vorkultur ab März gepflanzt zwischen April und August im Abstand von 30x25 cm, gut 2 Monate dauert es bis zur Kopfbildung. Den halben Erfolg verschenkt man, wenn die Jungpflanzen erst pikiert werden. Ohne diese Wachstumsunterbrechung entwickeln sich die Köpfe größer, schwerer und schließen sich fester. Vor allem das letzte ist für diesen Salat wichtig, damit er zart bleibt. Töpfe mit 5 bis 6 cm Oberweite füllt man mit Torfkultursubstrat TKS 1 und sät darin aus. Für Sommersalat hat sich insbesondere die Vorkultur im Erdtopf etwa gleicher Größe bewährt. Die Saatzeit liegt für diese Sätze um Mitte Juni, ausgepflanzt wird Mitte Juli, geerntet ab Mitte August. In diesen Monaten braucht Kopfsalat etwas größere Abstände als im Frühjahr, 30x30 cm oder in Reihen von 35 cm Abstand 25 cm auseinander. Von der Dreieckspflanzung ist man abgekommen, weil das die Bodenpflege erschwert. Mit guter Fruchtfolge läßt sich an kühlen Tagen der Salatfäule vorbeugen.

Kresse

Sieben Tage von der Aussaat bis zur Ernte für einen vitaminreichen, schmackhaften Salat, das ist mit Sicherheit die kürzeste Kulturdauer. Die Aussaatbehälter füllt man mit nicht zu nährstoffreicher Erde etwa 3 cm hoch und breitet die eingeweichten Samen auf der Oberfläche dicht aus, bis sie völlig bedeckt ist. Damit die Keimblätter sauber bleiben, siebt man eine nicht zu knappe Schicht reinen Sand darüber. Nach dem Keimen stellt man die Saatschalen bei 10 bis 12 Grad Celsius auf. Täglich sprüht man mehrmals angewärmtes Wasser über die Pflanzen. Als Saatgut verwendet man nur Neuzüchtungen, deren Keimblätter größer, dunkelgrün und gehaltvoller sind, etwa die großblättrige ›Mega‹ mit glatten, breiten Blättern, die auch ins Freiland gesät werden kann und dort nach 8 Wochen schnittreif ist.

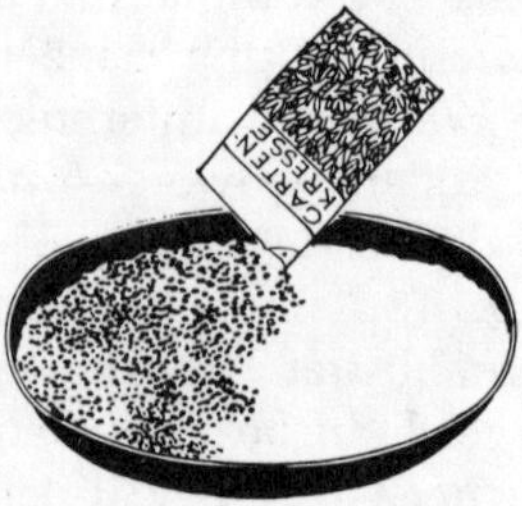

Die Gartenkresse für die häusliche Treiberei unterscheidet sich von den bisher üblichen Gartensorten durch breitere Blätter und kräftiges Aroma, sie enthält viel Kalzium und Phosphor, viel Vitamin A,B_1,B_2 und C.

Kürbis

Auf dem Kompost ist früher meist ein Kürbis gewachsen, so wundert es nicht, daß heute ein ganzes Sortiment spektakulärer Speisekürbisse hoch im Kurs steht. Rankende Sorten wie die gelben, genetzten ›Riesenmelonen‹ (das sind keine Melonen!) bringen bis 100 kg hochwertiges Fruchtfleisch. Andere wie die ›Herkuleskeule‹ tragen an meterlangen Ranken bis 2 m lange, schlanke Riesenfrüchte oder liefern eine Art Spaghetti wie der ›Bologneser‹, eine neuartige Spezialität aus Japan, die genau wie die italienischen Teigwaren mit Fleisch und Tomatensoße angerichtet werden. Ohne Ranken wachsen italienische Gemüsekürbisse der gurkenförmigen Klasse Zucchini, Zucchetti oder Squash, mit Sorten wie ›Cococelle von Tripolis‹ (dem griechischen). Ganz eindeutig bleiben die Bezeichnungen in solchem Gewimmel nicht: Der Patisonkürbis oder Scallopini wird stellenweise ebenfalls als Squash geführt mit den Busch-Sorten und ›Sperlings Ufo‹, weil die wohlschmeckenden jungen Früchte Fliegenden Untertassen ähnlich sehen sollen, wie man sich diese vorstellt. Geerntet werden sie meist mit 10 cm Durchmesser, paniert und in Öl gebacken, süß oder salzig. Angebaut werden sie wie Gurken (s. S. 93) mit jeweils dem Umfang entsprechenden Abständen.

Löwenzahn

Dieses Unkraut enthält dreimal soviel Vitamine wie Kopfsalat, dazu Karotin, lebenswichtige Mineralstoffe und appetitanregende Bitterstoffe. Es wurde deshalb zu Kultursorten durchgezüchtet und trägt jetzt Namen wie ›Lyonel‹ und ›Vollherziger‹, geeignet zum grünen Verzehr vor der Blüte ebenso wie zum gebleichten Treiben als frischer Salat. Ausgesät wird entweder von März bis Mai oder im August/September. Die Setzlinge kommen im Mai oder Juni im Abstand von 30x30 cm in humosen Boden an halbschattiger Stelle. Ab September können die ersten Blätter geerntet werden, ohne den Blattansatz zu verletzen. Gebleicht werden die Triebe unter schwarzer Folie, getrieben im Vorfrühling unter einem Gefäß, das mit Laub umgeben und bedeckt wird. Im Herbst schneidet man das Laub der geernteten Wurzeln ab und stellt sie später schubweise in Kisten in Torf, gießt gut an und deckt 20 cm trockene Erde, Floratorf oder Sägemehl darüber. Bei 16 bis 18 Grad bilden sich in 2 bis 3 Wochen feste bitterfreie Triebe.

Mairüben
Zu den Weißen Speiserüben gehören nicht nur die Mai- und Herbstrüben, sondern zugleich Rübstiel oder Stielmus; es sind nur andere Anbauweisen. Sät man die Speiserüben dichter, bis zu 3 g auf 1 m², so bilden sich keine dicken Wurzeln. Nur die Stiele werden im Frühjahr oder Herbst geerntet und vor allem im Rheinland gern gegessen. Teltower Rübchen und Pastinaken haben bei Feinschmeckern einen besseren Klang als Kohlrüben, aber im Grunde sind es alle miteinander sehr delikate Gemüse, die sich vielseitig zubereiten lassen. Ausgesät werden sie ab März mit Reihenabstand von 25 cm, etwas enger in der Reihe. Die erste Ernte reift im Mai, nach Aussaat im Juli ab Oktober. An Sorten gibt es ›Holländische Weiße‹ und ›Runden Goldball‹, ›Mai-‹ und ›Herbststielmus‹, ›Stielmus Geslu‹, ähnlich ›Namenia‹, die beide ab Januar gesät und im März geschnitten werden können, wenn man eine Folie darüberlegt.

Mangold
Ein Verwandter der Roten Rübe ist Mangold, zubereitet werden die Blätter wie Spinat, die Blattstiele wie Spargel oder Schwarzwurzeln, die Wurzeln lassen sich im Winter treiben wie Chicorée (s. S. 84), sie liefern den ganzen Winter hindurch frisches Gemüse aus Keller und Frühbeet. Mangold gedeiht in jedem Gartenboden, der feucht und nährstoffreich genug ist, bei jedem Wetter, nur zu kalt darf es nicht werden. Ausgesät wird nicht vor Mitte April oder er muß vorgezogen werden, damit drei Laubblätter gebildet sind, bevor sie ins Freiland gepflanzt werden. Der kleinblättrige Schnittmangold kann etwas enger stehen, etwa 15x20 cm, während Rippenmangold bis 40 cm rundum braucht. Die drei- oder fünfsamigen Früchte müssen vereinzelt werden, nur die kräftigste Jungpflanze ohne abweichende Blattfärbung bleibt. Die

Saattiefe richtet sich danach, wie feucht die Oberkrume ist, je trockener, um so tiefer müssen die Samen liegen, aber nicht tiefer als 4 cm. 8 bis 10 Wochen später kann der erste Schnittmangold geerntet werden, die Stiele sind nach 4 Monaten reif. Juni- und Herbstsaat sind möglich, als Winterschutz genügt trockenes Laub in 5 cm Dicke. ›Lukullus‹ ist eine stark und aufrecht wachsende Sorte mit gelbgrünen, stark gekrausten Blättern für Rippen und Schnitt. ›Glatter Silber‹ bietet besonders breite, silberweiße Rippen.

Melonen

Melonen sind einhäusig, das bedeutet, männliche und weibliche Blüten sitzen getrennt voneinander auf der Pflanze. Unter Folie oder Glas, wo sie besser gedeihen, muß man sie deshalb selbst bestäuben. Von den männlichen Blüten zupft man die Pollensäckchen ab und bestreicht damit die Narben der weiblichen Blüten (sie sind leicht an den Fruchtansätzen zu erkennen). Gute Sorten für unser mäßiges Klima sind ›Sperlings Honigtopf‹, ›Benarys Zuckerkugel‹, ›Heinemanns Freilandmelone‹, ›Berliner Netzmelone‹ und die F_1-Wassermelone ›Panonia‹ frühreif mit 3 bis 5 kg hellrotem, saftigem Fleisch in fester, dunkelgrüner Schale. Angebaut werden sie wie Gurken (s. S. 93), am besten vor einer Südwand. Nur dürfen sie nicht tiefer in die Erde kommen, als sie im Anzuchttopf gestanden haben, sonst ist mit Stengelfäule zu rechnen. Stalldung und Kompost genügen zur Nährstoffversorgung. Haben sich 6 bis 7 Blätter gebildet, wird der Langtrieb auf 4 Blätter zurückgeschnitten, um die Bildung von Seitentrieben anzuregen. Früchte bilden sich fast ausschließlich an Seitentrieben.

Möhren

Bei den Möhren gibt es keine speziellen Krankheiten. Die Wurzelköpfe färben sich früher oder später grün, wenn sie aus der Erde wachsen, ›Planet‹ am schnellsten und die ›Roten Riesen‹ an zweiter Stelle. Vier bekannte Sorten platzen leicht, so ›Gonsenheimer Treib‹, ›Rubica‹, ›Karotan‹ und ›Bauers Kieler Rote‹. Das hängt von Witterung, Rübengröße und Saatweite ab. Je dichter gesät wird, um so geringer ist die Gefahr. Normal sät man 4 g auf 1 m^2 zwischen März und Juni im Reihenabstand von 30 cm, auf 4 cm in der Reihe verzogen. Die Wurzeln sind 5 bis 7 Monate danach erntereif. Für jede Folgesaat muß die richtige Sorte ausgewählt werden. Runde, kurze Sorten eignen sich für frühe Ernten zur Aussaat ab Februar, hauptsächlich im März. Zur Sommerernte werden lange Sorten wie ›Marktgärtner‹ und ›Nantaise‹ bevorzugt. Im Juni sät man für den Erstverbrauch im Winter, ebenfalls mit ›Nataise‹-Typen. Ab Juli greift man wieder zu kurzen Sorten wie ›Pariser Markt‹ mit den verbesserten ›Konfrix‹, ›Kundulus‹, ›Duwicker‹ und die halblange ›Gonsenheimer Treib‹ zurück. Zum Einlagern nimmt man die ausgesprochenen Spät- und Lagersorten wie ›Rothild‹ oder ›Rote Riesen‹. Auch gelbe Sorten wie ›Lobberichter‹ bringen hervorragende Erträge und sind so zart, daß sie als Speisemöhren verwendbar sind. Möhrensamen ist nur zwei Jahre keimfähig, so daß man auf frischen Samen achten muß. Man erkennt ihn am typischen Geruch. Sonst ist eine Keimprobe zu empfehlen.

Ausgesät wird flach und gleichmäßig mit ausreichendem Abstand. Damit sich die Körner gut verteilen, mischt man sie mit feinem Sand. Gleichzeitig fügt man Radieschensamen zu, die schnell keimen und die Reihen markieren, so daß früh gehackt werden kann. Sie werden geerntet und hinterlassen den keimenden Möhren zusätzlichen Platz. Bei kurzen, runden Sorten liegen die Abstände bei 15 cm, bei halblangen 20 cm, bei Spätsorten zwischen 25 und 30 cm. Die zugeharkten Saatrillen werden mit dem Rechenrücken fest angeklopft, daß guter Bodenschluß entsteht und die Tiefenfeuchte bis zu den Samen steigt. Die Wurzeln sollen zügig wachsen,

Geduld bei Keimproben

Keimproben auf Löschpapier oder Sand sind leicht anzusetzen und auszuzählen. Nur so lange warten, bis gezählt werden darf, ist nicht immer einfach:

4 Wochen:	Feldsalat, Majoran, Melisse, Petersilie, Sellerie, Spargel;
3 Wochen:	Bohnenkraut, Borretsch, Karotten, Kerbel, Kümmel, Pastinaken, Spinat, Thymian;
2 Wochen:	Gurken, Kürbis, Melonen, Mangold, Porree, Rote Bete, Tomaten, Zwiebeln;
10 Tage:	Beifuß, Bohnen, Endivien, Erbsen, Kohlarten, Kopfsalat, Kresse, Schwarzwurzeln, Zichorien.

Wird länger gewartet, erfährt man nicht die wahre Keimenergie. Außerdem sind Langsamkeimer schwächer, deshalb anfälliger für Schädlinge und Krankheiten.

brauchen also nahrhaften Boden. Gegen die Möhrenfliege hilft eine Zwischenreihe aus Zwiebeln und Lauch, Zwiebel- oder Knoblauchschalenwasser oder Rainfarntee.

Neuseeländer Spinat
So anspruchslos der Spinat vom Herbst bis zum Frühjahr im Garten wächst, im Sommer schießt er leicht, bevor Rosetten entwickelt sind. In sommerlicher Hitze leidet er vermehrt unter Schädlingen und Krankheiten. Anders der Neuseeländer Spinat, den Feinschmecker für zarter halten als den flachen. Das Blattgemüse wird 1 m hoch und braucht entsprechend weiten Abstand. Aber es genügen wenige Pflanzen, um eine ganze Familie zu ernähren. Die hartschaligen, kantigen, bestachelten Samen werden eine Nacht in angewärmtem Wasser eingeweicht und je 1 Korn in einen kleinen Blumentopf gelegt, der zu etwa ⅔ mit guter, lockerer Erde gefüllt ist. Sie werden 1 cm bedeckt, bevor man sie an einem warmen Platz im Zimmer verdunkelt aufstellt. Eine Folie hält sie feucht. Sobald kein starker Frost mehr zu befürchten ist, wird mit unversehrtem Wurzelballen ausgepflanzt. Sind die Triebe 30 cm hoch, kann mit der Ernte begonnen werden. Geerntet werden Triebspitzen und Seitentriebe.

Paprika
Auf dem Balkan wird Paprika überwiegend zu Gewürz verarbeitet, hier hat er sich voll als Gemüse eingebürgert, weil sich die beiden Hauptvitamine A und C in den Früchten länger halten als in anderen Gemüsearten. In der Kultur bestehen kaum Unterschiede zu Tomaten (s. S. 116). Viel Wärme und Sonne, Nachttemperaturen nicht unter 14 Grad Celsius, am Tage um 18 bis 30 Grad machen nichts aus. Also stehen sie am besten unter Glas oder Folie. Jungpflanzen sät man bereits ab Januar in kleine Töpfe von 10 oder 11 cm und hält sie um 20 Grad warm. Ausgepflanzt wird nach den Eisheiligen auf 50 x 40 cm, bis zum Fruchtansatz wird mäßig gegossen, später um so reichlicher. Die erste Frucht wird frühzeitig

abgenommen, damit sich die Büsche dichter verzweigen. Wüchsige Sorten werden an Stäbe gebunden. Bei dichtem Behang sollte man eher junge Früchte als Blätter abpflücken. Von jeder Pflanze kann man 10 bis 12 grünreife Früchte ernten, die zusammen ein Gewicht von 3 bis 4 kg von 1 m^2 ergeben. Die bekannteste Gemüsesorte ist ›California Wonder‹, aus der mehrere Sorten mit höherer Resistenz gegen Tabakmosaikvirus hervorgegangen sind. Tomatenpaprika bringt besonders dickfleischige Früchte, die rot reifen, ›Pußta Gold‹ ist die beste gelbe Sorte, während der frühe ›Gelbfleischige‹ mild und fein schmeckend ebenfalls rot wird.

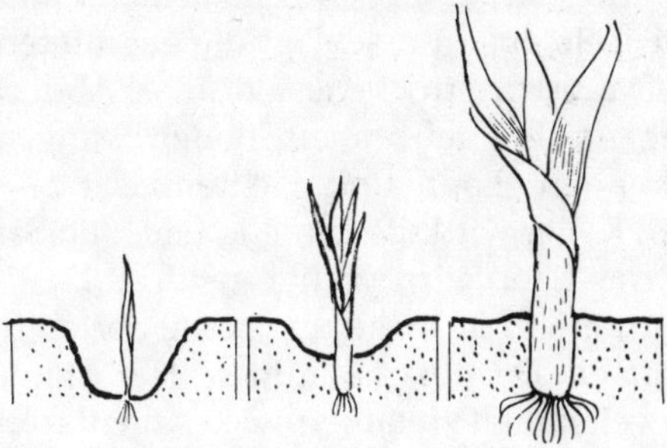

Porree wird in Rillen gepflanzt, die nicht tiefer als 15 cm sind und allmählich zugezogen werden, damit die Schäfte länger weiß werden. Man erreicht dasselbe mit Anhäufeln.

Porree

Porree stellt keine hohen Ansprüche an das Klima, wünscht aber tiefgründigen, humusreichen Boden. Jungpflanzen zieht man ab März im kalten Kasten oder unter Folie auf dem Freilandsaatbeet heran. Ab April ist Direktsaat ohne weiteren Schutz möglich, ausgepflanzt wird zwischen Mai und Juli in Folgen. Da Porree nach der

Sommerpflanzung noch erntereif wird, ist er eine beliebte Nachfrucht, wegen seines schlanken Wuchses eine gute Zwischenfrucht vor allem zu Möhren; nur aufpassen, frischen Stallmist verträgt er nicht. Der Reihenabstand richtet sich nach dem Pflanztermin. Je früher, um so weiter, beginnend bei 30 cm, bis hinunter zu 15 cm. Auf leichten Böden hebt man Rillen von 15 cm aus und pflanzt da hinein. Nach und nach häufelt man die Rillen zu und die Schäfte an. Tiefer zu pflanzen hat keinen Zweck, sonst bleiben die Stangen zu dünn. Die Pflanzen wachsen besser, wenn bei der Pflanzung Laub und Wurzeln nicht gekürzt werden. Obwohl Lauch ziemlich winterhart ist, erfriert er bei starkem Kahlfrost. Und im Winter sicher zu sein, hebt man einen Graben von 25 cm Tiefe aus und schlägt die geernteten Stangen darin ein. Dafür wird trockenes, lockeres Abdeckmaterial verwendet, um bei gefrorenem Boden Stangen entnehmen zu können. Laub und Fichtenreisig als Zudecke reichen. Im Keller wird die Ernte in feuchten Sand eingeschlagen. Das Laub wird vorher gekürzt. Das Sortiment ist riesig, unterteilt in frühe und späte Sorten mit vielsagenden Namen. Da gibt es Sommer-, Herbst und Winter-Riesen, jeweils mit Typnamen wie ›Argenta‹ und ›Bleustar‹. Warum einer ›Elefant‹ heißt, ist ebenso klar wie ›Siegfried‹, ›Alaska‹ und ›Blaugrüner Winter‹.

Radies

Ein Radieschen ist erntereif, wenn die Wurzel 2 bis 3 cm Durchmesser erreicht hat. Sie würde zwar noch dicker werden, schmeckt dann aber längst nicht mehr so gut. Das ist der erste Grund, weshalb Radieschen aus dem eigenen Garten immer besser sind als vom Markt. Der zweite ist, daß Radieschen weniger vollwertige Knollen bringen, wenn sie in Monokultur für sich auf den Beeten stehen. Besser wachsen sie zwischen Petersilie, Möhren und Salat. Dazu sind sie ausgesprochen anspruchslos, nur Schatten vertragen sie nicht. Sonst wachsen die Blätter wie toll, aber eine Knolle bildet sich nicht. Unter Folien muß es also stets hell genug sein. Je flacher die Samenkörner bei 0,5 bis 1 cm liegen, um so besser keimen sie, die Knollen runden sich eher und einheitlicher.

Die halblangen Sorten dürfen höchstens 1,5 bis 3 cm tief unter der Erde liegen. Noch wichtiger sind die seitlichen Abstände, nicht unter 2 cm, sonst bleiben die Knollen klein. Für den Frühanbau wählt man Sorten mit kurzer Entwicklungsdauer, während im Sommer großknollige Sorten besser gedeihen, die nicht so schnell pelzig werden. Im Herbst sind wieder die fixen Kurztagsradies wie ›Fix‹ dran. Besonders raschwüchsig ist ›Hilmar Treib‹ auch für das Freiland, ›Cherry Belle‹ und ›Certina‹, für den Sommer ›Parat‹, die Neuheit ›Hilds Sora‹. ›Eiszapfen‹ ist 10 bis 12 cm lang, kurzlaubig und raschwüchsig für drinnen und draußen. Es gibt noch ein ›Rundes, halb rot, halb weiß‹, eine festfleischige Freilandsorte.

Rettich

Noch größer ist der Unterschied zwischen Sommer- und Winterrettichen. Die frühen Sorten bringen in 6 bis 7 Wochen, höchstens 8, kleine bis mittelgroße Rüben, die nicht lagerfähig sind und großen Radieschen gleichen. Sommersorten entwickeln sich langsamer, sind gegen Wärme und Trockenheit widerstandsfähiger. Hinzu kommt der Unterschied zwischen Freiland- und Treibsorten. Winterrettiche in schwarzen und blauen Farben sind größer, schärfer, lagerfähig. Zum Glück erkennt man bei den meisten, was sie sind: ›Hilds Neckarruhm weiß, halblanger Treib und Freiland Spezialzucht‹, da weiß man, woran man ist. Allerfrüheste sind ›Schifferstädter Mai‹ und ›Hilds Frühlingsgruß‹ zum Anbau in leichten, humosen Böden, in die kein Mist oder strohiger Kompost eingearbeitet ist. Resistent gegen Rettichschwärze ist ›Minowase Summer Cross‹, auch als ›Sommerwunder‹ im Handel, der von Juni bis August gesät wird. Nachfolge-Typen dieser Sorte sind widerstandsfähig gegen Fusarium, Weichfäule und Viruskrankheiten. Etwa zur gleichen Zeit sät man ›Hilds Blauen Herbst und Winter‹ in Folgen, allseitiger Abstand 20 bis 25 cm, bei den schweren japanischen Minowase-Sorten bis 40 x 30 cm in tiefgündigem Boden.

Rosenkohl

Die heutigen Hybridsorten des Rosenkohls haben alle früheren so weit verdrängt, daß die Neigung zum Durchtreiben bei allen Listensorten gering ist, ausgenommen ›Harola‹ von Hild. Aber es gibt Neuheiten wie ›Rampert‹, die als Jungpflanze empfindlich auf stockendes Wachstum reagiert. Ähnlich wie ›Lunet‹, die im zarten Alter bestens gepflegt sein will. Der Anbauer wählt langsam wachsende, winterharte Sorten, wenn bis zum Frühjahr durchgeerntet werden soll, nicht aber ›Goldmine‹, die früh abgeerntet werden muß. Ab April wird ins Freie gesät. Von August an kann sechs Monate lang geerntet werden, der Frost verbessert den Geschmack, wenn er nicht unter 12 Grad absinkt. Aber bis ins Frühjahr sollte man die Pflanzen doch nicht stehen lassen, weil sie nach dem Überwintern stark von Kohlhernie, Kohlgallenrüßler und -fliege befallen werden.

Den ersten Satz für die Augusternte pflanzt man Mitte Mai, Sorten mit kurzer Entwicklungsdauer werden bevorzugt, zur Herbsternte Mitte bis Ende Juni. Die Standweite hat in Versuchen höchste Erträge in ausgesprochen engem Stand von 60x30 cm ergeben. Wer früher ernten will, muß weiter pflanzen. Wie alle Kohlarten verlangt Rosenkohl viel Feuchtigkeit; sonst stellt er keine großen Ansprüche an Boden und Standort. Die Erntemenge steigt, wenn die Röschen zwei oder dreimal von unten beginnend gepflückt werden. Umstritten ist, ob die Pflanzen geköpft werden dürfen. Es wird angewandt, wenn sich bis September noch nicht genug Achselknospen an den Strünken entwickelt haben. Wird die Endknospe entfernt, zwingt das die Seitensprosse zu rascherem Wachstum. Geschieht das vor der Zeit, werden die Röschen zu groß und flattrig. Im richtigen Augenblick läßt es die Pflanzen gleichmäßiger reif werden.

Rote Rüben

Schoßfestigkeit ist das Problem der Roten Rüben, die nicht zu früh ausgesät werden dürfen, wenn die Sorten nicht schoßfest sind wie die ›Juwakugel‹, während ›Gladoro‹ mit guter Innenfarbe für den frühen Anbau geeignet ist. Sie werden ins Freiland gesät zwischen Mitte April und Juni. Gepflanzt von Mitte Mai bis Juli im Abstand von 30 x 10 cm, sind sie knapp vier Monate später küchenfertig.

Von Ende Februar bis Mitte Juli werden Folgesaaten im Abstand von 20 bis 30 cm, 3 cm tief ausgelegt und auf 8 bis 10 cm verzogen. Vorgezogene Jungpflanzen werden ausgepflanzt, wenn sie 10 cm hoch sind. Sie sind so anspruchslos, daß man sie als Nachkultur an benachteiligte Plätze setzen kann, nur sollten auf demselben Beet vorher keine verwandten Arten gestanden haben, also kein Spinat, Mangold oder Melde. Zum Lagern wird ab Oktober behutsam geerntet, ohne den Rüben Verletzungen zuzufügen, sonst können sie regelrecht ausbluten. Damit sie im Keller nicht austrocknen, deckt man feuchten Torf darüber.

Schnittlauch
Eine Schnittlauchsorte für die Treiberei im Winter ist ›Grolau‹, weil sie besonders schnell wächst, standfest und dickröhrig ist und reichliche Ernten bringt, selbst im schwachen Licht der Wintermonate. Ausgesät wird entweder im März/April halbwarm unter Glas oder April/Mai auf ein Freilandsaatbeet, im Mai jedenfalls im Abstand von 20 cm ausgepflanzt. Ernten kann man 2 bis 12 Monate, wenn die Pflanzen für die Wintertreiberei richtig darauf vorbereitet werden. Die dafür vorgesehenen Stöcke werden im Sommer nicht geschnitten. Im Herbst holt man die Wurzelballen aus dem Boden und läßt sie so lange trocknen, bis alles Laub vergilbt ist. Die vertrockneten Schlotten schneidet man im Oktober ab, kürzt die Wurzeln und topft sie, größere geteilt, in Töpfe von 12 bis 14 cm oder Schalen, die 10 cm hoch sind. Damit sie schneller treiben, kann man die Wurzelballen vor dem Eintopfen eine Nacht lang in 40 bis 45 Grad warmes Wasser legen. Sonst wird mit handwarmem Wasser gegossen und bei 20 Grad an einem hellen Fensterplatz aufgestellt, wo die Luftfeuchtigkeit ausreicht. Ab 3. Woche kann geschnitten werden. Abgetriebene Wurzelballen werden im Frühjahr ins Freiland gepflanzt, nicht aber noch einmal zum Treiben angesetzt.

Schnittsalate
Schnittsalat wird nur noch im Haus- und Kleingarten angebaut. Ein Grund mehr, das zu tun; denn man sollte diese kopflosen Verwandten des Kopfsalates nicht geringschätzen. Ihre Farbe nennt der Name: ›Amerikanischer Brauner‹, ›Krauser Gelber‹ und ›Hohlblättriger Butter‹, alle drei Liebhabersorten, die teils ab Februar vorgezogen und ab Mitte April für den Schnitt in Reihen von 20 cm Abstand 5 cm auseinander, Pflücksalat 30 cm zwischen den Reihen und 15 cm innerhalb gepflanzt wer-

den. Bis August kann weiter gesät werden, nach 4 bis 6 Wochen sind die Blätter schnittreif.

Schwarzwurzeln

Schwarzwurzeln leiden unter Verzweigung der Wurzeln, die man Beinigkeit nennt, nicht so sehr wegen sortentypischer Neigung, sondern wenn der Boden nicht für ihren Anbau geeignet ist. Sie brauchen leichten, lockeren, steinlosen Boden, der bis zu 40 cm tief gut durchlässig, aber trotzdem feucht genug ist. Ende Februar bis Anfang April wird gesät, wobei 1,5 g Saatgut auf 1 m^2 in den Endabstand von 30 x 4 cm verteilt werden. Kulturdauer nach dem Auflaufen 8 Monate.

Sellerie

Von Sellerie wählt man eine rostfreie Sorte, die selbst dann nicht erkrankt, wenn eine verrostete Pflanze daneben steht. Dazu soll sie weißkochen, angenehm würzig schmecken, schoßfest bleiben, schnell und hochlaubig wachsen. ›Dolvi‹ ist widerstandsfähig gegen Sellerierost und Blattfleckenkrankheit (Septoria), gegen Napfbildung nicht anfällig. Nur ›Bergers weiße Kugel‹ ist in einigen Punkten überlegen und bringt zugleich die größte Blattmasse. Sobald es in der zweiten Maihälfte einige warme Tage gegeben hat, kann Sellerie ins Freie gepflanzt werden. Bei der Aussaat im Haus brauchen die Keime 20 Grad, beim Pikieren 16 bis 17 Grad Celsius. Nur wenige Grade darunter führen dazu, daß die Hälfte aller Pflanzen schießt. Größere Jungpflanzen bringen höhere Erntemengen. Der mittelschwere Boden wird tiefgründig bearbeitet und mit Chlor versorgt. Zu viel Kalk ist schädlich, weil er die Borsalze im Boden festlegt. Abstände zwischen den Reihen 50 bis 60 cm, in der Reihe 30 bis 40 cm. Zu weite Abstände führen zu hohlen Knollen, und der

Flächenertrag sinkt. Blätter und Wurzeln werden keinesfalls eingekürzt. Die Setzlinge kommen nicht tiefer in den Boden, als sie vorher im Pikierbeet gestanden haben. Blätter zum Würzen dürfen nicht vom Knollensellerie abgerissen werden, dafür setzt man eine kleine Portion Schnittsellerie extra. Die Knollen brauchen jedes Blatt, um dick zu werden.

Spargel

Grünspargel läßt sich in jedem normalen Gartenboden anbauen, mit denselben Sorten wie Bleichspargel, etwa ›Ruhm von Braunschweig‹, ›Spaganiva‹, ›Huchels Leistungsschau‹ oder ›Schwetzinger Meisterschuß‹. Wichtig ist nur, daß man die einjährigen Jungpflanzen von einem anerkannten Vermehrungsbetrieb bezieht. Zweijährige mögen mit kräftigerem Aussehen beeindrucken, sie wachsen jedoch schlechter an und bringen später niedrigere Erträge, und zwar knapp 60% der Normalernte in den ersten vier Erntejahren! Der Flächenertrag kann bis zu ⅓ steigen, wenn die Jungpflanzen schwerer sind. Deshalb bestellt man die doppelte Menge Pflanzen, um sich die besten Pflanzen aussuchen zu können. Sie müssen 5 bis 6 Knospen und 10 bis 12 cm lange Wurzeln haben, die dick und fleischig sind.

Die beste Pflanzzeit ist von März bis Anfang April. Im Abstand von 1 m hebt man 10 bis 15 cm tief flache Gräben aus und setzt die Jungpflanzen im Abstand von 40 cm auf kleine Erdhügelchen. Die Wurzeln verteilt man gleichmäßig wie gewachsen nach allen Seiten und richtet die deutlich erkennbare Sproßknospe immer in einer Richtung in der Reihe aus. Zunächst werden die Pflanzen nur 5 cm hoch mit torfgemischter Erde abgedeckt. Erst wenn die Pflanzen voll durchgetrieben haben, füllt man die Furche mit Erde auf. Im 3. Jahr kann man mit der Ernte beginnen, und zwar bis 20. Juni laufend, sobald die leicht grünlich-violett verfärbten Stangen 15 bis 20 cm aus dem Erdboden sehen. Man sticht kurz unter der Erdoberfläche ab. Nach der Ernte gibt es reichlich Humusdünger, zugleich als Bodendecke. Das Spargelkraut muß nun unbeschädigt und unbedrängt wachsen, damit die Wurzelstöcke für das nächste Jahr genug Aufbaustoffe einlagern. Mit Schwarzfolie kann man ohne Dämme Bleichspargel heranziehen, wenn man sie auf kurzen Pfählen darüber so aufspannt, daß sich die Temperatur darunter nicht zu stark erhöht und die Luftfeuchtigkeit nicht zu tief absinkt.

Spinat

Falscher Mehltau ist erkennbar an unregelmäßigen gelben Flecken auf der Oberseite der Blätter und grauvioletten Sporenrasen unterhalb dieser Stellen. Um dem vorzubeugen, sät man nicht zu dicht und versucht, die Spinatblätter trocken zu halten, also Foliendecke bei Regenwetter und Wassergraben und Bodenbefeuchtern. Die richtige Sortenwahl ist von besonderer Bedeutung, da wegen der kurzen Wachstums- und Wartezeiten keine Bekämpfung möglich ist. Hinzu kommt, daß die schnell wachsenden Sorten schneller Blütentriebe bilden, je länger das Tageslicht anhält. Diese sind also für den Anbau unter Witterungsschutz im frühen Frühjahr und späten Herbst geeignet. Später sind Sorten gezüchtet worden, die langsamer wachsen und weniger Blattmasse bringen, dafür nicht so schnell schießen.

Spät bis sehr spät wie ›Norvak‹ schießt ›Estivato‹, kann aber von Frühjahr bis Herbst gesät werden, wie ›Medania‹ und ›Symphony‹. Einige wenige winterharte Sorten wie ›Müma‹, ›Resistoflay‹, ›Nores‹, ›Wiremona‹ und ›Monnopa‹ können bis zum Frühjahr im Freiland auf den Beeten bleiben, um dann in kurzer Zeit große Mengen frischer Blätter zu treiben.Freilandaussaat ist möglich zwischen Februar und September mit 6 g auf 1 m^2 in Reihen von 20 cm und 2 cm, innerhalb 6 bis 8 Wochen nach Auflaufen schnittfähig. Frühe Aussaaten unter Folien setzen voraus, daß die Beete gut vorbereitet werden. Über das leicht abgetrocknete Land streut man viel lockeren Humus, in den der Spinatsamen schon eingebettet ist, falls der Boden noch nicht bestellbar ist. Außerdem wird enger gesät, ausnahmsweise nicht breitwürfig, sondern in Reihen. In der Reihe liegen die Samen nicht so dicht. Von solchem Beet wird dreimal geerntet, indem jeweils die zweite Reihe herausgenommen und für die stehenbleibenden Platz geschaffen wird. Spinat ist stark kalkbedürftig, so daß auf normalen Gartenböden 100 g kohlensaurer Kalk eingearbeitet werden muß.

Tomaten

Innerhalb der letzten zehn Jahre hat sich eine neue Tomatenklasse durchgesetzt, die inzwischen ein knappes Drittel der rund 400 000 Tonnen Tomaten stellt, die in der Bundesrepublik jährlich verzehrt werden. Ihr größter Vorzug ist, daß sie von innen her reifen, also schon vollreif schmecken, wenn sie äußerlich noch grün aussehen. Das gelingt in unseren kurzen Sommern nur, wenn die Pflanzen nicht auf Massenertrag gezogen, sondern eintriebig aufgebunden und ausgegeizt (die Achseltriebe laufend ausgebrochen) werden, so daß 4, höchstens 5 Fruchttrauben hängen bleiben. Dafür sind die Einzelfrüchte mit zehn Fruchtkammern bis 160 g schwer. Ihre Form ist mehr flach als rund, meist gerippt, in unreifem Zustand mehr oder weniger geflammt, sie reifen mittel bis spät.

Im Vergleich zu den Tomatensorten aus der Gruppe mit 2 bis 3 Fruchtkammern sind die mit 4 oder mehr etwas weniger platzfest, ausgenommen ›Lucy‹. Sie ist dafür nur gegen Tabakmosaikvirus resistent, während die übrige Sortengruppe der Fleischtomaten zumeist gegen den zweiten oder fünften Typ der Blattfleckenkrankheit, Fusarium 2 und Tabakmosaik immun ist. Besonders deutlich wird der Unterschied zwischen älteren und neueren Sorten in der Widerstandsfähigkeit gegen diese Krankheiten. Bei den Sorten, deren Namen aus einer anderen Zeit stammen, wie ›Harzfeuer‹, ›Freude‹, ›Vollendung‹ und ›Frühzauber‹, kann davon nicht die Rede sein. Die modernen Hybriden dagegen heißen ›Eurobrid‹ und ›Multibrid‹. ›Sobeto‹ und ›Virosa‹ sind durchweg mit Ausnahme von ›Winterbrid‹ gegen drei oder vier Erregertypen widerstandsfähig, dazu im Schnitt besser, platzfester als die früheren. Stabtomaten werden halbwarm ab Ende Februar, Anfang März vorgezogen und nach den Eisheiligen Mitte Mai bis Anfang Juni auf 80x40 cm ausgepflanzt, die ersten Früchte reifen im August, die letzten meist schon im September.

Tomaten im Balkonkasten

Das Institut für Gemüsebau der TU München-Weihenstephan hat Buschtomaten auf ihre Eignung für den Anbau in Balkonkästen geprüft. Bestanden haben die kirschgroße Cocktail-Tomate ›Tiny Tim‹ sowie die großfruchtige ›Maja‹ und ›Lycoprea‹. Kästen ab 15 x 15 cm sind brauchbar, wenn vier Pflanzen auf dem Meter stehen. Als Substrat eignet sich TKS 2 mit 15% Styromull oder Perlite mit 17 bis 35 g kohlensaurem Kalk auf den Meterkasten. Wichtig sind gleichmäßige Feuchtigkeit, am besten mit Dauerbewässerung, und 1 g Volldünger je Tag und Kasten nach vier Wochen.

Reifehauben für Tomaten
Tomaten wachsen schnell heran und kommen unter Reifehauben, mitwachsend und geschlitzt, so daß es mittags in der Sonne nicht zu warm-feucht darunter wird. Sie werden über den Jungpflanzen am Haltestab festgebunden. Den unteren Rand krempelt man um und legt ein paar Erdbrocken zur Befestigung darauf. So wächst die Verpackung mit. Während des Sommers können die unteren Stengelteile im Freien liegen. Beim Ausgeizen der Tomaten stören die Reifehauben wenig, sie werden hochgezogen. Drohen Nachtfröste, zieht man die Folie bis zur Erde und bindet sie zu. So geschützt, überstehen frostempfindliche Gemüse bis drei Grad unter Null. Die Blätter dürfen nicht abgenommen werden, damit die Sonne besser auf die Früchte trifft, im Gegenteil, zu starke Sonnenbestrahlung schadet, weil die Fruchthaut verbrennt. Die Früchte reifen besser in der Wärme unter den schützenden Blättern.

Tomaten im Torfsack
Torfsäcke eignen sich als Pflanzgefäße für Tomaten auf dem Balkon, wenn man sie flach legt, seitlich ein ausreichend großes Pflanzloch hineinschneidet und in das Substrat pflanzt.

Zwiebeln
Sortenunterschiede bestehen bei Zwiebeln in der Lagerfähigkeit, während die ebenfalls sorteneigentümliche Zwiebelform mehr von der Aussaatdichte und -tiefe sowie der Witterung abhängt. Flacher wachsen sie, wo viel Platz und warmes Wetter ist, birnenförmig hoch geraten sie in dichtem Stand und viel Regen. Gering ist die Lagerfähigkeit von ›Pronto‹ und ›Ruby‹ sowie ›Cima‹, während die ›Stuttgarter Riesen‹ und ›Allround‹

im Keller am längsten halten. Saatzwiebeln kommen zwischen Ende Februar und Anfang April ins Freiland in Reihen von 20 cm Abstand, 8 cm in der Reihe, das sind 1 g auf 1 m^2, 6 Monate dauert es bis zur Ernte.

In feuchten Sommern wird die Zwiebelreife beschleunigt, indem mit der Grabegabel neben der Zwiebelreihe in den Boden gestochen und ganz leicht bewegt wird, so daß ein Teil der Wurzeln die Verbindung mit dem Boden verliert. Sie bekommen weniger Feuchtigkeit und wachsen nicht weiter. Umtreten darf man die Zwiebelschlotten keinesfalls. Die ausgehobenen Zwiebeln trocknen erst auf dem Land oder unter Dach in frischer Luft ab, bevor die lockeren Schalen, trockenen Schlotten und anhaftende Erde entfernt werden. Sie werden in weitmaschigen Netzen oder zu Zöpfen geflochten in einem kühlen, luftigen, trockenen, frostfreien Raum aufgehängt.

Steckzwiebeln

Im Gegensatz zu Saatzwiebeln gelingen Steckzwiebeln immer. Sie werden mit der zehnfachen sonst üblichen Saatgutmenge von etwa 15 g auf 1 m^2 ausgesät auf einem Beet, das nicht frisch gedüngt worden ist. Im Juli werden die kleinen, aber völlig ausgereiften Zwiebeln geerntet. Alle Steckzwiebeln unter 1,5 cm Durchmesser wachsen im nächsten Jahr ohne Schosser. Der Ertrag stieg bis auf 80%, wenn die Steckzwiebeln gedarrt wurden, das heißt Einwirken hoher Temperaturen. Mit höheren Graden kann man in kurzer Zeit denselben Erfolg erzielen wie mit niedrigen über längere Dauer. 50 Grad Celsius dürfen allerdings nie überschritten werden. Es genügt schon, die Zwiebeln den Winter über bei normaler Zimmertemperatur zu lagern.

Zuckermais
Körnerfutter hat nicht nur in der Makro-Bio-Ernährung viele Freunde gewonnen, die amerikanischen Gewohnheiten des Maisverzehrs finden allgemein Anklang. Die ganzen Knollen werden halbreif roh gegessen, solange die Staubfäden noch nicht braun und die oberen 2 bis 3 cm noch nicht gelb sind (Milchreife), oder auf abwechslungsreiche Weise zubereitet. Im Garten stellt Zuckermais keine unerfüllbaren Ansprüche. Er ist nicht frostempfindlicher als andere Gemüsearten, wird also erst Ende April, Anfang Mai ausgesät. Der Boden sollte normal tiefgründig und nahrhaft sein, um die über 2 m hoch wachsenden Stengel ausreichend zu versorgen. Die Samen liegen 4 bis 6 cm tief, frühe Sorten mit 8 Pflanzen auf 1 m^2, späte mit 5 Pflanzen. Die kleineren Sorten wie ›Golden Beauty‹ bringen vier große Kolben mit mittelgelben Körnern, ›Aztek‹ etwas größere, aber trotzdem früh. Die Kolben sind erntereif und werden gebrochen, sobald die Fasern der Staubgefäße braun und trocken sind. Bis zur Verwendung in der Küche beläßt man sie in den Hüllblättern. Vor dem Kochen in Salzwasser werden sie entblättert, dann mit Butter bestrichen und abgenagt, der Stiel wird nicht mitgegessen.

Gesundheit aus dem Kräutergarten

Kräuter sind durchweg anspruchslos und brauchen nicht viel Platz. Im Garten muß nur für die ausdauernden, mehrjährigen Stauden eine feste Ecke eingerichtet werden, die einjährigen sät man auf Gemüsebeete, wo gerade ein bißchen Platz in der Reihe ist, und behandelt sie grundsätzlich genauso. Nur in den Nährstoffgaben sind wir hier noch zurückhaltender als sonst schon. Viele Kräuter sehen so hübsch aus, daß man sie ohne weiteres in den Ziergarten pflanzen kann, vor allem wenn von größeren Stauden nur ein einzelnes Stück gebraucht wird. Sie lassen sich sogar in einem Balkonkasten unterbringen. Dafür gibt es ein spezielles Saatband mit einer Mischung aus Dill, Schnittlauch, einfacher Petersilie, Majoran, Basilikum, Kerbel, Bohnenkraut, jeweils genug für Salat und Hauptgerichte. Die Kästen sollten nach Möglichkeit nicht am Südfenster und nicht auf der Straßenseite stehen, wenn viel Verkehr herrscht. Die größeren Kästen mit 25 bis 30 cm Innenmaßen sind besser als zu kleine. Bei stetig gleichbleibender Bewässerung, am besten mit einem automatischen Träufelschlauch, kann man jahrelang etwas davon ernten.

Pflanzen oder säen?

Von den mehrjährigen Arten wie Estragon, Liebstöckel, Bergbohnenkraut, Wermut, Rosmarin, Majoran, Schnittlauch und Basilikum bestellt man im Herbst Jungpflanzen. Das ist nötig, weil sie selten beim Gärtner oder auf dem Markt zu kriegen sind. Man wendet sich besser gleich an einen Spezialzüchter, der Pflanzgut von Gewürzkräutern versendet (s. S. 267). Zur Aussaat für das Frühjahr bleiben Petersilie, Borretsch, Zitronenmelisse und einige andere. Petersilie kann in milden Wintern auf Freilandbeeten überdauern, in manchen Gärten steht sie jahrelang am selben Platz, in magerem Boden und leicht verschattet. Die meisten anderen brauchen viel Sonne, um alle Duftstoffe aufzukochen. Im übrigen sind viele von ihnen so anspruchslos, daß man sagen kann, wo Borretsch und Melisse nicht gedeihen, da wächst überhaupt nichts.

Das Sortiment

Anis: Einjährig, braucht Sonne, leichten, kalkhaltigen Boden; Aussaat im April mit 20 cm Abstand, Ernte, sobald die Kerne sich bräunen; aufbewahrt werden sie trocken, kühl und luftig; verwendet in der Küche zu Backwaren, Obst- und Gemüsegerichten, bewährt gegen Magenbeschwerden.

Baldrian: Mehrjährig, in Sonne bis Halbschatten, frischen Boden, sonst anspruchslos; ausgesät wird im Mai oder Juni, ausgewachsene Pflanzen werden 1 m hoch, entsprechend weit der Abstand; das Baldrianöl aus der Wurzel wird als Tee herausgezogen, zur Beruhigung, gegen Kopf- und Magenschmerzen genommen (lockt Katzen an!).

Basilikum: Einjährig, vorgezogen ab April halbwarm unter Glas, ausgepflanzt mit 20 bis 30 cm Abstand ab Mitte Mai, wächst in Sonne draußen wie im Topf ganzjährig im Haus; die Blätter werden laufend gepflückt und verwendet als Universalgewürz zu den meisten Gerichten, als Brotaufstrich, zum Einlegen; zu Heilzwecken sammelt man die Blätter von Juli bis September vor dem Erblühen gegen nervöse Störungen, Verdauungsbeschwerden, äußerlich auf Wunden und gegen Entzündungen.

Beifuß: Mehrjährig, in voller Sonne auf trockenen Kalkböden, verbreitet als Unkraut auf kargem Ödland; die Blütenrispen werden geerntet, ehe sie sich geöffnet haben, und getrocknet; in der Küche würzen sie Braten, in der Heilkunde verwendet man sie bei Magenbeschwerden und zur Gallebildung.

Bergbohnenkraut: Ein Halbstrauch mit verholzenden Trieben für leichte, kalkhaltige Böden in voller Sonne; im April oder August wird mit 25 bis 30 cm Abstand ausgesät und sehr dünn mit Torf abgedeckt; wo es sehr kalt ist, hilft leichter Winterschutz; alte Stöcke können geteilt werden; bis August wird zwei- oder dreimal geschnitten, verwendet wie Bohnenkraut.

Bohnenkraut: Einjährige Art derselben Gattung, etwas wärmere Plätze bevorzugt; vorgezogen unter Glas ab Ende März oder im Mai aufs Beet gesät in Reihen von 25 cm Abstand; verwendet zu Hülsenfrüchten, frisch oder getrocknet, in Suppen, Salaten, Geflügel, Kartoffel- und Pilzgerichten, Fisch und Würsten; Heilwirkungen auf Verdauungsorgane und Atemwege; Motten und anderes Ungeziefer sollen ferngehalten werden.

Borretsch: Einjähriges, schönlaubiges, ansehnlich blühendes Ziergewächs, robust in voller Sonne, sät sich selber aus, für die Winterernte im Topf; die Blätter würzen Gurkensalat, andere Salate, Fleischspeisen, Soßen, Gewürzessig; ein Tee aus frischen Blättern und Blüten wirkt blutreinigend, als Herz- und Nervenstärkung, lindert Fieber, Rheumatismus und Nierenentzündung.

Dill: Einjährig gesät im April für Kraut- und Korngewinnung; die Blätter nimmt man ab, bevor die Blüten aufgehen, und läßt die ganzen Pflanzen in Bündeln trocknen; die Samen müssen vor der Ernte anfangen braun zu werden; das Kraut paßt zu Fisch, Salaten, Soßen, zu Gurken, Quark, Gemüsen, Hackfleisch; die medizinische Wirkung konzentriert sich auf die Verdauungsorgane.

Estragon: Mehrjährig, verträgt Halbschatten, an warmen Plätzen mit gutem, lockerem Gartenboden; der Russische Estragon läßt sich aussäen, bevor die Jungpflanzen mit Halbmeterabständen ausgepflanzt werden, der Aromatische Estragon wird geteilt oder mit Stecklingen vermehrt; in rauhen Gegenden kann leichter Winterschutz nötig werden; Triebspitzen und Kraut werden laufend geerntet als feine Würze zu Soßen, Salaten und Rohkost, um Gurken einzulegen, für Kräuteressig und -senf.

Kamille: Einjährig aus frischem Saatgut im März gesät in volle Sonne und nährstoffreichen Humusboden, ohne abzudecken; die Blütenköpfe werden stiellos 3 bis 5 Tage nach dem Öffnen getrocknet bei höchstens 35 Grad Celsius, für Tee bei Magenbeschwerden, für Dampfbad bei Erkältungen und Entzündungen.

Kerbel: Ein- oder zweijährig in Sonne und Halbschatten, wird ab März mit 10 cm Abstand in Folgen gesät, damit immer frisches Kraut erntefähig ist, was nach 6 Wochen der Fall ist; in der Küche werden frische Blätter verwendet zu Suppen und Soßen, Salaten, Rohkost, Aufstrich, Käse, Tomaten; als Arznei verwendet man die getrockneten Samen bei allen möglichen Stoffwechselstörungen, Erkrankungen der Atemwege und zur Blutreinigung, in vielen Fällen äußerlich.

Knoblauch: Mehrjähriges Liliengewächs, das mit Zehen vermehrt wird, die im Abstand von 15 bis 20 cm im Frühjahr oder Herbst gesteckt werden; geerntet wird, bevor der Stengel vertrocknet und die Knolle locker wird; als Würze zu Fleisch und Wurst, Salaten und Soßen absolut unentbehrlich (gegen den Nachduft gibt es Mittel), in der Heilwirkung unübertroffen bei Verkalkung, Bluthochdruck und zur innerlichen Desinfektion.

Koriander: Kann einjährig fast überall angebaut werden, Aussaat ab März in Reihen von 25 cm, später auf 12 cm verzogen, in leichten Kalkboden an geschützten Standorten; frisch zu genießen in Salaten, Roh- und Diätkost, Fleisch und Marinaden, die Körner werden zu Backgewürz (Lebkuchen) und zum Einlegen verwendet; ein Aufguß der Früchte regt Appetit und Verdauung an.

Kümmel: Zwei- oder mehrjährig in leichten Böden und Sonne bis Halbschatten, entweder im April oder August mit 35 cm Abstand und 10 cm in der Reihe; die Samen werden geerntet, sobald sie anfangen sich zu verfärben;

viele Gerichte machen sie wohlschmeckender und bekömmlicher.

Lavendel: Als Halbstrauch wächst er äußerst anspruchslos auf leichten, trockenen Kalkböden, natürlich ebenso in normaler Gartenerde an geschützten Plätzen; ausgesäte Jungpflanzen, Stecklinge oder Teilpflanzen werden im Frühsommer auf 30 bis 40 cm Abstand gesetzt; die Blüten werden wegen ihres feinen Duftes zwischen frische Wäsche gelegt, getrocknete Blätter und Stengel, nicht später als August geschnitten, nimmt man als Zusatz zum Badewasser; in Fischsuppe und Kräuterbutter dient er als Gewürz, medizinisch gegen Erkältungen, Nervosität, Rheuma, Gicht und vieles andere mehr oder weiniger.

Liebstöckel: Mehrjährig in Sonne bis Halbschatten auch in kühlen Lagen und an feuchten Plätzen; ausgesät wird im April oder August und vier Wochen später an Ort und Stelle mit 50 cm Abstand ausgepflanzt; Wurzeln erntet man im zweiten oder dritten Jahr, die Staude kann 10 bis 15 Jahre zur Blatternte stehen bleiben; die Blätter würzen frisch und getrocknet Braten, Fisch, Geflügel, Brühen und Suppen; der Tee aus Wurzeln hilft bei Magenbeschwerden, Blasenkatarrh, Wassersucht, Gicht, Rheuma und Entzündungen der Atemwege.

Löffelkraut: Ein- oder zweijährig, manchmal ausdauernd wächst dieses Skorbutkraut nach Aussaat im April oder August in Reihen von 30 cm Abstand, auf 20 cm verzogen, lieber etwas verschattet und feucht; die Blätter können im Winter geerntet werden zu Salaten, Kartoffeln und Karotten, wichtig vor allem wegen des hohen Vitamin-C-Gehalts; wirkt gegen Entzündungen, stillt Nasen- und Zahnfleischbluten.

Lorbeer: Mehrjährig hier im Kübel mit Frostschutz; die frischen oder trockenen Blätter und Triebspitzen sind unentbehrlich als Küchengewürz; in der Heilkunde anregend für den Magen und abstoßend auf Insekten, lindernd bei Husten und Einreibungen.

Majoran: Ausdauernder Halbstrauch, für sonnige Plätze mit leichtem, humosem Boden, der bei uns ein- oder zweijährig gezogen wird, weil er nicht winterhart genug ist; ausgesät wird unter Glas ab April oder ins Freiland ab Mai mit 20 cm Abstand für je zwei, drei Pflanzen, die dicht beisammen stehen; geerntet wird, bevor sich die Blüten öffnen, entweder am Morgen oder Abend, und getrocknet; unverzichtbar für die Kochkunst und Wurstherstellung.

Melisse: Die Stauden leben länger als viele Obstbäume an zusagenden Standorten mit viel Sonne auf humosen, sandigen Lehmböden, ausgepflanzt im Mai oder später, in Töpfen mit Bodendecke; die jungen Blätter und Triebspitzen schmecken erfrischend nach Zitrone und werden statt Essig verwendet zu Wild, Pilzen und Fischen, aber nie mitgekocht.

Meerrettich: Wird einjährig aus Seitenwurzeln (Fechsern) der vorjährigen Ernte gezogen, gepflanzt in lockeren, fruchtbaren, aber nicht zu feuchten Boden entweder im Herbst oder zeitigen Frühjahr, im Abstand von 70 bis 80 cm, 10 cm tief, die Setzlinge handbreit auseinander, den Kopf immer in dieselbe Richtung, leicht schräg nach oben; die Ernte beginnt Ende Oktober, wenn das Laub vergilbt, oder erst im März; die scharfen Wurzeln würzen zahllose Gerichte, gemildert von Äpfeln, Brühe und Sahne; die geriebenen Wurzeln machen Appetit, fördern Durchblutung mit Einreibungen, die bei Nervenschmerzen, Ischias, Rheuma und Rippenfellentzündungen helfen; Vorsicht bei empfindlichem Magen und Nieren-Blasen-Leiden.

Origanum: Dem Majoran nah verwandte Staude, wächst

ausgesät im April oder später gepflanzt wie Unkraut wild an sonnigen Plätzen mit flachen Wurzeln; die getrockneten Blätter dienen als Universalgewürz für Braten, Soßen, Suppen, Kartoffeln, Nudeln, Reis; sie regen Appetit und Verdauung an, helfen bei Magen- und Darmleiden, als Badezusatz gegen Frauenleiden, Ausschläge und Schnupfen.

Petersilie: Zwei- oder mehrjährig in schwerem, aber humosem Boden, feucht und halbschattig, ab März gesät in Reihen mit 30 cm Abstand, auf Handbreite verzogen, zur Blattgewinnung erheblich enger; die Wurzeln lassen sich im Winter zum Treiben ansetzen; in der Küche paßt das Gewürz zu allen Gemüsen, in Soßen, Salaten und Kräutermischungen; wirksam im Nieren-Blasen-Bereich, bei Leber-, Zahnschmerzen und Insektenstichen.

Pfefferminze: Ausdauernd in Sonne und Halbschatten auf feuchten, aber durchlässigen Humusböden, mit viel Torf verbessert; die Wurzelausläufer werden im Frühjahr mit 40 cm Abstand in Reihen gelegt; geerntet wird vor der Blüte morgens oder am Spätnachmittag, getrocknet unter 35 Grad Celsius; zu Rohkost und Diätkost, Fleischgerichten, Suppen und Soßen; unübersehbar viele Heilanzeigen wegen der ätherischen Öle und des Mentholgehalts.

Portulak: Einjährig in Wärme und Sonne auf leichten Gartenböden; wird ab Mai in Folgen gesät, da schon nach vier Wochen schnittreif; frisch oder eingesalzen zu verwenden als Vitaminzusatz und wegen des frischen, säuerlichen Geschmacks zu salzarmer Diät, Salaten und Gemüse, Suppen und Soßen, im Winter auf dem Fensterbrett.

Raute: Mehrjährig, wo es warm und trocken ist, der Boden locker, aber lehmig und kalkhaltig; im März wird vorgezogen und nach 3 Wochen auf 25 cm allseitigen Abstand gepflanzt, besser geht es mit Stecklingen oder

Teilpflanzen; die jungen Blätter werden nach Bedarf gepflückt und vorsichtig zu Salaten, Soßen, Suppen und Fleischfarcen gegeben; medizinisch sind die Heilanzeigen überaus weitreichend, von Schmerzen und Wunden bis zu nervlichen und Verdauungsbeschwerden.

Rosmarin: Der immergrüne Halbstrauch verholzt, obwohl in jungen Jahren frostempfindlich, sonst ist er anspruchslos an sonnigen, trockenen Plätzen; vermehrt wird mit Stecklingen im Sommer von eingewöhnten Altpflanzen, die man im Torf-Sand-Gemisch unter Folie bewurzeln läßt; junge Triebspitzen erntet man hauptsächlich während der Blütezeit bei schönem Wetter und trocknet sie unter 35 Grad Celsius schattig; berühmt ist Rosmarin zu Lamm, gebratenem Fleisch, Wild, Fisch, Geflügel, Pilzen; ein Aufguß hat Wirkungen auf Stoffwechsel, Herz und Kreislauf, Atemwege und Haut, als Badezusatz regt er an.

Salbei: Ausdauernder Halbstrauch für geschützte, sonnige bis halbschattige Plätze auf Kalkboden, besser als Steckling oder Teilpflanze im Mai gesetzt als im zeitigen Frühjahr aus Samen vorgezogen; junge Blätter und Spitzentriebe werden ganzjährig geerntet, für die Trocknung vor Blühbeginn; verwendet als Braten- und Soßenwürze, Fisch, Salat, Quark und Kräuterbutter, nie mitgekocht; als Medizin stärkt er das vegetative Nervensystem, alle Stoffwechselorgane, schützt vor Infektionen, Ausschlägen, Entzündungen.

Tripmadam: Mehrjährig, anspruchslos in Sonne auf trokkenem Grund; ausgesät wird der sehr feine Samen besser

Rechts: Tomaten im Torfsack auf dem Balkon sind keine Spielerei, sondern in vielen Jahren die einzige Möglichkeit, überhaupt einige Früchte ernten zu können. Dazu können sie, gut gepflegt, dekorativ aussehen.

ins Saatbeet, weil nicht abgedeckt, sondern nur angeklopft werden darf; die Blätter werden frisch zu Salaten, Soßen, Suppen, Rohkost, Rindfleisch gegeben.

Wacholder: Zierstrauch für sandige und moorige Böden (Torfzusatz), der extreme Trockenheit verträgt; die Beeren der Wildart werden getrocknet und würzen Sauerkraut und Rotkohl, fettes Fleisch und stark riechendes Gemüse; sie regen Appetit und Verdauung an, im Schnaps auch den Geist.

Waldmeister: Ein ausdauerndes Kraut unserer Wälder, also für schattige Plätze mit Lauberde, ausgesät oder geteilt, im Winter mit Moos oder Laub abgedeckt; das Kraut wird vor der Blütezeit geschnitten und bildet erst getrocknet seinen süßen Duft; bekannt ist die Maibowle, weniger die beruhigende Wirkung in der Heilkunde, als Duftkissen gegen Motten und für die Wäsche.

Wiesenknopf: (Bibernelle, Pimpernell): Ausdauernde verholzte Kräuter für jeden Gartenboden, auch an schattigen Stellen; ausgesät im Frühjahr oder Frühherbst; die Blüten werden zurückgeschnitten, damit mehr Blätter wachsen; gute Würze für Salate, Suppen, Gurken; blutstillend und regulierend bei Funktionsstörungen der Stoffwechselorgane, äußerlich bei Hauterkrankungen.

Ysop: Vieljährige Halbsträucher für leichte Böden an sonnigen, trockenen Stellen, an denen Kalk nicht fehlt, vorgezogen oder ins Freiland ausgesät auf 30 cm zwischen den Reihen und halb so weit innerhalb, leicht anhäufeln gibt ihnen besseren Halt; frische Blätter und

Links: Im Naturgarten wachsen Obst, Gemüse, Blumen nicht willkürlich nebeneinander, sondern wirksam abgestimmt, wie in diesem Beispiel die Ringelblumen zur Bekämpfung der Nematoden, die sie zu 95% abtöten.

Triebspitzen werden gebraucht zu Salaten, Suppen, Fisch, Fleisch, Rohkost und Diät; als Heilmittel dient er zum Gurgeln bei Halsschmerzen, anderen Katarrhen, Schwächezuständen, Rheuma und vielem anderen.

Kosmetik
Wie gesund die Kräuter sind, war in Vergessenheit geraten und wird erst in jüngster Zeit wieder neu entdeckt. Was dabei unbeachtet blieb, ist ihre hervorragende Eignung für die Schönheitspflege. Die selbstgerührten Salben, Cremes, Packungen sind geradezu ein schöpferischer Akt geworden, doch sollte man sich hier besser an die alten, bewährten Rezepte halten.

Nur gesunde Gartenblumen wählen

In zehn Jahren ist für den Gartenbesitzer ein Sommerblumen-Sortiment entstanden, das vital und gedrungen wachsend, gesund und kräftig allen Unbilden der Witterung widersteht. Keineswegs ist die Sortenliste eingeengt, obwohl selbstverständlich einige Artnamen häufiger wiederkehren. Es gibt überraschende Unbekannte, wie den Ziertabak, im heutigen Blumengarten. So hat die einzige Silbermedaille der ganzen Zeit eine Lavatera trimestris ›Silver Cup‹ gewonnen, ein Malvengewächs, das nicht einmal einen deutschen Namen hat.

Sommerblumen früh säen
Sommerblumen wachsen rasch, doch sie blühen nur dann verschwenderisch, wenn sie früh ausgesät werden. Frostempfindliche und betont langsam keimende Einjahrsblumen sät man im Haus oder im halbwarmen

Kasten unter Glas oder Folie aus. Dazu gehören: Fuchsschwanz, Sommerastern, Margeriten, Coreopsis und Cosmos, Gold-, Mittags-, Kokarden- und Strohblume, Immortelle, Trichtermalve, Sommerphlox und Sonnenhut, Witwenblume und Greiskraut, das Himmelsröschen Silene armeria. Noch eiliger haben es einige Einjährige, die schon im Herbst des Vorjahres keimen wollen: Adonis aestivalis, Rittersporn, Gold- und Seidenmohn, Roter Lein und Jungfer im Grünen (Nigella damascena).

Freilandsaat

Das im Herbst gegrabene Land wird nicht mehr bearbeitet, sondern glatt geharkt, damit die Winterfeuchtigkeit erhalten bleibt. Ausgesät wird im März oder April, sobald die Krume nicht mehr klebt, wenn man einen Stock hineinstößt. Viele können im Mai nachgesät werden: Sommerastern, Margeriten, Schöngesicht und Schmuckkörbchen, Bechermalve, Frauenflachs, Sommer-Phlox und -Lupine, Elfenspiegel, Witwenblume und manche andere mehr. Das Portulakröschen soll als einziges nur im Mai gesät werden.

Feuchthalten

Auch auf Blumenbeeten sollte man in Reihen säen, weil sich die Pflanzen so besser vom gleichzeitig keimenden Unkraut unterscheiden. Da die sengende Mittagshitze den empfindlichen Keimling unwiederbringlich schädigen kann, überdeckt man das Sommerblumenbeet mit einer dünnen Lage feuchtem Floratorf. Das Unkraut läßt sich im weichen Torf besser jäten. Wo Samen zu dicht gefallen sind, muß frühzeitig ausgedünnt werden, damit sich die Pflanzen nicht gegenseitig behindern und schwächen. Der Umfang voll ausgewachsener Blütenpflanzen wird zu Beginn des Jahres oft unterschätzt.

Standorte

Zu eng stehende Pflanzen nimmt man vorsichtig aus der Erde, damit der Wurzelballen erhalten bleibt. Dafür ist Torf eine wertvolle Hilfe. So lassen sie sich fast ohne Wachstumsstopp verpflanzen. Sie passen als Vor- und Zwischenpflanzung auf Staudenbeete, vor Gehölzstreifen, ja selbst in Balkonkästen und anderen größeren Pflanzgefäßen. Für Gefäße eignen sich speziell: Sommerastern, Zwerg-Duftwicken, Spaltblume, Tagetes-Patula-Hybriden und viele der Fleuroselect-Sorten. Zur Einfassung verwendet man: Zwerg-Duftwicken, Duftsteinrich, Sommer-Phlox, Duftreseda, Schwarzköpfchen, Zwerg-Kapuzinerkresse. Wo Erdflöhe verbreitet sind, läßt man die duftende Reseda besser weg.

Mindestabstände

20 cm	Kornblume, Coreopsis, Goldblume, Schleierkraut, Schleifenblume, Frauenflachs, Bienenweide, Schwarzköpfchen, Edelwicke, Himmelsröschen;
30 cm	Ringelblume, Goldmohn, Kokardenblume, Lupine, Seidenmohn, Sonnenhut, Spaltblume, Zwergkapuziner-Kresse;
40 cm	Sommeraster, Cosmos, Bechermalve, Prunkwinde;
50 cm	Fuchsschwanz, Trichtermalve, Witwenblume;
60 cm	Kapuzinerkresse;
70 cm	Sonnenblume.

Sonderwünsche

In den Steingarten passen Blutströpfchen, Mittagsblume, Schwarzköpfchen und Zwerg-Kapuzinerkresse. Kalk liebt die Niedrige Winde, Kalk scheut die einjährige Lupine. Keine Nässe vertragen Mittagsblumen, Kokardenblumen, Godetien, Schleierkraut, Bechermalve, Portulak- und Himmelsröschen. Volle Sonne wünschen die meisten, besonders Gold- und Mittagsblume, Portulak- und Himmelsröschen.

Zweijahresblumen
Die zweijährigen Sommerblumen werden im Juni bis Juli in das leergewordene Frühbeet oder auf ein halbschattigen Freiland-Saatbeet gesät. Sie werden vor dem Winter, ausnahmsweise erst im nächsten Frühjahr, an ihren vorgesehenen Platz gepflanzt. Einige von ihnen bilden zwar nach dem Abblühen eine neue Blattrosette und können damit ein zweites Mal überwintern. Aber man kann sich darauf nicht verlassen, außerdem erreichen sie im zweiten Sommer nie die Schönheit und Größe einjähriger Pflanzen. Sie wachsen hoch und staksig, bringen weniger Blüten und werden anfällig für Pilzkrankheiten.

Neusaat ist besser
Zweijährige Sommerblumen werden nach der Blüte ausgegraben und auf den Kompost geworfen. Für das neue Jahr werden neue Jungpflanzen herangezogen, wobei die jeweils besten Neuheiten bevorzugt werden sollten. Das kostet nicht viel und macht wenig Mühe.

Stiefmütterchen
Denken wir nur an das beliebteste und mit Abstand verbreitetste Zweijahresblümchen, das Stiefmütterchen mit seiner Riesenauswahl verschiedenster Blütenformen und -farben. Frostharte Neuzüchtungen überstehen strenge Winter besser. Das ist wichtig, da sie länger und

reicher blühen, wenn man sie bereits im Herbst pflanzt. Aber man kann sie noch im Frühjahr, mitten in der Blüte verpflanzen. Sie vermehren sich reichlich aus Samen, doch muß man in Kauf nehmen, daß die ausgeworfenen Sämlinge nicht die gleichen guten Eigenschaften haben wie die Eltern, sondern kleinblumig und mischfarben blühen.

Tausendschön

In feuchten Jahren wachsen die Rosetten des Tausendschöns weiter und bilden kräftige Blätter. Das zeigt, es handelt sich um eine ausdauernde Pflanze. Doch lohnt sich selbst bei diesen nicht, sie zu überwintern, da die Blüten im nächsten Jahr kümmerlich werden. Unter den neuen Sorten gibt es großblütige und langstielige Züchtungen mit asternartig gefüllten Blüten in allen roten, rosa und weißen Farbtönen. Es wäre schade, auf diese Pracht zu verzichten. Vor der Aussaat wird die torfreiche, nahrhafte Erde kräftig gegossen, dann sehr dünn ausgestreut, am besten vorher mit Sand vermischt. Nur eine Woche muß der Samen bedeckt sein, mit dunkler Folie oder feuchtem Sackleinen. Bereits nach 3 Wochen brauchen die Sämlinge frische Luft und weniger Nässe.

Vergißmeinnicht und andere

Nicht viel anders werden Stiefmütterchen und Vergißmeinnicht ausgesät, das sich an zusagenden Standorten selbst aussät. Es muß durch gelegentliches Auslichten in Grenzen gehalten werden. Ähnlich robust ist der Rote Fingerhut, dessen Samen an Ort und Stelle zwischen Ziergehölzen ausgestreut werden. Genauso Islandmohn, der sich wegen seiner Pfahlwurzel schwer verpflanzen läßt. Neue Sorten wachsen gedrungener und leuchten in starken Farben. Im kalten Kasten oder Saatschalen werden herangezogen: Bart- und Landnelken in Weiß, Blau und Rosa, neu mit doppelter Glocke, sie brauchen feuchten, kalkhaltigen Boden.

Goldlack

Goldlack ist seit Jahrhunderten in unseren Gärten heimisch, doch er stammt vom Mittelmeer und braucht deshalb etwas Frostschutz. Eine neue Sorte, ›Sperlings Ornato‹, ist winterhärter geworden. Wenn Goldlack zum zweitenmal überwintert, zeigt er sich frosthärter, treibt allerdings dünne kahle Büsche, die spärlich blühen. Außerdem ist Goldlack beliebt beim Niederwild, lockt also in verschneiten Nächten Hasen und Rehe in den Garten. Außerdem wird die Pflanze oft von Pilzkrankheiten befallen. Sie steht deshalb als Beispiel für manche andere hier, auf die man im Naturgarten besser verzichtet, als sich damit Schädiger auf den Hals zu ziehen, die dann auch auf andere Arten übergreifen.

Goldmohn

Das Schlafmützchen Eschscholzia californica wächst im westlichen Nordamerika als Steppen-, Wüsten- und Wiesenpflanze. Ursprünglich ist diese Mohnart aus den Küstengebieten von Kalifornien und Oregon eine Staude, in unserer Gartenkultur wird sie jedoch einjährig gezogen und 30 bis 60 cm hoch. Von Juli bis September stehen die schalenförmigen Blüten über den lang gestielten, fein zerteilten, bläulichgrünen Blättern, bei der einfachen Art gelb und am Grunde orangerot, doch es kamen weiße, rosa, scharlach- und karminrote Züchtungen hinzu, einfach und gefüllt. Der Goldmohn wünscht sonnige Plätze und ist mit kargem, sandigem Boden zufrieden. Er eignet sich als Beet- wie Rabattenblume. Ausgesät wird im September, dann blühen die Pflanzen schon von Ende Mai ab, sonst im März oder April an Ort und Stelle. Die Keimlinge werden auf 20 bis 25 cm verzogen. Wo man ihnen die Gelegenheit dazu gibt, säen sie sich selbst reichlich aus. Eine hübsche Art für Einfassungen ist E. caespitosa mit niedrigem, dichtem Wuchs. Die blaßgelben Blüten erscheinen von Juli bis September über den Büscheln stehenden Blättern.

Lupine

Die einjährige gelbe Lupine wird seit dem 16. Jahrhundert kultiviert und dient heute noch zur Gründüngung. Im Ziergarten spielt Lupinus hartwegii aus Mexiko eine beherrschende Rolle. Sie wird 50 bis 70 cm hoch, ist rauh behaart und trägt gestielte Blätter sowie große Blüten, die etwas wirbelig in langen Trauben stehen. Die Blüten der Grundform sind hellblau mit weißlicher, später in der

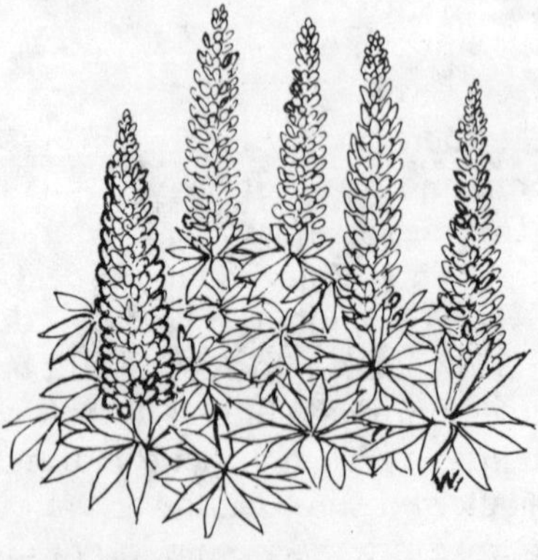

Bei den Lupinen muß man genau zwischen ein- und mehrjährigen Hybriden unterscheiden, nur die einjährigen sammeln mit den Knöllchenbakterien an den Wurzeln Stickstoff aus der Luft, der anschließend pflanzenverfügbar ist.

Mitte rötlicher Fahne; die Spielarten werden laut neuesten Katalogen in rund hundert abweichenden Farbstellungen zwischen reinem Weiß, Rosa und Himmelblau gezogen. Mitunter werden Hybriden angeboten, die aus Kreuzungen verschiedener Arten und deren Zuchtformen hervorgegangen sind. Dennoch sind die einjährigen Lupinen anspruchslose Sommerblüher geblieben, geeignet für kalkarme, sandige Böden an sonniger Stelle.

Mädchenauge
Neben einjährigen und einjährig kultivierten Coreopsis wachsen im Garten auch staudige Arten und blühen verschwenderisch. Alle Mädchenaugen sind anspruchslos und lieben einen sonnigen Platz auf mehr sandigem, nicht allzu nährstoffreichem Boden. Einjährig sät man bereits im März unter Glas und pflanzt im Mai mit etwa 20 cm Abstand. Wird ab April unmittelbar an den Standplatz gesät, muß verzogen werden. In beiden Fällen blühen sie pausenlos von Juni bis September mit großen, goldgelben Blumen 40 bis 90 cm hoch. Eine Sorte mit Namen ›Sunray‹ (Sonnenstrahl) hat 1980 die Bronzemedaille der Fleuroselect erhalten. Sie ist 25 cm niedrig und blüht den ganzen Sommer über mit dichtem Flor auf Rabatten und Beeten.

Malve
Stockmalven gehören zu den ansehnlichsten Sommerblühern, säulenartig ihr edler Wuchs, hübsch gelappt die Blätter unter der üppigen Fülle rosenähnlicher Blüten in vielen Farben. Sie sind in den gemäßigten Zonen Zentraleuropas überall anzutreffen, auch einjährig in den Gärten. Ein Farbstoff namens Althein wird aus der einfach blühenden Unterart ›Nigra‹ mit schwarzroten Blüten gewonnen und als Hausmittel zu Heilzwecken einge-

setzt. Eine neue Rasse wurde gezüchtet, die nach Frühjahrssaat im Kasten und Auspflanzen nach den Eisheiligen im selben Jahr blüht. Sie werden als Semperflorens-Hybriden angeboten, meist in Mischung einfacher und gefüllter Arten. Alle anderen Malven sät man im Mai oder Juni und pflanzt Mitte August mit 60 bis 80 cm Abstand an windgeschützte, sonnige Plätze.

Phlox

Nach der Lebensdauer ist zwischen ein- und mehrjährigem Phlox zu unterscheiden. Zu den einjährigen gehört Phlox drummondii, der bis 50 cm hoch wird und rosa Blüten in gedrängten Trugdoldenbüscheln trägt. Die Kultursorten sind hervorragende Beetpflanzen für kleine Farbflächen, weil sie gedrungen wachsen und in schönen Pastellfarben blühen. Von Juli bis September bringen sie flache Blütenköpfe in Rot, Rosa, Purpur, Blau und Weiß. Aus der einfachen Art sind zahlreiche Züchtungen hervorgegangen, klein und kugelig als Beetpflanzen oder in Prachtmischungen für die Rabatte. Die Anzucht des einjährigen Phlox ist einfach. Ab März bis Anfang April wird in Saatschalen ausgesät, einmal pikiert und nach dem Abhärten Mitte Mai je nach Sortengröße mit etwa 20 cm und darüber ins Freiland gepflanzt.

Portulakröschen

Eine der beiden Portulakarten, Portulaca oleracea, ist als kosmopolitisches Unkraut berüchtigt, das sich unausrottbar fortpflanzt, obwohl es einjährig wächst. Die andere, großblütige Art ist nicht weniger robust, an sonnigen Standorten auf kargem Boden zufrieden. Deshalb eignet sich das Portulakröschen für Steingärten, Böschungen, Trockenmauern und, sogar trittfest, für Plattenwege. Die gefüllten, großblütigen Sorten lassen sich in Töpfen und anderen Pflanzgefäßen ziehen. Früher wurden Gartensorten mit einfarbigen, gestreiften oder gefleckten, einfachen oder gefüllten Blüten angeboten, heute meist Mischungen, von denen die gefüllten etwa 30% einfach blühende Nachkommen hervorbringen. Um das zu vermeiden, muß man die Jungpflanzen aus Stecklingen ziehen. Beliebte Sorten sind ›Parana‹, einfach rosa, und der halbgefüllte, scharlach- bis karminrote ›Rote Findling‹, auch weiß- und gelbblühende Arten sind zu haben. Ausgesät wird danach, ob eine frühe oder späte Blütezeit gewünscht wird, also mit Vorkultur im Haus, kaltem Kasten oder unter Folie. Die Samen werden dünn mit Erde bedeckt und vorsichtig gegossen. Was innerhalb von zwei Wochen nicht keimt, kommt nicht mehr. Das Saatgut ist vier Jahre keimfähig.

Ringelblume

Wo Ringelblumen wachsen, quellen die Beete von Blütenfülle förmlich über. Dazu ist Calendula für die vielfältigsten Beschwerden heilsam (daher der Name officinalis = Arzneipflanze). Zur Zierde werden meist Mischungen ausgesät, doch es gibt neue Sorten zur Gruppenpflanzung im Staudenbeet, eine von der Fleuroselect sogar mit Medaille ausgezeichnet: ›Fiesta Gitana‹, eine frühblühende, niedrige, gefüllte Mischung, als Beet- und Topfpflanze geeignet. Langgestielt und großblumig sind ›Balls Orange‹ und ›Golden King‹, die Farbsorten der Pacific-Riesen in Zitrone, Aprikose und Tieforange. 70 bis 80 cm hoch, mit doppeltem Zungenblütenkranz die Kablouna-Sorten in Goldgelb, Goldgelb mit schwarzer Mitte und Orange. Obwohl sie keine hohen Ansprüche stellen, wachsen sie doch am besten, wenn der Boden nicht allzu trocken und reichlich mit Nährstoffen versorgt ist. Der Standort sei möglichst vollsonnig. Halbschatten wird vertragen. Noch nach Sommersaat schmücken die Ringelblumen den frühherbstlichen Garten mit leuchtenden Blüten. Für Balkonkästen sät man im Frühjahr in Saatschalen und pikiert auf 10 cm Abstand.

Rittersporn
Der stolze Rittersporn ist ein Hahnenfuß (Ranunculaceae) und als Ackerunkraut im Getreide bei uns eingewandert. Alle einjährigen Rittersporne sind darum anspruchslose Sommerblumen geblieben, die überall gedeihen. Sie eignen sich als Beetblumen wie zum Schnitt. Neben blauen Sorten finden sich inzwischen hohe und niedrige Spielarten in Weiß, Rosa und Karminrot, hyazinthen- und levkojenblütige Formen zwischen 30 cm und 1,5 m. Einjährige Rittersporne sät man im Herbst oder Frühjahr an sonnige Plätze und verzieht die Jungpflanzen auf etwa 20 cm.

Schleierkraut
Einjährige Arten von Gypsophila elegans, ursprünglich von der Südukraine bis Nordpersien daheim, gedeihen hier unter ärmlichen Verhältnissen, wenn sie nur einen sonnigen Platz auf kalkhaltigem Boden (Gypsophila = gipsliebend) bekommen. Sie werden 30 bis 50 cm hoch und tragen auf anmutig ausgebreiteten, lockeren Zweigen in üppiger Fülle weiße, rosa, dunkelrote Blütchen. Wird es im März bis Mai direkt an Ort und Stelle ausgesät, erscheinen die Blüten 10 bis 12 Wochen später. Es gibt eine Gartenform namens ›Maxima Alba‹ (Covent Garden), die zum Schnitt die größten, weißen Blumen liefert.

Sonnenblume
Neben dem Getreide gehört die Sonnenblume zu den am

meisten angebauten Nutzpflanzen auf der Erde. Aus ihren Samen wird ein gutes Öl gewonnen, und eine Handvoll Sonnenblumenkerne zum Knabbern gehört einfach in die Jeanstasche jedes echten Alternativen. Im Garten zieht man nicht nur die bekannten riesenblumigen Sonnenblumen, gerade die niedrigen Sorten mit ihren 15 cm großen, oft gefüllten Blüten zeigen den vielfältigen Reiz dieser Gattung. Überall, wo genügend Feuchtigkeit und Nährstoffe im Boden vorhanden sind, kann man ein paar Kerne auslegen und hat von August bis Oktober eine bienenumschwärmte Blütenfülle. Am schönsten wird unbestritten der ›Goldene Neger‹, mit schwarzer Scheibe, 250 cm lang. Etwas niedriger bleiben mit 2 m die ›Herbstschönheit‹ mit mittelgroßen Blüten von Gelb bis Dunkelrot und ›Abendsonne‹ in blutroten und braunen Tönen. Das ›Hohe Sonnengold‹ ist gefüllt, ›Schnittgold‹ gut zum Schneiden. Zwergenhaft klein bleibt ›Dwarf Sungold‹, hier auch als ›Teddybär‹ in den Listen. Wer Samen ernten möchte, tut gut daran, die Blütenscheiben mit einem Plastiknetz zu verhüllen; denn schon bevor die Kerne reif sind, hängen die Vögel an den Scheiben und picken daran herum.

Wicke
Eine Kletterpflanze wie dieser Sommerblüher ist unentbehrlich zum Beranken von Zäunen, im Balkonkasten wie zum Verkleiden weniger ansehnlicher Gartenwinkel am Komposthaufen, Geräteschuppen und dergleichen. Man sät drei Folgen, die ersten Anfang März, Mitte März und in den ersten Apriltagen, in tiefgründig gelockerten, vorher gut angefeuchteten Boden. Wichtig ist, nie zu eng pflanzen, etwa 20 cm Abstand muß eingehalten werden. Der Standort soll sonnig und luftig sein. Mit dem Rechen zieht man Rillen wie zur Erbsensaat, alle 5 cm werden 2 oder 3 Körner gelegt. Nach dem Auflaufen läßt man den

stärksten Keimling stehen. An heißen Tagen muß gegossen werden. Sind die Pflanzen fingerlang, brauchen die Ranken einen Halt. Abgeblühtes wird abgenommen, weil Samen die weitere Blühfreude dämpfen. Kaum noch zu übersehen ist die Zahl der Wicken-Klassen, -Spielarten und -Formen. Die besten Zensuren erhalten noch immer die ›Cuthbertson‹-Floribunda mit ihren Vornamen ›Daisy‹ weiß, ›Danny‹ dunkelblau, ›Evelyn‹ lachsrosa (keimt etwas schwächer), ›Jimmy‹ tiefscharlach, ›Marion‹ rahmgelb und vielen anderen mehr. Übergroße Blüten trägt die ›Royal‹-Gruppe, neu sind die Mischungen von ›Mammut‹ in leuchtenden Farben für den Frühanbau.

Witwenblume

Unter den einjährigen Scabiosen ist S. atropurpurea mit Abstand die schönste, wertvollste Art. Ihre Blätter sind unregelmäßig gezähnt und eingeschnitten, die Blüten stehen auf langen Stielen 90 cm hoch. Die Grundform blüht samtig purpurn mit gleichfarbigen, weißnarbigen Griffeln und leicht moschusartigem Duft. Die Züchter haben daraus eine Fülle von Sorten geschaffen, die sich nach ihrer Höhe in drei Gruppen aufteilen. Zu den Grandiflora-Flore-Pleno gehören die hohen, gefüllten Sorten, daneben gibt es die Nana- und Compacta-Gruppe in halbhoch und niedrig und Farben von Weiß über Rosa und Lachsrot zu warmem Karmin, von zartem Gelb zu Kastanienbraun, klares Blau, Lila, selbst zweifarbige Blüten sind nicht selten. Die Pflanzen brauchen einen sonnigen Standort auf durchlässigem Boden. Entweder man sät im April unter Glas und pflanzt im Mai auf 20 bis 40 cm Weite je nach Wuchshöhe oder man sät unmittelbar ins Freie, was die Blütenbildung etwas hinauszögert. Mit gutem Ballen lassen sie sich sogar kurz vor Beginn der Blütezeit verpflanzen.

Stauden halten länger aus

Der Arbeitskreis Stauden auf dem Gebiet der Blütenstauden arbeitet unter Federführung von Prof. Dr. Sieber an der Fachhochschule Weihenstephan. Der Sichtungsgarten im Alpenvorland versammelt zahlreiche Staudenzüchtungen aus aller Welt. Um sich in den kaum überschaubaren Sortimenten besser zurechtzufinden, wurden bei zahlreichen Staudengattungen Standardsortimente aufgestellt. Nicht nur Blütengröße und Farbkraft werden bewertet, sondern Vitalität und Anpassung.

Standardsortimente

Schafgarbe, Eisenhut, Ochsenzunge, Anemone, Kamille, Akelei, Gänsekresse, Grasnelke, Aster, Astilbe, Blaukissen, Bergenie, Glockenblume, Gartenchrysantheme (Winteraster), Frühlings- und Sommermargerite, Silberkerze, Rittersporn, Nelke, Gemswurz, Feinstrahl, Nelkenwurz, Schleierkraut, Sonnenbraut und -röschen, Staudensonnenblume und Sonnenauge, Taglilien, Purpurglöckchen, Schleifenblume, Sibirische und botanische Iris, Sandglöckchen, Fackellilie, Lavendel, Prachtscharte, Greiskraut, Weiderich, Indianernessel, Nachtkerze, Pfingstrose, hoher Gartenmohn, Flammenblume (Phlox), Etagenerika, Ballonblume, Schaublatt, Sonnenhut, Salbei, Steinbrech, Skabiose, Fetthenne, Leimkraut, Goldrute, Solidaster (eine Kreuzung aus Solidago und Aster ptarmicoides), Dreimasterblume, Trollblume, Ehrenpreis, Hornveilchen, dazu eine Vielzahl winterharter Freilandfarne, einige wenige Ziergräser.

Bewertungen
Die Höchstbewertungen sind erheblich häufiger verteilt worden als bei der Fleuroselect, so daß es dieses Buch füllen würde, die gegenwärtigen Standardsortimente vorzuführen. Allein die Astern bringen es auf 33 zufriedenstellende, gute und sehr gute Sorten. Deshalb seien hier nur die Gattungen aufgeführt, die von der Arbeitsgemeinschaft Selektion und Züchtung der Blüten- und Schmuckstauden geprüft und bewertet worden sind.

Chrysanthemen
Die Gattung Chrysanthemun ist ein gutes Beispiel dafür, wie einzelne Stauden mit zahllosen Arten, Spielarten, Sorten zu kaum noch überschaubaren Namenslisten auswachsen. Die allbekannten Gartenchrysanthemen oder Winterastern der Ch.-Indicum-Hybriden sind keineswegs die einzigen. Es beginnt vielmehr mit den Frühlings- oder Wiesenmargeriten Ch. leucanthemum, dann kommen die vielen Sorten der Sommermargeriten Ch. maximum, zugleich die Bunten Margeriten (früher Pyrethrum roseum) Ch. coccineum, alle drei hervorragende Gruppen- und Schnittstauden, es folgen die Herbstmargeriten mehrerer Arten und manche andere der insgesamt 32 anerkannten Artgenossen. Der verdienstvollen Arbeit von Prof. Dr. Hansen in Weihenstephan verdanken wir die Einteilung in Gruppen und ein Standardsortiment.

Auf einem so weiten Felde ist es selbstverständlich unmöglich, im Rahmen dieses Buches ins einzelne zu gehen. Es kann nur an einigen ausgewählten Beispielen gezeigt werden, daß richtige Pflanzenwahl und -pflege im natürlich angelegten Garten chemischen Pflanzenschutz und mineralische Düngung überflüssig macht. Es beginnt bei der Winterhärte. Die Koreanum-Hybriden sind in milden Gegenden voll frosthart, in allen anderen empfehlen sich Laubstreu und Fichtenreisig. Dann sind sie aber widerstandsfähig gegen Blütenfrost und haltbar als Schnittblumen. Als besonders zuverlässig erwiesen sich ›Mandarine‹ und ›Septemberglut‹. Unterschiedlich in der Winterhärte sind die Sorten der Ch. morifolium. Für rauhe Gebiete eignet sich ›Stella‹, die bis Oktober, November reich blüht. Die ›Weiße Nebelrose‹ wird gern auf Gräber gepflanzt, weil sie erst zu Allerheiligen ihre gefüllten Blüten öffnet. Aber auch ›Novembersonne‹, leuchtend gelb, und ›Herbstrubin‹ rot gefüllt, können empfohlen werden. Bei vielen Sorten ist es richtiger, sie nach der Blüte herauszunehmen, frostfrei zu überwintern und im Frühjahr neu zu pflanzen. Man setzt sie in humosen, durchlässigen Boden und sorgt für ausreichende Ernährung im Sommer. Nur wo sie reichlich und ausgeglichen ernährt werden, sind sie gegen Stengelälchen gefeit.

Glockenblumen

Nicht anders sieht es in den Provinzen der Glockenblumen aus. Deshalb finden sich in den Sortimenten guter Staudengärtner fast nur noch »bewertete« Sorten mit zwei oder drei Sternen. Einige Beispiele: Ein Wertzeugnis der Deutschen Gartenbau-Gesellschaft erhielt die silberblaue ›Karpatenkrone‹ aus der Gruppe niedriger Karpatenglockenblumen. Ihre schalenförmigen Blüten stehen 20 cm hoch, ebenso bei ›Isabel‹ in Dunkelblau, wie alle folgenden mit zwei Sternen ** ausgezeichnet: ›Blaumeise‹ hellblaue Blütenglocken und ›Blaue Clips‹ himmelblau, beide 20 cm, ›White Star‹ in Weiß 30 cm, und ›Violetta‹ tiefviolett 40 cm. Karpatenglockenblumen öffnen sich in voller Sonne und guter normaler Gartenerde zwischen Juni und August. Sandiger Boden wird mit reichlichen Torfgaben humusreich gemacht. Als Topfpflanzen brauchen sie kalkhaltige, nahrhafte Humuserde, im Winter wenig Wasser, alle zwei Jahre müssen sie einmal umgetopft werden, wobei man den Ballen verkleinert.

Rittersporn

Neben den Wildarten haben sich vor allem drei züchterisch durchgearbeitete Gruppen ausgebildet: Die hohe, starkwachsende Elatum-Gruppe mit ihren langen, dichten Blütenrispen verdankt dem großen Karl Foerster die besten Züchtungen, bis 2 m hoch, das Auge oft anders getönt als die Blüte. Die Belladonna-Rasse ist um die Jahrhundertwende entstanden, zeigt lockeren Wuchs, reicher verzweigt und blüht reinweiß bis leuchtend schwarzblau, aber es gibt auch eine ›Rosa Überraschung‹. Große Einzelblüten an eindrucksvollen Rispen zeigen die Pacific-Hybriden aus den USA in Weiß, Blau und Lavendel. Sie alle wachsen in guten, nicht zu feuchten Gartenböden in sonniger, windgeschützter Lage. Vermehrt wird durch Teilung der Wurzeln mit je ein oder zwei Triebknospen. Werden die Blütenstiele vor dem Samenansatz eine Handbreit über dem Boden abgeschnitten, blühen die Stauden ein zweites Mal bis in den Herbst hinein.

Storchschnabel

Hier ist der Name Geranie einmal richtig angewendet, es ist eine große, artenreiche Gattung von Schmuckstauden, die anspruchslos, auf jedem humosen, durchlässigen Boden an sonnigen bis halbschattigen Plätzen gedeihen. Der Wald- und Wiesenstorchschnabel bietet zahlreiche Sorten in Weiß, Blau, Rosa im Juni und Juli, 50 bis 60 cm hoch. Früher und länger blühen Geranium meeboldii ›Johnson Var.‹ violett mit Purpur innen, und G. platypetalum violett. Viele eignen sich als Bodendecker und für den Steingarten, da sie nur 10 bis 20 cm hoch werden.

Schwertlilien

Ihren botanischen Namen Iris tragen die Schwertlilien zu Recht: Ein Farbenreichtum wie der Regenbogen. Es gibt Kataloge mit 25 Obergruppen verschiedener Farbvarianten (nur das reine Rot fehlt noch). Die gute deutsche Schwertlilie gliedert sich weiter nach Höhen, Blütenformen und -größen. Gepflanzt werden sie in der heißesten Zeit des Jahres, ab August, da sie an den Hundstagen eine Art Halbruhe einlegen. Die Rhizome (verdickte Erdstämme) liegen waagerecht flach unter der Oberfläche im Abstand von 40 bis 80 cm je nach Größe. Der Standort sei vollsonnig und trocken. Wo es naß ist, muß man dränieren oder auf eine Erhöhung pflanzen. Weitere Ansprüche stellt die Bartiris nicht, nur daß der Boden nicht sauer oder moorig sein darf, aber das läßt sich mit Kalk ändern. In den Folgejahren muß man darauf achten, daß die Pflanzen nicht von anderen überwuchert werden. Nach vier oder fünf Jahren gräbt man die großblumigen aus, teilt die Rhizome und pflanzt an anderer Stelle neu. Es genügt auch, Wurzelstücke aus dem im übrigen liegenbleibenden Ballen herauszuschneiden. Tritt Rhizomfäule auf, schneidet man die faulen Stellen aus, bestreut die Schnittstellen und die Erde mit Holzkohlenpulver und läßt sie gut trocknen. Das einfachste Mittel ist hellrosa Lösung von Kaliumpermanganat.

Federmohn

Dieser Riesenmohn mit hohen weißlich-rosa Blütenrispen wird um so schöner, je dichter der Busch im Laufe der Jahre auswächst. Wo dafür nicht genug Platz ist, muß man allerdings einen Streifen Dachpappe senkrecht in den Boden eingraben, sonst wuchert die Pflanze hemmungslos in gutem, leicht feuchtem Boden, in Sonne oder Halbschatten. Die großen, lockeren Rispen stehen über großen, gelappten, blaugrünen Blättern, bei der Sorte ›Korallenfeder‹ in Korallenrosa.

Primeln

Vom zeitigsten Frühjahr an blühen die ersten Kissen- und Polsterprimeln, Dolden-, Kugel- und Etagenprimeln folgen später und wachsen höher hinauf, bei den Bullesiana-Hybriden 60 bis 80 cm in Orange, Lachs und Karmin. Es gibt insgesamt 8 verschiedene Sektionen, zu denen dann wieder etliche Arten und kaum zu zählende Sorten gehören. Sie wünschen durchweg frisch-feuchte Böden, humusreich und lehmhaltig in Halb- bis Vollschatten. Japanische Zuchtsorten, an ihren Namen zu erkennen, zeichnen sich durch auffallende Blüten aus, die stark gefranst sind oder die Form großer Schneekristalle haben.

Saatschalen

Der richtige Zeitpunkt für die Aussaat kommt im Juli und August. Ausgesät wird in flache Schalen oder Kästchen, da Stauden im Gegensatz zu ein- und zweijährigen Sommerblumen nicht unmittelbar ins Freie gesät werden. Als Füllung verwendet man keim- und unkrautfreies Torfkultursubstrat TKS. Die Samen werden darauf gleichmäßig verteilt und mit einer hauchdünnen Schicht Sand übersiebt. Darüber deckt man eine Glasscheibe oder Plastikfolie und stellt die Schale warm, aber keinesfalls sonnig auf. Sind Sonnenstrahlen nicht zu vermeiden, deckt man einen Rest Gardinenstoff oder eine Zeitung über die keimenden Saaten. Von Anfang an muß das Substrat gleichmäßig feucht gehalten werden, ohne daß die Keimlinge naß werden. Einige Arten lassen die ersten grünen Spitzen bereits nach 8 Tagen erscheinen, andere keimen unregelmäßig und mehrere Wochen später, manche erst im nächsten Frühjahr. Also nicht ungeduldig werden. Zum Herbst wird teils ins Freiland, teils bei langsam wachsenden Arten in Töpfe pikiert.

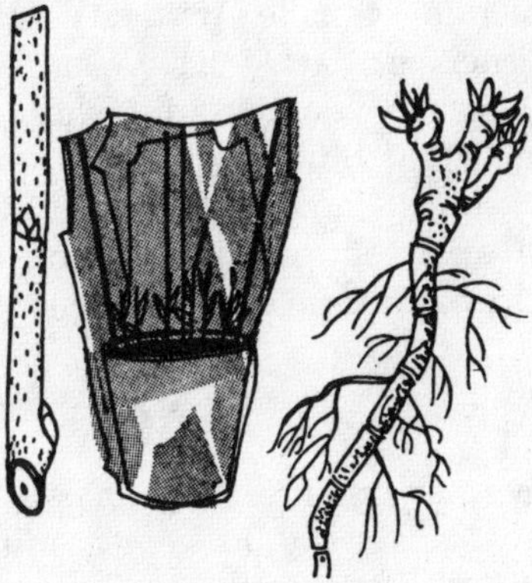

Stecklinge und Wurzelschnittlinge bewurzeln sich besser unter einer Folienhaube, die durchsichtig und gelöchert ist, trotzdem eine wasserdampfgesättigte Luft festhält.

Stecklinge schneiden

Staudensaat ist nur dann sinnvoll, wenn die Sorten sich rein vermehren lassen. Darauf ist besonders bei selbst geerntetem Saatgut zu achten. In allen anderen Fällen schneidet man Stecklinge von jungen Austrieben, die nicht mehr zu weich sind. Sie werden mit einem scharfen Messer kurz unter einem Blattknoten, manchmal auch durch diesen geschnitten und in ein Gemisch aus gleichen Teilen von Sand und Torf gesteckt. Taucht man sie vorher in ein Bewurzelungsmittel, wachsen sie sicherer an, ihr Wurzelballen bildet sich schneller und dichter.

Das Substrat wird einmal gründlich angefeuchtet. Dann zieht man eine Folie über den Topf, stellt ihn hell, aber schattig auf.

Stauden verjüngen

Groß und alt gewordene Stauden zu teilen, ist nicht nur eine bequeme und schnelle Art der Vermehrung, sondern für die meisten nach etlichen Jahren notwendig. Sonst vergreisen sie von der Mitte her, das heißt sie lassen mit Trieb und Blüte nach und werden anfälliger für Schädlinge und Krankheiten. Nur ganz wenige wie Pfingst- und Christrosen werden um so schöner, je länger sie ungestört an ihrem Platz bleiben.

Teilen

Darum nimmt man im Frühjahr, meist Anfang März, wenn der Frost aus dem Boden ist, mit Spaten oder Grabegabel die dicht gewordenen Stöcke aus der Erde und setzt sie gruppenweise nacheinander seitlich ab. Lockere Wurzelbüschel zieht man vorsichtig mit der Hand auseinander. Feste Ballen teilt man mit dem Spaten oder Messer in mehrere Teilstücke, so daß die Einzelpflanzen eine mittlere Größe mit ausreichendem Wurzelwerk haben. Die Teilpflanzen nimmt man vom Rand des alten Stocks, weil die inneren Teile weniger triebkräftig, manchmal sogar ganz abgestorben sind. Dabei geht man keineswegs schüchtern vor; denn die kleinen Jungpflanzen wachsen besser an und blühen eher als große Klumpen, die unter Umständen erst nach Jahren wieder blühfähig sind.

Pflanzen
Die neuen Pflanzstellen werden bis einen halben Meter tief gelockert und mit Humusdünger verbessert. Kompost ist hierfür nur zu empfehlen, wenn er im Kompostsilo unkrautfrei gemacht wurde; denn zwischen Stauden ist das Jäten eine Strafarbeit. Um den Start zu erleichtern, bringt man biologischen Vorratsdünger in die Krume ein. Gepflanzt wird genauso tief, wie die Stauden vorher standen.

Garten ohne Giftpflanzen

Alle reden vom Gift auf den Pflanzen und vergessen dabei, wieviel natürliche Giftstoffe es in jedem normalen Ziergarten, ja sogar zeitweilig im Gemüsegarten gibt. Unreife Kartoffeln und Tomaten sind gesundheitlich durchaus bedenklich, und es ist nicht ratsam, grüne Bohnen ungekocht vom Strauch zu essen. Von manchen Zierpflanzen weiß fast jeder, daß man sie besser nicht als Salat anmachen sollte. Anders ist es mit den viel gefährlicheren, die im Herbst so appetitlich bunte Beeren oder bohnenartige Schoten wie der Goldregen tragen. Sie sind vor allem für Kinder eine Gefahr, die alles ausprobieren müssen. Für den Gartenbesitzer kann das böse Folgen haben, auch wenn er keine eigenen Kinder hat. In einem Urteil des Bundesgerichtshofes (VI ZR 55/72) wird der Grundstückseigentümer verpflichtet, »wirksame und auf Dauer angelegte Schutzmaßnahmen zu ergreifen, damit spielende Kinder vor gefährlichen Gegenständen geschützt sind, insbesondere dann, wenn sein Garten an eine Straße oder gar einen Spielplatz grenzt«.

Gefährlich sind Giftpflanzen nicht nur dann, wenn sie äußerlich wirksam werden können wie der allseits beliebte Essigbaum, sondern wenn die Gefahr besteht, daß sie aus Unkenntnis verzehrt werden. Gefährlich ist weiter, daß die Gehölzstreifen an der Grundstücksgrenze verlaufen, wo sie als Sicht-, Windschutz und Hindernis ihre Aufgabe erfüllen. Gefährlich ist drittens, daß in all den vielen Anpreisungen zur Gehölzpflanzzeit in den seltensten Fällen einmal darauf hingewiesen wird welche Teile der Pflanze giftig sind und wie das Gift wirkt. Die Vergiftungserscheinungen gehen vom leichten Hustenreiz über Magenbeschwerden bis zu Lähmungen und führen im schlimmsten Falle zum Tode. Diese und alle selteneren Giftpflanzen sollen deshalb ferngehalten werden von Spiel- und Schulplätzen, Kindergärten, Tagesstätten, Heimen und den Hauptschulwegen.

Nach Mitteilung des Landespflanzenschutzamtes Rheinland-Pfalz sollen die folgenden Ziergehölze und -pflanzen nicht an Kindern zugänglichen Plätzen gepflanzt werden:

Gruppe I

Sehr stark giftige Pflanzen, von allen Pflanzenteilen sind schon geringe Mengen lebensgefährlich:

Aconitum-Arten – Eisenhut
Arum maculatum – Aronstab
Altropa bella-donna – Tollkirsche
Cicuta virosa – Wasserschierling
Colchicum autumnale – Herbstzeitlose
Conium maculatum – Gefleckter Schierling
Daphne-Arten – Seidelbast
Datura-Arten – Stechapfel
Digitalis-Arten – Fingerhut
Hyoscyamus niger – Bilsenkraut
Juniperuns sabina – Gem. Sadebaum
Laburnum-Arten – Goldregen
Nicotiana-Arten – Tabak und Ziertabak
Taxus baccata – Eibe
Thuja – Lebensbaum

Gruppe II
Stark giftige Pflanzen, mit einigen Ausnahmen kann der Verzehr aller Pflanzenteile zu schweren Vergiftungen führen:

Aethusa cynapium – Hundspetersilie
Bryonia-Arten – Zaunrübe
Calla palustris – Schlangenwurz
Convallaria majalis – Maiglöckchen
Delphinium-Arten – Rittersporn
Euphorbia-Arten – Wolfsmilch, Christusdorn, Weihnachtsstern (nur Milchsaft)
Euonymus-Arten – Pfaffenhütchen
Helleborus-Arten – Christrose
Ilex-Arten – Stechpalme
Ligustrum-Arten – Liguster
Lonicera-Arten – Heckenkirsche (Früchte)
Lycium barbarum – Bocksdorn
Nerium-Arten – Oleander
Rhamnus-Arten – Faulbaum, Kreuzdorn (Früchte)
Rhus-Arten – Sumach
Robinia pseudacacia – Robinie, Scheinakazie (besonders die Rinde)
Sambucus ebulus – Attich, Zwergholunder
Sambucus racemosa – Trauben-Holunder
Solanum-Arten – Nachtschatten

Gruppe III
Giftige Pflanzen, eine größere Menge aller Pflanzenteile führt mit wenigen Ausnahmen zu Gesundheitsstörungen:

Anemone nemorosa – Buschwindröschen
Aquilegia-Arten – Akelei
Buxus sempervirens – Buchsbaum
Caltha palustris – Sumpfdotterblume
Clematis-Arten – Waldrebe
Colutea arborescens – Blasenstrauch

Hedera helix – Efeu
Lactuca virosa – Giftlattich
Phaseolus-Arten – Bohne (nur roh)
Prunus laurocerasus – Kirschlorbeer
Pulsatilla vulgaris – Küchenschelle
Ranunculus-Arten – Hahnenfuß
Rhododendron-Arten – Alpenrose
Rhus typhina – Essigbaum
Ruta graveolens – Weinraute
Sarothamnus scoparius – Besenginster
Sedum acre – Mauerpfeffer
Symphoricarpus rivularis – Schneebeere (nur Beeren)
Taraxacum-Arten – Löwenzahn (nur Milchsaft ab Frühjahr)
Trollius-Arten – Trollblume
Viburnum-Arten – Schneeball
Wisteria sinensis – Glycine

Blüten aus Zwiebeln und Knollen

Stauden mit verdickten Wurzeln oder Stengeln, die als Knollen und Zwiebeln die Vorräte für die kommende Saison aufnehmen, bilden zur Vermehrung zahlreiche Neben- oder Brutzwiebeln, meist unter der Erde, aber auch in Blattachseln, wie die Feuerlilien, die deshalb Lilium bulbiferum, die zwiebeltragenden heißen. Sie werden beim Verpflanzen vorsichtig von den Mutterpflanzen abgenommen und zunächst auf ein Saatbeet gepflanzt; denn sie brauchen zum Teil etliche Jahre, ehe sie zu blühfähigen Größen herangewachsen sind, und bis dahin müssen sie geschützt sein.

Blumenzwiebeln

Pflanzen bilden unterirdische Vorratsbehälter, wenn sie aus zeitweilig unwirtlichen Gegenden stammen, in denen sie anders nicht überleben konnten. Je nach Herkunft vertragen sie keine Kälte, dann müssen sie im Herbst aus dem Boden genommen werden, wie die Dahlien, Gladiolen und Exoten. Sie werden nach der ersten Frostnacht hereingeholt, abgetrocknet, gesäubert, von Schädlingen und Beschädigungen befreit und entweder trocken oder in leicht feuchtem Torf eingelagert, je nach Art.

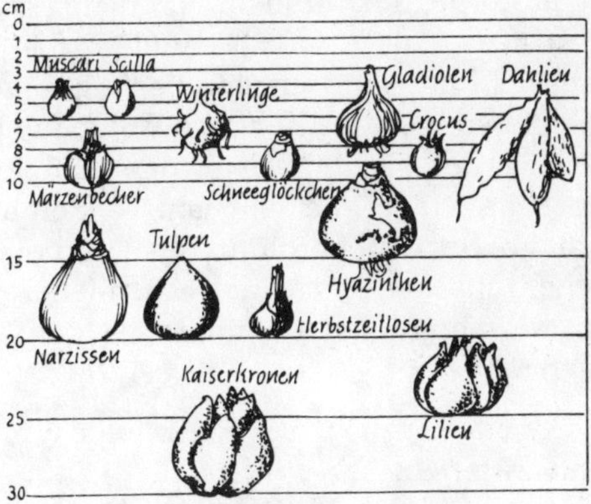

Die richtige Legtiefe der Blumenzwiebeln hängt keineswegs nur von der Knollengröße ab; man muß sie wissen und einhalten, sonst können Jahre vergehen, ehe die erste Blüte erscheint.

Einziehen lassen

Die anderen wie Tulpen und Märzbecher vertragen nicht zuviel Feuchtigkeit während der Sommermonate und müssen herausgenommen werden, sobald die Blätter gänzlich verdorrt sind. Nicht früher; denn erst müssen sie nach der Blüte die Aufbaustoffe für das nächste Jahr bilden und in der Knolle einlagern. Werden sie darin gestört, etwa im Rasen, ist die nächste Blüte schwach oder fällt aus. Wo sie selber in dem Zustand stören, werden sie mit großem Ballen aufgenommen und eingeschlagen, bis sie vollkommen eingezogen haben. Danach holt man sie aus der Erde, putzt und pflegt sie an geschützter Stelle unter Dach, bis im Herbst die neue Pflanzzeit kommt.

Pflanzzeiten einhalten
Zwischen den Hauptpflanzzeiten für Blumenzwiebeln im Herbst ab September und im Frühjahr nach dem letzten Frost liegt ein weniger bekannter Pflanztermin. Schwertlilien und Pfingstrosen sind im August zu pflanzen. Herbstblühende Zwiebelblumen wie die Freilandalpenveilchen werden ab Mai gelegt, dann blühen sie ab August, in späteren Jahren den ganzen Sommer hindurch. Erst ab September blüht das Neapolitanische Alpenveilchen aus der 20 cm tief liegenden Knolle an trockenen, wärmeren Plätzen unter leichtem Winterschutz im ersten Jahr.

Kleinblumenzwiebeln
Im Juni und Juli werden in Sonne bis Halbschatten an sandighumose Stellen die herbstblühenden Krokusse je nach Größe 6 bis 12 cm tief gelegt. Sie blühen ab September bis November weiß, rosa-lila, hellpurpur bis violett. Ähnlich wie die blattlosen Herbstzeitlosen ab August, die letzten endend im März. Eine ganze Reihe weiterer Kleinblumenzwiebeln wird im August gelegt: Märzbecher, Hundszahn und Sternbergia. Die stattlichen Kaiserkronen 30 cm tief an halbschattigen Plätzen und in voller Sonne die Steppenlilie, trocken und geschützt vor Spätfrösten. Die bis 3 m aufsteigende, spektakuläre Eremurus spectabilis ist im übrigen höchst anspruchsvoll.

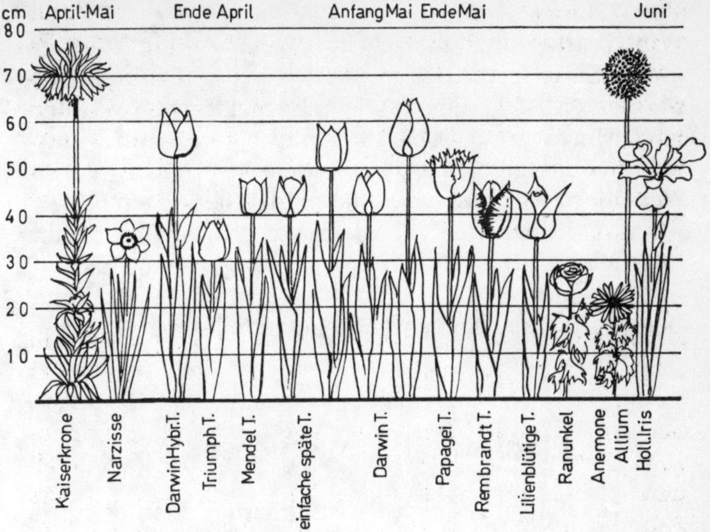

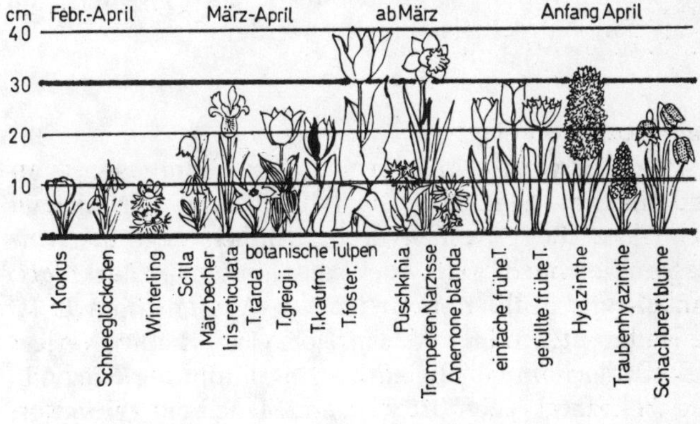

Zwiebelblumen wachsen um so höher, je später im Jahr sie aufblühen; das ist bei der Anordnung auf der Rabatte zu berücksichtigen, da die größeren immer in den Hintergrund gestellt werden müssen.

Verwildern lassen

Winterharte Blumenzwiebeln läßt man ungestört an ihrem Gartenplatz stehen. Wo sie sich gut fühlen, vermehren sie sich. Einige wie Schneeglöckchen, Winterling, Muscari und Scilla können sich selbst jahrzehntelang überlassen bleiben. Verwildern heißt nicht, daß sie weniger schön aussehen, sondern daß sie wie ein Blütenrasen ganze Gartenteile gleichmäßig oder in dichten Büscheln überziehen. Wo sie sich gegenseitig nach 10 oder 15 Jahren die Luft abdrücken, kann man die Bodenschätze ausheben und neu verteilen.

Statt Rasen eine Blumenwiese

Eine Grasfläche ist auch im Naturgarten unentbehrlich, wenn man einen Platz zum Spielen und Sonnenbaden haben will. Gegen robuste, gesunde Rasengräser ist nichts einzuwenden, wenn sie nicht jedes Wochenende bis an den Wurzelhals abrasiert werden.

Boden vorbereiten

Rasengräser wünschen mittelschweren, humosen, sandig-lehmigen oder lehmig-sandigen Boden in flacher Lage. Sind Bodenwellen unvermeidlich, legt man die Böschungen flach, vermeidet Rillen, in denen Starkregen abfließt, und Mulden, in denen sich Wasser sammelt. Ist der Boden naß, muß in 60 cm Tiefe eine Dränage verlegt und mit flachem Gefälle am tiefsten Punkt der Fläche in eine Sickergrube geführt werden. Manchmal genügt es, die undurchlässige Schicht mit Erdbohrer oder schweren Stangen zu durchstoßen.

Leicht säuerlich
Grasarten für Rasensaat gedeihen besser in leicht säuerlicher Reaktion des Bodens, auch Lolium und Poa, die beide knapp unterhalb des Neutralpunktes von pH 7 (s. S. 43) am besten zurechtkommen, alle anderen zwischen 4 und 6. Hinzu kommt, daß bei pH 6 die ideale Bodenqualität von Kräutern wie Löwenzahn und Tausendschön beginnt. Das bedeutet, je mehr Kalk in den Rasenboden kommt, um so schlechter wachsen Gräser, um so besser Unkräuter. Es darf nur gekalkt werden, wenn der pH-Wert weit abgesunken ist.

Rasen voller Leben

Rasenmäher und UV-Dünger, Kantenschneider und Unkrautstecher, Vertikutierharke und Aerifiziergerät gefährden das Weiterleben von 283 Pflanzenarten, die auf Wiesen wachsen. Dazu das Leben von Grille und Grasfrosch, Erdhummel und Heupferdchen, Schnirkelschnecke und Schwalbenschwanz, Pfauenauge und Kleinem Fuchs, Bachstelze und Rauchschwalbe, Maulwurf und Schermaus. Und was wird dafür gewonnen? Ein monotones Grasstoppelfeld.

Aussaattermin
Der richtige Termin für die Rasensaat ist gekommen, wenn in den folgenden Wochen warm-feuchtes Wuchswetter vorherrscht. Das gibt es im Frühjahr und Herbst, wenn man nicht ausgerechnet vor den trockenen Wochen um die Tagundnachtgleiche aussät. Aber der Sommer ist hierzulande überwiegend regenreich. Man braucht nicht lange auf eine Großwetterlage mit Westdrift und täglichen Tiefausläufern zu warten. Die Warte-

zeit ist sogar nützlich, weil die Unkräuter keimen und, solange noch kein Gras daran hindert, bequem weggehackt werden können.

Ins Saatbett

Der Saattag selbst sollte trocken, bedeckt und windstill sein, der Boden fein geharkt, daß kein Krümel größer als ein Weizenkorn ist. Zum Schutz vor Vögeln harkt man die Samenkörner mit leicht hackenden Bewegungen in die Krume ein. Sie bleiben feuchter, wenn die Fläche leicht gewalzt oder mit Brettern festgetreten wird. Von nun an muß die keimende Saat feucht bleiben, bis die Narbe geschlossen ist. Der erste Schnitt mit scharfem Walzenmäher oder Sense (Sichel) läßt die jungen Halme länger als eine Handbreit stehen, und darunter sollte man auch später nicht ohne Not gehen. Handspindelmäher sind keineswegs schlechter als motorbetriebene, eher im Gegenteil besser im Schnitt.

Rasengräser-Mischungen

Die Sortenwahl bei Rasengräsern fragt nach dem Standort, Klima, Boden, Belastung und Pflegemöglichkeit. Je nach Regenmenge im Jahresdurchschnitt, praller Sonne am Südhang, schneereichen, harten Wintern oder Weinklima sieht das anders aus. Es gibt Gräser, die sogar ein bißchen Schatten aushalten, was im Garten kaum vermeidbar ist. Andere passen sich weniger günstigen Bodenverhältnissen an, sogar hohes Grundwasser vertragen einige. Es gibt für jeden Rasen die richtige Rasengräsermischung.

Rechts: Selbst hohe Natursteinmauern halten dem Boden- und Wasserdruck stand, oft besser als Beton, und sie bieten zahllosen Pflanzen und Tieren eine artgemäße Heimstätte.

Spezialisten

Es gibt Rasenspezialisten, die Gräser für den jeweiligen Zweck mischen. Dafür braucht man eine Bodenprobe, eine Beschreibung der Grundstückslage sowie der beabsichtigten Pflege. Wer glaubt, daß es reicht, einmal am Wochenende den Rasenmäher anzuwerfen, um eine dichte, teppichartige Narbe aus feinblättrigen, farbstarken Gräsern des Zierrasens zu erhalten, der irrt. Solche Mischungen stellen hohe Pflegeansprüche. Anspruchslos und nahezu immergrün, das heißt in milden Wintern durchaus ganzjährig benutzbar, ist der Gebrauchsrasen. Er ist aber etwas grobblättriger, hat weniger dekorative Gräser, deren grobe Narbe trittfest und unverwüstlich ist.

55 Tagschmetterlinge

Der Biologe Josef Reichholf hat untersucht, wieviel größer die Zahl der Tagschmetterlinge auf einer Magerrasenvegetation im Vergleich zu benachbartem Kulturland ist. Er zählte an einem Damm 55 Arten, während es auf den kultivierten Flächen daneben nur 8 Arten gab. Den Rasen wachsen lassen, ist deshalb im Garten eine durchaus taugliche Gelegenheit, Arten-, Biotop- und Umweltschutz zu bieten. Als erste siedeln sich Insekten an, das nächste sind Vögel und andere Insektenfresser.

Oben links: Die weiße Taubnessel (Lamium album) deutet darauf, daß der Boden nährstoffreich ist und vor allem Stickstoff enthält. Die Blüten bieten viel Nektar, die Blätter Heilstoffe, entzündungshemmend und schleimlösend, gegen viele Krankheiten. *Oben rechts:* Die Blätter des Löwenzahns (Taraxacum officinale) werden zu Heilzwecken und für Salat nur vom März bis Mai gesammelt. Die Heilwirkungen des Löwenzahns sind hier gar nicht alle aufzuzählen. *Unten:* Das Gänseblümchen (Bellis perennis) ist ebenfalls ein beliebtes Heilmittel. Im Rasen ist das Tausendschön einfach zu schön, um abgemäht zu werden.

Blumenwiese

Schöner ist es, den Rasen wie eine Blumenwiese wachsen zu lassen. Hier blühen im Frühjahr Schneeglöckchen, Muscari und Himmelsschlüssel, später eine Feldblumenmischung. Sie enthält 30 bis 40 Blumenarten aus Europa und Nordamerika, die schnell und leicht blühen, wenn sie zwischen März und Mai breitwürfig ausgesät werden. Nach 10 bis 30 Tagen treiben sie aus und werden 30 bis 120 cm hoch. So ein buntes Bild läßt jeden Zaungast vergessen, daß hier jemand nur noch ein- oder zweimal im Jahr mäht. Herbstsaat ist ungünstig, weil danach der Blumenbestand abnimmt, das gilt auch bei Mischungen mit wenigen Arten vom zweiten Jahr an. Kleine Mängel nimmt man in Kauf: Die Flächen wirken etwas ungepflegt, und in der Hauptwachstumszeit zwischen April und der ersten Mahd im Juli sollte man auf ausgetretenen Pfaden gehen, und wenn man Ball spielen will, muß ein Teil der Wiese dafür gemäht werden.

Blumenrasen

Für Wohnzwecke eignet sich eher ein Blumenrasen mit flachen Rosetten von Gänseblümchen, echten Duftveilchen, Kissenprimeln und anderen, die in Tüten für 5 bis 20 m^2 Rasenfläche angeboten werden. Der Mäher erfaßt sie nicht, die Fläche kann betreten und darauf gespielt werden, wo sie in der Grasnarbe einmal Fuß gefaßt haben, breiten sie sich leicht weiter aus. Gänseblümchen stellen sich auf feuchten, kalkreichen Rasenflächen von selber ein. Bei Neusaat werden Blumensamen unter das Rasengut gemischt. Soll die Rasenfläche nachträglich mit Blüten verschönt werden, genügt es nicht, einfach überzusäen. Vorher muß die Fläche mit der Fräse oder Motorharke aufgerissen werden. Den Blumensamen mischt man mit Torf-Sand-Gemisch und sät wie bei einer Neuanlage, entweder im April bis Mai oder August bis

November. Veilchen keimen erst, wenn es kalt wird, so daß die Herbstsaat vorzuziehen ist. Möchte man diesen Aufwand vermeiden, zieht man die Jungpflanzen auf einem Saatbeet heran und pflanzt sie später in den Rasen.

Schafe haben goldene Füße

Auf Grünflächen werden in größeren Privatgärten mehr und mehr Schafe als Rasenmäher gehalten. Sie streuen einen hochprozentigen Stickstoffdünger, der leichter löslich und luftiger ist als andere Dünger, dazu einen hohen Gehalt an Trockensubstanz mitbringt. Der Fußtritt der Schafe regt die Bestockung der Gräser an und fördert den Wuchs der Untergräser. Die Halme bleiben stetig gleichmäßig kurz, und Unkraut wird verdrängt. Trittempfindliche Kräuter verschwinden ganz. Sogar Wühlmäuse und andere Rasenschädlinge verlieren den Spaß an einer Schafweide. Die Wolle kann an die Deutsche Wollverwertung nach Neu-Ulm geschickt werden, das Fleisch wird im Winter selbst verzehrt oder an den Züchter zurückverkauft.

Wildwuchs

Mitunter genügt es, den Rasen wachsen zu lassen, und er wird von selbst zur schönsten Sommerblumenwiese. Die meisten Sommerblüher sind robust genug, um sich von Federball und Kinderspiel wieder zu erholen. Und bleiben Stellen, die regelmäßig und stark betreten werden, flach liegen, was wäre damit verloren? Sie sehen nicht viel anders aus als flach geschnittener Rasen. Das hat nichts mit dem modischen Verwildernlassen zu tun.

Die Sommerblumenwiese ist eine gepflegte Alternative zum Grasstoppelfeld.

Gehölze sind das Gerüst des Gartens

Rund um Blumenwiese oder Wiesenblumen braucht der Gartenbesitzer erst einmal selber Schutz vor Wind und Wetter, Lärm, Industrieluft, Heizungsrauch und Motorabgasen. Ideal dafür ist eine Anpflanzung aus strauchigen Gehölzen, dicht belaubt und immergrün. Das macht die Auswahl eng: einige Rhododendren und Ilexarten, die allerdings herausragende Vorzüge aufweisen. Der beste Sichtschutz sind immergrüne Nadelgehölze, doch sie halten weniger Straßenlärm fern.

Sommergrüne Laubgehölze
Für die gartenaktive Zeit von Frühjahr bis Herbst genügen die sommergrünen Laubgehölze: Ahornarten, Felsenbirnen und -kirschen, Weiß- und Hainbuchen, Haselnüsse, Kornelkirschen, Rotbuchen, Weißdorn und Schlehen. Dornensträucher sind praktisch, um ein wenig vor ungebetenen Besuchen zu schützen: Berberis (einige sogar immergrün), Ribes, Rubus, Robinien, Rosen, Feuer- und Weißdorn, Zierquitten und -äpfel.

Hecken
Höhere Anpflanzungen und ungeschnitten wachsende Blühhecken brauchen 2 bis 3 m breite Pflanzstreifen, sonst wird eine streng geschnittene Hecke vorgezogen. Dafür wählt man ein- bis dreijährige Jungpflanzen, die eintriebig, aber mehrfach verpflanzt, 1 m hoch und mit Seitentrieben garniert sind. Davon reichen 5 Stück auf

1 m, sonst müssen es 6 bis 8 sein. Sie werden bei der Pflanzung auf die Hälfte bis ein Drittel zurückgeschnitten und jährlich 20 bis 30 cm länger gelassen.

Heckenpflanzung
Es wird ein Graben ausgehoben statt der einzelnen Pflanzlöcher und auf der ganzen Länge von beiden Seiten ein ausreichend hoher Gießrand. Er muß so breit sein, daß von den Heckenwänden ablaufendes Regenwasser zu den Wurzeln zurückgelenkt wird. Entsprechend weit muß man von einer befestigten Grundstücksgrenze wegbleiben, damit der Wurzelraum nicht einseitig zu eng abgeschnitten ist. Die Mindestabstände werden vom Nachbarrecht geregelt.

Hecken werden stets unten breiter als oben geschnitten, damit die Sträucher gleichmäßig bis zum Fuß belichtet und entsprechend dicht begrünt werden, vor allem Nadelholzhecken.

Heckenfuß
Weil Wurzeln und Triebe so dicht stehen, brauchen die strengen Hecken beiderseits einen Gießrand, damit die

immer- und wintergrünen Arten bei Tauwetter auch in der kalten Jahreszeit zusätzlich gegossen werden. Der wolkenverhangene Himmel täuscht, der Winter ist die trockenste Jahreszeit. Deshalb ist immer eine Bodendecke von Nutzen, die Verdunstung herabzusetzen. Gegen Auftausalze wird ein seitlicher Schutz in den Boden gegraben. Der einsichtige Pflanzenfreund verwendet selbst ausschließlich Sand, Feingrus und Asche, um Gehwege bei Eis und Schnee entlang der Grundstücksgrenze abzustumpfen.

Heckenschnitt

Nadelhölzer werden zwischen Frostabschluß und den ersten kalten Tagen geschnitten, also von Ende Juli bis Mitte September. Schneidet man früher oder später, besteht die Gefahr, daß brütende Vögel gestört werden oder der nächstjährige Austrieb darunter leidet. Jährlich wird nicht mehr abgenommen als der Neutrieb. Laubholzhecken schneidet man im Frühjahr und Spätsommer, um zu Anfang den frischen Laubtrieb in Grenzen zu halten, später den diesjährigen Trieb zurückzunehmen. Sie sollen zur besseren Belichtung unten um 10 cm auf 1 m Höhe breiter sein als oben, damit sie bis unten gleichmäßig belichtet werden.

Braune Nadeln an Koniferen

Verfärbte Nadeln an Koniferen sind nicht immer ein Zeichen von Schädlingsbefall, sondern zeigen Mangelschäden an:

Eisen: Bleichsucht, da Blattgrünbildung gestört;

Kali: Nadeln an den Spitzen gelbgrün, später rotbraun und braun auf der Südseite;

Kalk:	Nadelbräune und Abnadeln, weil die Aufnahmefähigkeit der Wurzeln sinkt;
Kupfer:	Bleichsucht, weil zu wenig Blattgrün gebildet wird;
Magnesium:	Gelbe Flecken und Marmorierung der Nadeln; Jungkiefern Nadelspitzen orangegelb, Nadelmitte leuchtend rot, Basis grün;
Phosphat:	Braungrüne Verfärbung, später rot bis bräunlich-violett, vor allem an Kiefern;
Rauch:	Gelbfärbung beginnt an der Spitze, scharf abgegrenzt von den grünen Nadelteilen, Fichten mehr fleckig verfärbt;
Wasser:	Braune Nadelspitzen und Triebe bei Trockenheit (nach dem Winter); Nadelbräune und -fall bei Staunässe.

Saurer Regen verursacht unregelmäßige Nadelbräune und Zweigdürre vor allem an Fichten und Tannen. Um zu hohe Konzentrationen im Boden zu vermeiden, werden Nadelgehölze reichlich gewässert.

Bodendecke
Für alle wintergrünen Laub- und Nadelhölzer ist eine Bodendecke aus verrottbarer organischer Substanz, Rohkompost oder Herbstlaub im Wurzelbereich noch wichtiger als bei laubabwerfenden. In kalten Wintern verdunstet das Laub ebenso stark wie an Sommertagen, doch die Wurzeln bringen aus dem hartgefrorenen Boden keinen Tropfen Wasser in die Höhe. Auf ausreichenden Schneefall kann man sich in weiten Teilen des Landes

nicht verlassen, außerdem fällt nicht viel Schnee unter den breit gelagerten Büschen. Die Folge sind Dürreschäden, die im Frühjahr so aussehen, als wären die Pflanzen erfroren.

Deckgehölze

Von Bodendeckpflanzen darf man keine Wunder erwarten; denn im tiefen Schatten am Fuße von Immergrünen gedeiht nichts, nicht einmal Unkraut. Andere wie Rosen, die Bodendecke durchaus gebrauchen könnten, vertragen sich mit den wenigsten Kriechgewächsen. Schließlich bieten sie zwar Schutz vor Sonne, aber das ist schon alles. Und Schatten wirft der Gehölzstreifen selbst mehr als genug.

Kletterpflanzen

Gehölze an Grenzstandorten, wie der Efeu und Wilde Wein an der Garagenwand, die Kletterpflanzen an der Hauswand oder am Garteneingang, wachsen oft in einer Handbreit offenem Boden unter Dachvorsprüngen, ihre Wurzeln stoßen an Fundamentmauern und Dränage. Es ist verständlich, daß es hier mehr als anderswo auf eine gründliche, tiefreichende, dauerhafte Bodenverbesserung ankommt, damit es nicht an Wasser mangelt. Zugleich muß dafür gesorgt werden, daß die Wurzeln nicht unter Steinen und Asphalt ersticken. Wo es gar nicht anders geht, sollten im Wurzelbereich wenigstens Luftlöcher offengelassen werden.

Pflanzgrube

Es wird nur noch selten empfohlen, kubikmetergroße Gruben auszuheben und den Aushub mit Humusdüngern übermäßig anzureichern. Die Folge wäre nachteilig;

Immergrüne brauchen auch im Winter Wasser, weil sie mit ihren Blättern gerade in der frostklaren Luft stark verdunsten, ohne Nachschub aus dem Boden zu bekommen.

denn die Hauptwurzeln krümmen sich lieber nach innen, wo es ihnen gut geht, als in die karge Umgebung zu wachsen. Die schweren Gehölze mit dem hochgelegenen Schwerpunkt bekommen so keinen festen Halt. Man spricht von Blumentopfwirkung. Heute gräbt man das Pflanzloch doppelt so groß wie den Ballen, je eine Handspanne weiter in jeder Richtung, und gibt etwa ein Viertel Torf zu. Gedüngt wird beim Pflanzen gar nicht. Eine Vorratsdüngung bringt nicht viel für ein volles Baumleben; denn es währt Jahrzehnte, und wenn es hochkommt über hundert. Die aufnahmefähigen Wurzeln liegen zudem stets nahe an der Oberfläche.

Moorbeetpflanzen

Die meisten immergrünen Laubgehölze, Rhododendren, Azaleen, Ericen, einige ausgefallene Obstgehölze wie die Gartenheidelbeeren und Koniferen brauchen im Wurzelbereich einen Säuregrad von 4,5 bis 5,5 pH. Ist das Bodenwasser zu kalkhaltig oder verwittert Kalkgestein im Untergrund, muß die Pflanzgrube für die Dauer dagegen abgeschottet werden. Also hebt man die Grube größer aus oder verbessert den ganzen Gehölzstreifen in einem Stück und legt eine wasserdichte Folie so aus, als wenn ein Gartenteich abgedichtet werden soll. Das gilt ebenso für die Randbefestigung, die wie ein dauerhafter Gießrand erhöht angelegt wird, damit seitlich kein kalkhaltiges Bodenwasser nachsickern kann.

Standhilfe

Der Ballen braucht im Boden so viel Halt, daß er nicht wie in einem Kugellager hin und her rollt. Ein Schlammbad lockert den Untergrund auf, ohne daß die wenigen Saugwurzeln viel mit dem Wasser anfangen könnten. Es wird einmal gründlich eingeschlämmt, damit sich die Wurzeln dicht an die Bodenkrümel anschließen; Bodenschluß nennt das der Gärtner. Danach braucht eine ganze Weile nicht mehr gegossen zu werden, vor allem wenn anschließend über die Pflanzstelle und später im Wurzelbereich eine Bodendecke aus organischem Material auf-

Containerpflanzen sind nur echt ein Vorteil, wenn die Gehölze oder Stauden darin von Anfang an herangezogen wurden; das läßt sich am Wurzelverlauf erkennen, so daß Auspflanzen für sie keinen Wachstumsstopp bedeutet.

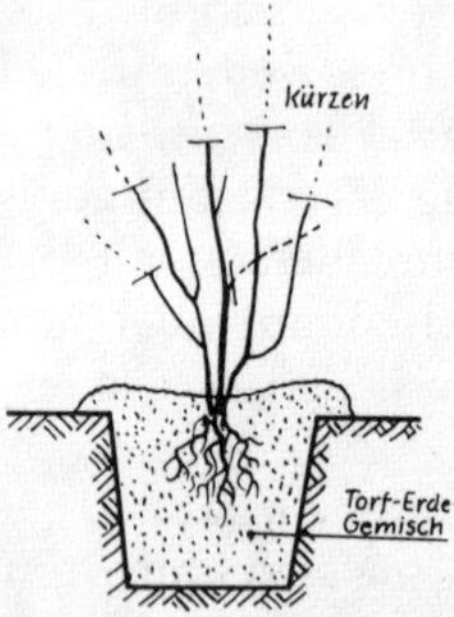

Querschnitt durch eine Pflanzgrube von Gehölzen ohne festen Ballen. Der Rückschnitt an den Trieben muß so eingerichtet sein, daß zum verminderten Wurzelvermögen ein passendes Verhältnis hergestellt wird.

gelegt wird. Mit Baumpfählen, Drahtverankerung oder sonstiger Befestigung muß für festen Stand gesorgt werden.

Container

Die moderne Gartentechnik hat die Gehölzpflanzung sicherer gemacht, weil die Anzucht im Container das Anwachsen erleichtert. Außerdem ist man nicht mehr auf die traditionelle Pflanzzeit angewiesen, sondern kann ausgenommen bei Frost so gut wie jederzeit pflanzen. Container haben an Verbreitung gewonnen, obwohl die Gehölze und Stauden darin bei der Anzucht anfälliger für Pflegefehler sind. Ihnen fehlt die Verbindung mit dem Boden, und sie dürfen nicht zu lange darin stehen bleiben, sonst wachsen die Wurzeln eng im Kreis herum und legen sich so stramm um den Wurzelhals, daß sich die Pflanze in späteren Jahren selbst stranguliert.

Pflanzscheibe

Unter der Bodendecke sind Wasser- und Lufthaushalt ausgeglichen, weil Niederschläge ungehindert einsikkern, die Verdunstung jedoch erheblich geringer als über nacktem Boden ist. Dieser behagliche Mulm zieht Lebewesen an, die im Wurzelbereich von Gehölzen schädlich sind. Die Bodendecke ist eine Handbreit von dem Stammgrund fernzuhalten, um Wühl- und Feldmäuse von der Rinde abzuhalten. Im Herbst geschieht das außerdem, damit die Rinde nicht verweichlicht, so daß Fäulnis und andere Rindenschäden eintreten.

Pflanzzeit jederzeit

Der Hauptvorteil des neuen Verfahrens ist, daß man die jungen Pflanzen selbst aussuchen und jederzeit sofort pflanzen kann. Sie überstehen den Austrieb im Frühjahr an trockenen Tagen besser als alle Gehölze, die mit stark verkleinertem Wurzelwerk im Ballen oder gar mit nackten Wurzeln schutzlos in die neue Erde gelegt werden.

Pflanzmethoden

Gepflanzt wird aus Containern anders. Die Fläche wird insgesamt darauf vorbereitet und sollte sich eine Weile setzen, ehe man die Pflanzen in ihren Containern an der Stelle darauf auslegt, wo sie später stehen sollen. Die Pflanzlöcher werden so breit ausgehoben wie der Container selbst, damit zwischen Wurzelballen und Pflanzlochwand kein Zwischenraum bleibt. Hier sammelt sich Wasser an und schädigt die Wurzelspitzen beim Übertritt ins Erdreich. Die Plastikhülle wird erst vorsichtig abgezogen oder aufgeschnitten, wenn der Ballen ins Loch gesteckt wird. Wurzelballen in Jute oder Leinen setzt man mit Verpackung in die Erde und knotet nur am Wurzelhals auf. Der Stoff vermodert schnell und restlos.

Rosen ordnen sich gern ein

An Rosen läßt sich besonders eindringlich zeigen, wie die richtige Sortenwahl entscheidet, ob die Pflanzen trotz Frost und naßkalten Sommern gesund und ansehnlich bleiben. Viele hochgezüchtete Sorten wirken anziehend auf Mehl- und Sternrußtau. Widerstandsfähige können so eng danebenstehen, daß ihre Blätter aufeinanderliegen, und trotzdem bleiben sie bis zum herbstlichen Laubfall ledern und glänzend gesund.

Sortenunterschiede

Nehmen wir einige Beispiele, die für viele stehen. Die Teehybride ›Duftwolke‹ hält ihre großen, dunkelgrünen, schwach glänzenden Blätter gesund. Die aus ›Duftwolke‹ und einem Sämling gezogene ›Freude‹ erwies sich ebenfalls nach bisherigen Erfahrungen als überdurchschnittlich widerstandsfähig gegen Krankheiten der lederartig glänzenden Blätter. Dagegen läßt sich ›Konrad Adenauer‹ trotz häufiger Spritzungen bei ungünstiger Witterung nicht völlig gesund halten. Auf ›Kordes Perfecta‹ hält sich das dunkle Laub nur pilzfrei, wenn ab März vorbeugend gespritzt wird. Die große alte ›Gloria Dei‹ von Meilland ist ohne Nachhilfe frei von Blattkrankheiten.

Kletterrosen

Bei den Kletterrosen sieht es nicht anders aus. ›Händel‹ und ›Bantry Bay‹ brauchen Schutz vor Sternrußtau, ›Danse du Feu‹ vor Mehltau, dagegen sind ›Compassion‹, ›Goldstern‹ und ›American Pillar‹ frei von Anfälligkeiten. Unter den Floribundas sind ›Allgold‹, ›Anne Harkness‹, ›Evelyn Fison‹ (oft als die gesündeste aller Rosen bezeichnet), ›Korresiana‹, ›Meteor‹, ›Orangeade‹, ›Queen Elizabeth‹, ›Schweizer Gruß‹ und viele andere weitgehend krankheitsfrei. Rosenanbauer auf dem Balkan stecken Knoblauch zwischen die Blumen, um ihren Duft zu verstärken und Schädlinge abzuwehren. Zwiebeln und kleine Büschel von Brennesseln erfüllen denselben Zweck.

Wurzelbehandlung

Kletterrosen und die hochgezüchteten Edelrosen stellen höhere Ansprüche. Ihre Wurzeln werden bis zu zwei Meter lang, brauchen also einen besonderen tiefgründigen, durchlässigen, mittelschweren, lehmhaltigen Boden von neutraler Reaktion. Nur einige Heckenrosen wie die Apfel- oder Kartoffelrose (Rosa rugosa) blühen im schieren Dünensand der Nordseeinseln. Da Rosen meist ohne Ballen geliefert werden, kann man die Wurzeln vor der Pflanzung in einem flüssigen Brei aus Lehm und Kuhdung baden. Das soll dazu beitragen, daß vor dem Einpflanzen etwas Bodenschluß entsteht. Allerdings wirkt sich dieses Verfahren manchmal gegenteilig aus. Der Lehm trocknet zu festen Röhren, die es den austreibenden Faserwurzeln schwermachen, das umgebende Erdreich zu erreichen. Das Anwachsen verzögert sich, wenn die Pflanzstelle austrocknet.

Sojaöl schützt Rosen

Das erste amtlich zugelassene Blattspritzmittel gegen Echten Mehltau und andere Pilzkrankheiten auf Rosen enthält ein Pflanzenöl aus Sojabohnen. Der Wirkstoff hindert nicht nur die von Wind und Regen auf das Blatt gelangten Pilzsporen am Keimen, sondern reinigt auch bereits befallene Pflanzen schnell von jedem Belag. Bienen und andere nützliche Insekten werden davon nicht geschädigt, für Warmblüter besteht erst recht keine Gefahr. Wie jeder weiß, wird Sojaöl in der menschlichen Nahrung verarbeitet.

Rosenmüdigkeit

Wo eine Rose gestanden hat, darf keine neue gepflanzt werden. Der Boden ist, wie der Gärtner sagt, rosenmüde geworden. Das ist eine Erscheinung, von der man nicht genau weiß, was alles dafür verantwortlich ist, von den Wurzeln ausgeschiedene Giftstoffe oder angesammelte Mikroben, vermutlich beides zusammen. Da es im kleinen Garten meist wenige Plätze gibt, auf denen die Rosen vernünftigerweise stehen können, muß etwas für die Pflanzlochvorbereitung getan werden.

Bodenwechsel

Grundsätzlich gibt es zwei Möglichkeiten. Entweder wird der rosenmüde Boden tief ausgegraben und an eine andere Stelle des Gartens gekarrt. Dort schadet er nichts. Besser ist reichlich Torf im Aushub, ohne daß man genau wüßte, wie diese Wirkung zustande kommt. Es ist eine Erfahrung. Allerdings müssen reichliche Torfgaben von ausreichenden Kalkgaben begleitet sein; denn der Rosenboden darf nicht unter 6,5 pH absinken, sonst werden die Blätter gelb. Das Eisen wird in unteren pH-Bereichen so festgelegt, daß es nicht zur Bildung von Blattgrün verfügbar ist.

Pflanzzeiten

Das heutige Rosensortiment ist durchweg frostfest, ausgenommen im ersten Winter nach der Pflanzung. Deshalb werden die bis in den Winter hinein blühenden Beetrosen und bekannt empfindliche Sortengruppen erst im Frühjahr gepflanzt. Zu lange Wurzeln werden bis zur Hälfte zurückgeschnitten, niemals jedoch im Pflanzloch umgebogen oder geknickt, weil von solchen Stellen aus immer wieder Wildlinge austreiben. Wird im Herbst gepflanzt, bleiben die Langtriebe vorerst erhalten, weil Rosen nur schwer und langsam Wundgewebe bilden, vor allem in der kalten Jahreszeit. Auf wenige Augen werden die 3 bis 5 stehenbleibenden Triebe erst im folgenden März oder April geschnitten. Bei Frühjahrspflanzung wartet man 2 bis 3 Wochen, bis zu sehen ist, was den Standortwechsel überstanden hat, und schneidet danach zurück.

Anhäufeln
Gepflanzt wird in ein geräumiges Loch so tief, daß die Veredelungsstelle fingerlang unter der Erde liegt. Eine Hand hält die Pflanze in dieser Höhe fest, während die andere den verbesserten Aushub zwischen den Wurzeln verteilt. Es wird nicht mit den Füßen gepflanzt, nach der Methode Spaten in die Erde, Spalt aufdrücken, Wurzeln reinpressen und fertig. Die lockere Pflanzenerde wird mit den Fäusten zusammengedrückt, bis das Pflanzloch

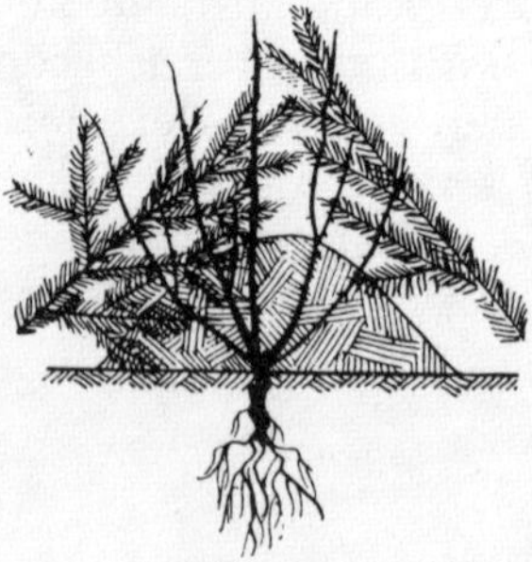

Selbst winterharte Rosenstöcke sollte man im Herbst anhäufeln und mit Reisig abdecken, damit sie nicht unter dem Wechsel von warmer Mittagssonne und Nachtfrost leiden.

nur noch zwei Drittel voll ist. Jetzt wird mit kräftigem Wasserguß eingeschlämmt, der restliche Aushub eingefüllt und angehäufelt, bis nur noch die Zweigspitzen herausschauen. Das schützt die jungen Rosen ebenso wie alle empfindlichen älteren vor dem Frost im Winter sowie Austrocknung im Frühjahr.

Winterschutz
Selbst die härtesten Rosen leiden in schneelosen Wintern und strengen Frösten. Deshalb werden die Veredelungs-

stellen jeden Herbst angehäufelt, aber nicht mit Erde, die über den Wurzeln weggezogen wurde. Sonst sind diese stärker frostgefährdet. Nein, es ist besser, im ganzen Wurzelbereich der Rosen eine Torfdecke auszubreiten und über den Wurzelhälsen einen kleinen Hügel davon anzuhäufeln. Darüber wird Fichtenreisig gelegt, um den schroffen Wechsel von spätwinterlicher Mittagssonne zu frostklirrenden Nächten abzuschwächen. Im Schatten kann sich die Temperatur nicht vor der Zeit so weit erhöhen, daß der Saftstrom einsetzt und zu Erfrierungen führt.

Hohe Rosen schützen

Kletterrosen, die man nicht losbinden und auf dem Boden vor dem Frost schützen kann, werden wenigstens hoch angehäufelt und mit Reisig, Sackleinen oder anderen Geweben zugebunden. Folienabdeckung ist nicht empfehlenswert, weil die Pflanzen darunter leicht schwitzen und faulen. Das gilt auch für Hochstammrosen, die nicht über die Veredelungsstelle zum Boden gebogen und dort unter Torf und Reisig verborgen werden können. Man schneidet die Triebe etwas zurück, kleidet mit Stroh oder Holzwolle aus, bindet zusammen und zieht eine Haube darüber. Eine Luftpolsterfolie hält einerseits die Kälte ab, auf der anderen Seite zu warme Wintersonne. Topfrosen werden in einer Kiste mit reichlich feuchtem Torf bedeckt und eine Klarsichtfolie locker darübergedeckt, selbstverständlich an einer schattigen Gartenstelle.

Nach der Winterruhe

An einem regnerisch trüben Tag im März wird behutsam abgehäufelt, am besten mit den Fingern, um die zerbrechlichen jungen Austriebe nicht zu verletzen. Alle schützenden Hüllen werden abgenommen. Spaliere werden gleichmäßig verteilt je nach Länge ein- oder zweimal aufgebunden. Dafür nimmt man Weidenruten oder Bindefasern, niemals Draht. Beim Festbinden läßt man immer etwas Luft in der Schlinge, weil die Zweige dicker werden. Hochstämme erhalten einen neuen Haltestab, der fest in die Erde getrieben wird und bis 30 cm weit in die Krone hineinreicht. Es soll nicht nur der Stamm unterhalb der Krone, sondern in der Krone selbst angebunden werden. Eine Nährstoffgabe steigert nicht nur den Austrieb, sondern die spätere Blütenfülle.

Austriebsschnitt

Nach dem Auswintern und Frühlingsputz warten wir 2 Wochen, damit sich ausreichend sicher das gute, lebende Holz vom trockenen unterscheiden läßt. Bei Hochstamm- und Trauerrosen hat die Schere nicht viel Arbeit. Nur das zurückgefrorene Holz ist zu entfernen, und die Kronen werden mit kleinen Korrekturen formschön gehalten. Dauerblühende Strauchrosen sind gründlich auszulichten und die übriggebliebenen Triebe auf zwei Drittel ihrer Länge einzukürzen. Bei Kletterrosen erscheinen die schönsten Blüten an den Jungtrieben des vorjährigen Holzes. Man läßt sie also ungeschoren und schneidet nur altersschwaches Holz heraus. Park- und Wildrosen sollte man im Frühjahr gar nicht schneiden, sondern je nach Wuchs alle 2 bis 3 Jahre gründlich auslichten.

Schnittregeln

Strenge Regeln, wie weit die Triebe der Beetrosen zurückgeschnitten werden sollen, lassen sich nicht aufstellen. Starker Rückschnitt fördert das Triebwachstum, schwächt also die Blühleistung, während wenig oder kein Rückschnitt das Gegenteil bewirkt. Im einzelnen hängt das von Standort und Sorte ab. Damit die Rosen reichlich blühen, wird man mit mäßigem Rückschnitt versuchen, sie nicht zu stark treiben zu lassen. Sorten mit wuchtigen Trieben auf wüchsigen Böden in guten Lagen läßt man länger als schwächer wachsende auf ungünstigen Gartenplätzen. Beetrosen bleiben halblang, während Schnittrosen lange Stiele brauchen und deshalb fast bis zum Boden gestutzt werden.

Abstand vom Auge

Der langsame Wundverschluß wirkt sich auf die nächste Knospe aus. Zu lange Stummel sterben ab und werden Einfallstore für Schädlinge und Krankheiten. Zu dicht und steil geschnitten, stirbt das nächste Auge mit ab und führt meist zu einem Austrieb vom nächsttieferen in die entgegengesetzte Richtung. Man schneidet schräg im stumpfen Winkel von etwa 45 Grad, so daß der Schnittansatz auf der Rückseite des Auges knapp darüber liegt. Knapp heißt hier wenige Millimeter bis einen halben Zentimenter, es hängt von der Triebstärke ab. Die Schräge soll so liegen, daß alle Feuchtigkeit rasch abläuft, ohne vom Auge gestoppt zu werden. Das austreibende Auge sollte stets nach außen gerichtet sein.

Eigenes Obst ist der Mühe wert

Im Obstbau muß man den Mut haben, in weniger begünstigten Lagen auf anspruchsvolle, anfällige und schwierig zu pflegende Arten zu verzichten. Das betrifft nicht nur Tropenfrüchte, sondern einige einheimische Obstarten wie Aprikosen, Birnensorten, Eßkastanien, Mirabellen, Walnüsse, sogar einige edle Tafelapfelsorten wie die ›Cox-Orangen-Renette‹.

Frosthärte

Die Unterschiede in der Frosthärte sind keineswegs so groß, wie man sich vorstellt. Innerhalb einer Art kommt es auf die Sorte an, Wachstumsstadium, Feuchtigkeit, Frostdauer, Ernährungszustand des ganzen Baumes und verschiedene andere Einflüsse. In den Obstplantagen der Eidgenössischen Versuchsanstalt Lausanne wurden viele Jahre Aufzeichnungen über die jeweils kritischen Temperaturen gemacht.

	Kritische Temperatur in Grad unter Null		
Obstart	Geschlossene Knospen	Volle Blüte	Fruchtbildung
Apfel	4	2	2
Birne	4	2	1
Zwetsche	4	2	1
Kirsche	4,5	2	1
Pfirsich	4	3	1
Aprikose	4	1,5	0,5
Mandel	3	3	1
Nüsse	1	1	1

Überraschungen

Interessant daran sind mehrere Ergebnisse. Einmal, daß die Mandeln und Pfirsiche, die zu den empfindlichsten Sorten gehören, in voller Blüte die tiefsten Temperaturen vertragen. Sie sind nur deshalb stärker frostgefährdet, weil sie früher blühen als die heimischen Obstarten. Unerwartet tritt die größte Frostempfindlichkeit erst nach der Blüte ein, wenn man glaubt, das Schlimmste sei überstanden. Das ist von Bedeutung für Frostschutzmaßnahmen in Spätfrostnächten nach der Blütezeit. Ungewöhnlich ist weiter, daß die so robust erscheinenden

Nüsse von der Knospe bis zur jungen Frucht die wenigsten Minusgrade aushalten.

Äpfel

Die wertvollsten Apfelsorten wie ›Jonathan‹, ›Golden Delicious‹ und die ›Cox-Orangen-Renette‹ fruchten nur, wenn Klima, Boden und Pflege genügen. Schon in flachem Bergland von 150 m über dem Meeresspiegel, in etwas lehmigen Boden werden die ›Cox-Orangen-Renetten‹ kaum so groß wie Renekloden und lassen nur einen schwachen Hauch des ursprünglichen Aromas ahnen.

Spurtypen

An süßen Früchten haben sich viele Verbraucher sattgegessen, so daß Spurtypen besser bewertet werden, die etwas saurer schmecken. Das sind Wuchsformen bekannter Sorten, die extrem kurze Fruchtspieße ansetzten und früh tragen. Sie können auf starkwachsende Unterlagen gestellt werden, die keinen Standpfahl brauchen. Im Handel bekommt man den Spurtyp von ›Golden Delicious‹ mit Namen ›Auvil Super-Golden‹, der wegen seines schwachen Wuchses mindestens auf eine mittelstark wachsende Unterlage veredelt werden muß. Der Baum bildet wenige dünne Verzweigungen, doch sehr dichte Sporne (englisch = spur). Es entsteht eine lichte Krone aus kräftigen Ästen und Trieben, die so klein bleibt, daß sehr eng gepflanzt werden kann.

Frühe Ernte

Der Flächenertrag von Spurtypen wird höher, weil die ersten Früchte schon im zweiten Jahr reifen. Sie sitzen an den Zweigen so dicht beieinander, daß die Ernte weniger Mühe macht. Das gleiche gilt für den Schnitt, den Fachleute um etwa ein Viertel weniger aufwendig einschätzen. Die ersten Ernten haben gezeigt, daß alle Früchte entgegen vielen Befürchtungen voll ausreifen. In Geschmacksvergleichen schnitt der ›Auvil‹ teilweise erheblich besser ab als die Muttersorte.

Boskoop

Damit sich der Kronenumfang verkleinert, kann man den roten ›Boskoop‹ auf die Unterlage vom Typ IX veredeln, in einer Höhe von 25 cm über dem Boden. Beim Pflanzschnitt der einjährigen Veredelung werden die zum Kronenaufbau ausgesuchten Seitentriebe nicht eingekürzt. In den folgenden Jahren wird das zu dicht und steil stehende Holz weggeschnitten, während man das belassene Zweigwerk nicht einkürzt. Das zwingt den roten ›Boskoop‹ zu frühem Fruchtansatz, so daß mit dem Vollertrag bereits vom fünften Standjahr an gerechnet werden kann. Das betont säuerliche, mürbe Fruchtfleisch eignet sich ebenso zum Frischverzehr wie als Kompott.

Befruchtung

Apfel- und Birnensorten sind praktisch selbstunfruchtbar, was soviel heißt, daß die Früchte nicht oder unzureichend ausgebildet werden, wenn die Blüten nicht vom Pollen einer anderen, dazu passenden Sorte befruchtet worden sind. Einige Sorten bilden keinen befruchtungsfähigen Pollen aus, wie die Äpfel ›Holsteiner Cox‹, ›Gravensteiner‹ und ›Boskoop‹ oder die Birne ›Alexander Lucas‹. Wird eine solche Sorte angepflanzt, genügt nicht eine zweite zur Befruchtung, die selbst unbefruchtet bliebe, sondern es müssen drei Bäume beieinander stehen. Weiter ist darauf zu achten, daß die Blühtermine zeitlich übereinstimmen. ›James Grieve‹ blüht sehr früh, kommt deshalb als Pollenspender für den spät aufblühenden ›Golden Delicious‹ nicht in Frage. Die Blüte dauert bei günstiger Witterung so lange, daß sich die Sorten einer Art zeitlich überschneiden.

Zwei Sorten auf einem Baum

Wenn passende Partnersorten fehlen, ist ein Verfahren zu empfehlen, das in den Vereinigten Staaten verbreitet ist. In den Baum selbst wird ein Zweig der jeweils besten Befruchtersorte einveredelt. Damit die Früchte bei der Ernte nicht durcheinanderkommen, wählt man dafür solche Sorten, die sich äußerlich deutlich von der Hauptsorte unterscheiden, beispielsweise einen rotfrüchtigen Samenspender für den ›Golden Delicious‹.

Birnen

Ebenso sieht es bei Birnen aus; denn es gibt wenige Sorten, die im kurzen, kühlen Sommer unseres Landes gute Ernten tragen. Sie beginnen spät zu tragen; bei ›Clapps Liebling‹, ›Bürgermeisterbirne‹, ›Conference‹ und ›Alexander Lucas‹ muß man 8 bis 10 Jahre warten, bis die volle Tragbarkeit einsetzt. Für rauhe Lagen und schlechte Bodenverhältnisse verwendet man die Sämlingsunterlage, auf der Edelsorten starken Wuchs erhalten und noch später zum Ertrag kommen. Unter den Sämlingsunterlagen hat sich die ›Kirchensaller Mostbirne‹ besonders bewährt. Doch im Hausgarten sollte man als Unterlage Quitte A vorziehen, obwohl sie frostempfindlicher ist. Man kann die Baumscheiben mit Torf abdecken, wenn wegen Wühl- und Feldmäusen Abstand zum Stammgrund gehalten wird.

Bormangel

Bormangel macht Birnen bucklig, und im Innern bilden sich Steinzellen, so daß man die Früchte kompostieren muß. Der Mangel zeigt sich an frühzeitig entlaubten Trieben von der Spitze her, gelblichen, brüchigen Blättern und geringem Fruchtansatz. Akuten Mangel beseitigen 10 g Borax pro Quadratmeter. Je mehr Humus in die Krume kommt, um so weniger tritt Bormangel auf.

Süßkirschen

Süßkirschen zählen zu den schwierigen Obstarten, deren Anbau bedingt empfohlen werden kann. Für den Garten gibt es keine verzwergenden Unterlagen, so daß riesige Kronen wachsen, die schwer abzuernten sind. Die häufigste Unterlage ist der Vogelkirschsämling der englischen Selektion F 12/1. Sie verursacht weniger Gummifluß und soll gegen die gefürchtete Bakterienkrankheit Pseudomonas mors prunorum widerstandsfähig sein.

Standortprobleme

Gegen die Süßkirsche im Garten spricht noch mehr: Ihre Blüten sind frostempfindlich, beginnen spät zu tragen und wechseln stark zwischen Mißernten und Fruchtschwemmen. Die Früchte platzen leicht bei wechselhaftem Wetter, und Gummifluß tritt auf, sobald der Boden in schlechtem Zustand ist. Extreme Bodenverhältnisse sind für diese Obstart vollständig ausgeschlossen, ebenso verdichtete oder staunasse Böden. Der Wurzelbereich muß gut duchlüftet sein. In regenreichen Gebieten platzen die Früchte fast aller Sorten, weil die Fruchthaut durchlässig ist und das Fruchfleisch sich vollsaugt. Starke Winterfröste greifen selbst das Holz der Süßkirschbäume an.

Bodenpflege

Bodenverbesserung mit hohen Gaben von Floratorf und Schaumstoffen, Sand und Schlacke lassen Süßkirschen in schweren Böden gedeihen. In den Folgejahren deckt man im Wurzelbereich eine dicke Lage Torf über den Boden. Zusätzlich verbessern Gründüngungspflanzen den Boden in tieferen Schichten durch Wurzelrückstände mit Humus und Durchlüftung. Ähnlich wirkt verstärkter Besatz von Regenwürmern. Erst nach 6 Jahren darf Gras eingesät werden. Während des Sommers mäht man 8- bis 10mal und häuft den Grasschnitt auf den Baumscheiben an.

Befruchtung sichern

Bei der Sortenwahl muß man sich nach der gegenseitigen Befruchtungsfähigkeit der Sorten richten, da Süßkir-

Unterkulturen, auch Gras und Gründüngung, dürfen den flach verlaufenden Saugwurzeln der Gehölze nicht ins Gehege kommen, sonst sinkt der Ertrag unter die Hälfte des Möglichen.

schen ausnahmslos auf fremden Blütenstaub angewiesen sind und einige Sorten sich gegenseitig nicht befruchten. Bei den Süßkirschen gibt es ganze Sortengruppen, die sich gegenseitig nicht befruchten. Eine bekannte Gruppe ist ›Badeborner‹, ›Büttners Rote Knorpelkirsche‹, ›Ochsenkirsche‹, ›Große Prinzessin‹ und ›Dankelmann‹. Alle Süßkirschen sind außerdem selbstunfruchtbar, fast alle aber lassen sich gern von ›Kassins Früher‹, ›Maibigarreau‹ und ›Schneiders Später Knorpelkirsche‹ mit Pollen versorgen. Im Hausgarten kann man sich damit helfen, daß blühende Zweige anderer Kirschensorten in einen Wassereimer gestellt und in die Krone gehängt werden. Da sich die Blüten in der zweiten Aprilhälfte öffnen, sind Spätfrostlagen ungeeignet.

Geschröpfte Stämme

Schwaches Dickenwachstum der Stämme kann mit Schröpfschnitten angeregt werden. Das sind drei Einschnitte auf 1 m Stammlänge und ein Schnitt auf 15 cm Stammumfang unregelmäßig verteilt, 20 cm lang, senkrecht oder leicht schräg, ohne das darunterliegende Holz zu verletzen, nur durch die Rinde. Die Wirkung zeigt sich am stärksten, wenn die Stämme zwischen Austrieb und Ende Juni geschröpft werden. Sie entsteht aus dem Wundreiz, der zur verstärkten Neubildung von Gewebe anregt.

Schattenmorellen

Die Sauerkirschblüte ist frostempfindlich. Kalte und tiefe Lagen sind ebenso schlecht geeignet wie schwere oder vernäßte Böden, da die Bäume auf Sauerstoffmangel im

Boden mit gelben Blättern reagieren und absterben. Ebenso wichtig ist das richtige Pflanzmaterial. Die Schattenmorelle steht im Vordergrund, weil sie hohe und sichere Erträge bringt. Seit Jahren bieten gute Baumschulen Selektionen unter verschiedenen Namen an, die höhere Erträge bringen. Die patentierte Sorte ›Scharö‹ brachte im Durchschnitt von 6 Jahren fast 60% Mehrertrag. Die Früchte sind 4 bis 5 Tage vor der Schattenmorelle reif und können gezupft werden, ohne zu bluten. Die Schattenmorellen sind selbstfruchtbar, während die Sauerkirsche ›Koröser Weichsel‹ eindeutig selbstunfruchtbar ist. Man pflanzt eine Schattenmorelle dazu.

Jungpflanzen

Jungpflanzen sollte man von anerkannten Baumschulen beziehen, die Edelreiser von angekörten Mutterbäumen schneiden, so daß nur selbstfruchtbare Varianten vermehrt werden. Als Pflanzgut wählt man einjährige Veredelungen mit einer Stammhöhe von 60 bis 80 cm. Für mittlere und schwere Böden kommt als Unterlage die Vogelkirsche (Prunus avium) in Frage. Die Vorzüge der Steinweichsel-Unterlage (Prunus mahaleb) sind früh einsetzender Ertrag und gute Fruchtqualität der aufgesetzten Kirsche. Inzwischen hat man aus dieser Unterlage einen Typ Heimann 10 gewonnen, der offenbar weniger Unverträglichkeiten verursacht. Sauerkirschen werden ohne Stammbildner gezogen, weil die zwei Veredelungsstellen Wuchs und Ertrag mindern.

Pflanzung

Auf gut abgetrockneten Böden wird im Herbst gepflanzt, damit sich im Winter neue Saugwurzeln bilden und bis zum Austrieb guter Bodenschluß erreicht ist. An feuchten Standorten verschiebt man die Pflanzung bis ins zeitige Frühjahr. Sind die Böden leicht, dränge man im Herbst nicht auf frühe Lieferung, vor allem wenn die Jungbäume auf Steinwechsel-Unterlage stehen. Es lohnt sich nicht, die ertragslose Zeit mit Unterpflanzung von Johannisbeeren zu überbrücken; denn die Schattenmorellen erreichen bereits im fünften Standjahr einen Kronendurchmesser von 3 m, und der Pflanzbestand liegt je nach Wüchsigkeit des Bodens bei 3 m in der Reihe. Es genügt, wenn auf leichteren Böden Streifen von 1,5 m offengehalten und mit organischem Material abgedeckt werden.

Pflaumen und Zwetschen

Standortfragen ergeben sich genauso bei den weniger anspruchsvollen Obstarten wie Zwetschen, die mit den Pflaumen eng verwandt sind, aber mehr eiförmige Früchte tragen, während Pflaumen im allgemeinen großfrüchtig und mehr oder weniger rund sind. Die ›Hauszwetsche‹ gedeiht in weniger günstigen Lagen, während die ›Frühzwetsche‹ wärmeren Boden und geschützte

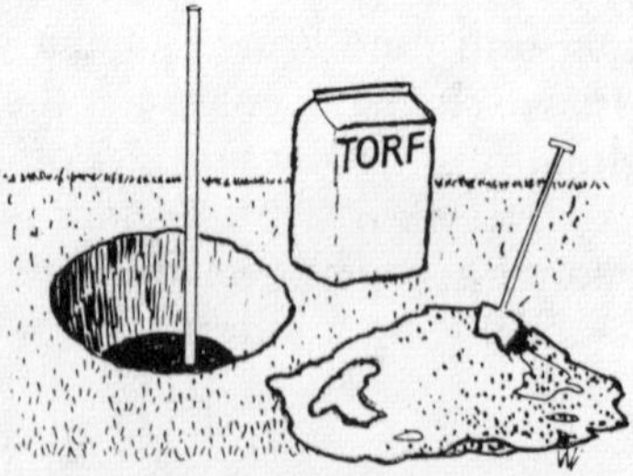

Die Pflanzlöcher zur Gehölzpflanzung werden einige Wochen vor der Pflanzzeit gründlich vorbereitet, der Boden verbessert, der Pfahl eingeschlagen und wieder zugeschüttet. Die Erde soll sich setzen, und beim Pflanzen selbst wird nur noch so viel ausgegraben, wie man für die Wurzeln braucht.

Standorte vorzieht, nur dort trägt sie zuverlässig und entwickelt ihr volles Fruchtaroma. Pflaumen stellen etwa dieselben Ansprüche wie Frühzwetschen. Renekloden und Mirabellen sind dagegen selbstständige Gruppen, die man in ausgesprochen warmen Lagen und Weinklima anbaut, sonst sind die Erträge allzu ungewiß. Pflaumen gehören großenteils zu denen, die sich selbst befruchten, doch es gibt Ausnahmen. Die ›Bühler Frühzwetsche‹, ›Hauszwetsche‹ und ›Wangenheims Frühzwetsche‹ sind darin problemlos, und für die ›Große Grüne Reineclaude‹ ist die ›Hauszwetsche‹ ein guter Pollenspender.

Haselnuß

Gepflanzt werden zweijährige Jungsträucher im Herbst etwas höher als sie vorher standen, in lehmig-humosen, feucht-fruchtbaren Boden. Die Sträucher sind darauf angewiesen, daß der Wind richtig steht, solange die Kätzchen stäuben. Ihr Blütenstaub wird nicht von Bienen übertragen, sondern ausschließlich von der bewegten Luft. Deshalb pflanzt man in Hauptwindrichtung, einzelne Sträucher in die windigste Ecke des Gartens. Notfalls hilft man sich wie bei den Tomaten im Gewächshaus mit »Trillern«. Dabei schlägt man in der trockenen Mittagswärme mit einem Stöckchen leicht an die Zweige, damit der Pollen verstäubt wird. Gute Pollenspender sind die alten Zellernüsse wie ›Wunder von Bollweiler‹ und ›Hallesche Riesen‹, während die großfruchtigen Gartensorten bis auf eine Ausnahme fremde Pollen brauchen, und diese (›Cosford‹) ist nur teilweise selbstfruchtbar. Wilde Haselnüsse am Waldrand eignen sich nicht als Pollenspender. Windstille Südplätze sollte man meiden, weil die Kätzchen dort stäuben, bevor die winzigen weiblichen Blütchen aufgegangen sind.

Erntemenge

Die Ernte fällt von Jahr zu Jahr unterschiedlich aus, je nach Standort, Sorte und Pflege. Es wird von Haselnußpflanzungen bei Geisenheim berichtet, daß der Strauch im Jahr nicht mehr als 4 bis 5 kg brachte, und diese Höchsterträge in 20 Jahren höchstens vier- oder fünfmal angefallen sind. Normal kann man vom 6. Standjahr an 2 kg erwarten, im 12. erreichen die Sträucher den Vollertrag mit Höhepunkt im 20. Kein Wunder, daß mehr Haselnüsse in Hausgärten als in Erwerbsanlagen wachsen. Dort haben sie als Ziergehölze sowie zum Windschutz und als Deckpflanzung einen festen Platz im Gehölzstreifen am Grundstücksrand.

Walnuß

Die Walnuß bringt keine Mindererträge, wenn die Blüten mit den eigenen Pollen bestäubt werden. Dennoch klagen Gartenbesitzer darüber, daß der Baum unregelmäßig und kümmerliche Früchte trägt. Das kommt daher, daß männliche und weibliche Blüten zu verschiedenen Zeiten blühen, so daß die heimischen Walnußsorten praktisch doch auf Fremdpollen angewiesen sind. Man hat versucht, das mit einem Trick zu vermeiden (wer pflanzt schon mehrere Walnußbäume in seinen Garten?): Die männlichen Blüten werden eingesammelt und über die weiblichen Blüten gestäubt, sobald diese aufgehen. Für ausgewachsene Bäume braucht man dazu eine Feuerwehrleiter.

Neuzüchtungen

Hier haben die Züchter eine Lösung gefunden. Drei Neuzüchtungen liefern sichere regelmäßige Ernten ohne Fremdbefruchtung. Sie werden mit Nummern bezeichnet: Nr. 139, Herkunft Weinheim (Bergstraße), Reifezeit September; die früheste ist Nr. 1247, Herkunft Mehlen bei Forst (Kurmark), Reifezeit Ende September; sie folgt gleich nach Esterhazy II, Herkunft Ungarn, Reifezeit Ende September, Anfang Oktober. Die 139 hat in etwas rauheren Lagen den Vorzug, daß die Blüte später einsetzt. Die ersten Erträge beginnen sehr früh und sind reichlich in Trauben von 8 bis 15 Nüssen. Die Nuß selbst ist mittelgroß, der Kern füllt die Schale vollständig aus und löst sich mühelos von der Hülle. Der Geschmack wird mit gut bis sehr gut beurteilt und gehört bei allen Geschmacksprüfungen zu den besten Nußsorten.

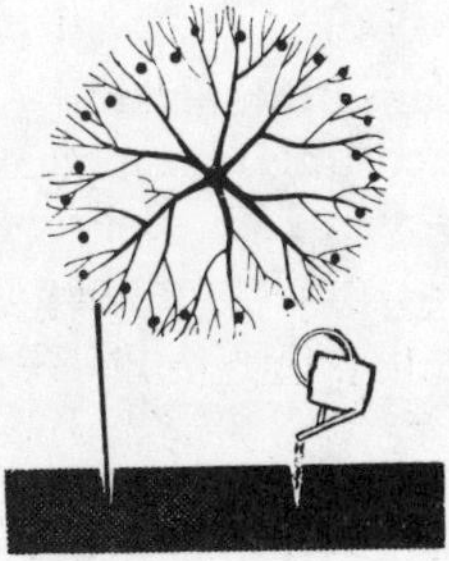

Obstgehölze in Grünland und anderen Unterkulturen brauchen zusätzliche Wassergaben unterhalb der Wurzelmasse. Deshalb werden mit einer Brechstange Löcher im Bereich der Kronentraufe gestoßen und diese immer wieder mit Wasser gefüllt.

Quitte

Wie sich das Klima auf die Artwahl auswirkt, zeigen Quitten. In den warmen Mittelmeerländern reifen die Früchte am Holz voll aus, hierzulande bleiben sie steinhart. Der andere Grund für den seltenen Anbau ist die Frostanfälligkeit der Gehölze. In jedem mittleren Winter frieren die Triebe zurück, weil der Baum sein Wachstum nicht rechtzeitig abschließt und bis in den Herbst junges Holz bildet, das unausgereift erfriert. Der Quitte macht das nichts aus, da sie aus dem gesunden Holz darunter rasch nachwächst. Sie steht nicht auf eigener Wurzel, sondern auf Wildquitte (Cydonia) oder Weißdornsämling veredelt. Auf dieser Unterlage trägt die Quitte früh und erreicht einen großen Kronenumfang, stellt keine hohen Bodenansprüche, wächst in jedem normalen, gepflegten Gartenboden. Gepflanzt wird wegen der Frostempfindlichkeit im Frühjahr.

Fruchtbarkeit liegt im Blütenstaub

An der Fremdbefruchtung im Obstgarten haben Honigbienen einen Anteil von 75%. Bei schönem Wetter kann ein Volk von 10 000 Flugbienen über 40 Millionen Blüten bestäuben. Für jeden Hektar Obstbestand sollen 2 bis 4 Völker nicht weiter als 700 bis 900 m aufgestellt werden. Wanderbienenstöcke können für einen geringen Betrag für die Dauer der Blütezeit vom nächsten Imkerverein gemietet werden. Wanderimker kommen auf Bestellung von weit her.

Oben links: Selbst auf magersten Böden kommen Spiersträucher zurecht, deren feine Triebe unter der Last zahlloser weißer Blüten im Mai bis zum Boden heruntergebogen werden. *Oben rechts:* Kein anderes Nadelgehölz verträgt so viel Schatten wie die Eibe (Taxus baccata), wenn sie auch langsam wächst, so doch zu stattlichen Bäumen. *Unten links:* Zierquitten (Chaenomeles speciosa) zählen im Mai zu den schönsten Blühgehölzen. Im Herbst tragen sie stattliche Früchte, aus denen Marmeladen und Gelees bereitet werden können. *Unten rechts:* Japanische Ahorne (Acer palmatum) sind nur in ihren ersten Standjahren ein bißchen heikel, aber sie treiben immer wieder kräftig durch, wenn einmal eine Partie verdorrt ist. In geschützten Gärten mit ausreichender Feuchtigkeit werden sie bis zu sechs Meter hoch.

Blütenknospen

Wie es dazu kommt, daß sich Blütenknospen bilden, ist nicht lückenlos geklärt. Man nimmt an, daß ein Blühhormon entsteht, sobald in den Blättern ein bestimmter Vorrat an Zucker und Stärke vorhanden ist. Dazu müssen Nährsalze aus dem Boden in den richtigen Mengen kommen. Die Schlüsselrolle spielt der Stickstoff: Zuviel davon verhindert die Blütenbildung zugunsten des Triebwachstums. Zu wenig läßt die Bäume überreichlich

Während der Obstblüte darf der Abstand bis zum nächsten Bienenstand nicht größer als 900 m sein, um eine gute Bestäubung zu erreichen. Wo es nicht der Fall ist, kann man mit den Nachbarn zusammen einen Wanderbienenstock mieten.

Oben: Über zehn Meter lang werden die raschwüchsigen Triebe des anspruchslosen Schlingenden Knöterichs (bisher: Polygonum aubertii, seit neuestem: Fallopia aubertii), übersät von weißen Blütenrispen ab September. *Unten:* Der Wilde Wein (Parthenocissus quinquefolia) bleibt weder in Wuchs noch in Widerstandsfähigkeit zurück. Blüten und Beeren machen nicht viel her, aber das Laub ist unübertrefflich dicht und schön.

blühen, sie sind aber nicht in der Lage, die Früchte zu ernähren. Die Bäume erschöpfen sich, fruchten alle 2 bis 3 Jahre, die Früchte bleiben klein und unansehnlich.

Ertragswechsel

Solche Bäume stehen in vielen Obstgärten. Das abwechselnde Tragen (Alternanz) ist ein Zeichen unzureichender, also falscher Ernährung. Wenn nicht genug Aufbaustoffe vorhanden sind, um die Früchte zu füllen, kann nebenher nichts für die nächstjährigen Knospen abgezweigt werden. Die Blütenknospen entstehen von der zweiten Junihälfte an, und vor Winteranfang sind alle wichtigen Anlagen äußerlich sichtbar vorhanden. Selbstverständlich nur dann voll ausgebildet, wenn das Laub während des Sommers bis in den Herbst hinein gesund erhalten wird. Blattläuse, Rote Spinne und blattzerstörende Pilze müssen ferngehalten werden.

Wurzelkappen bremst Wachstum

Starkes Triebwachstum zögert den Fruchtansatz hinaus und geht auf Kosten des Erntesegens. Schwacher oder gar kein Triebschnitt reichen nicht aus. In dem Fall kann man zur Zeit des Austriebs auf halbem Wege zwischen Stamm und Kronentraufe einen 50 cm tiefen Graben ziehen. Alle Wurzeln werden an der Grabenwand scharf abgestochen. Manchmal genügt es, einen Teil des Wurzelkreises zu entkappen.

Fruchtbehang ausdünnen

Drei Wochen nach Blütenblattfall, vor dem Junifruchtfall werden Spindeln, Buschbäume und Spalierobst ausgedünnt. Sie neigen dazu, wegen des schwachen Triebwachstums übertrieben zu fruchten und erschöpfen sich dabei. Die Folgen sind: weniger Saugwurzeln, anfälliger für Schädlinge und Krankheiten, das Holz ist frostempfindlicher, weil zu wenig Nährstoffe im Holzkörper abgelagert werden. Doch sollte man nicht nur bei Überbehang ausdünnen, sondern

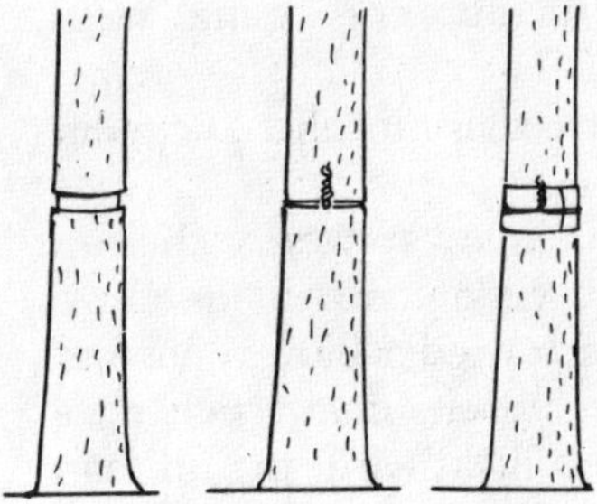

Obstbäume bilden mehr Blütenknospen, wenn der Abwärtsstrom von Aufbaustoffen unter der Rinde mechanisch gestoppt wird, indem die Leitungsbahnen unterbrochen oder eingeschnürt werden.

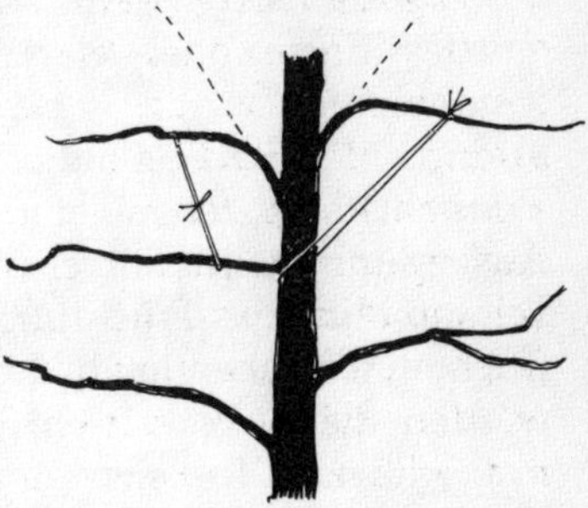

Das Flachstellen der Fruchtäste und -zweige ist ebenfalls eine Möglichkeit, die Blütenknospenbildung zu fördern. Der Saftstrom nach oben wird so aufgehalten und gibt den schlafenden Knospen Anreiz aufzuwachen.

- alle zurückgebliebenen, beschädigten, kranken, verkrüppelten Früchte;
- alle zu dicht oder schattig hängenden Früchte im Kroneninnern;
- bei großfrüchtigen Sorten alle bis auf die mittlere, bei mittelgroßen eine oder zwei und bei kleinen Sorten eine bis drei Früchte je Blütenstand;

- bei Birnen alle bis auf eine einwandfreie Seitenfrucht; auch beim Apfel, wenn die Mittelfrucht eine lange Nase zeigt;
- an jungen Fruchtruten läßt man bis zu drei, im mittleren Triebteil nur eine oder zwei Jungfrüchte;
- an langen Holztrieben eine Frucht, an den Seitensprossen ebenfalls eine, an jungen Kurztrieben eine oder zwei, an Ringelspießen anfangs eine Frucht belassen;
- wenn die Sorten stark schwankende Ernten bringen, jedes dritte oder vierte Fruchtbüschel ganz wegnehmen;
- zu dichten Behang auflockern, daß nur alle 20 cm ein Fruchtstand stehenbleibt.

Ausgedünnt wird mit einer kleinen, spitzen, scharfen Schere, ohne das Fruchtholz zu verletzen. Aus den entfruchteten Triebenden bilden sich wieder Blüten. Vorher werden die Zweige leicht geschüttelt, damit sich alles löst, was nicht fest sitzt. Ausgepflückt wird, indem man die Fruchtstiele wegdrückt oder die Fruchtanlagen vom Stiel zieht.

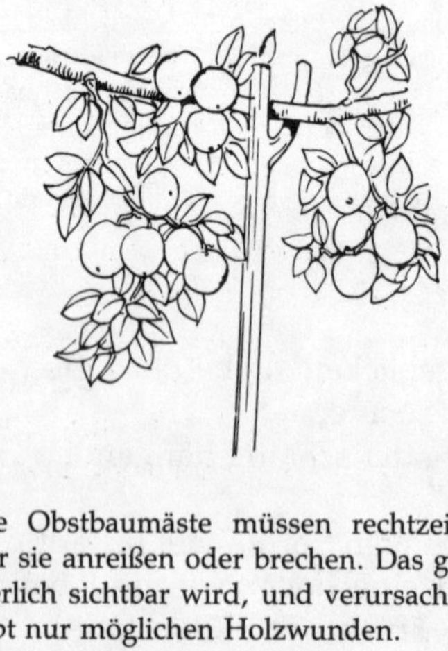

Fruchtschwere Obstbaumäste müssen rechtzeitig abgestützt werden, bevor sie anreißen oder brechen. Das geschieht, noch bevor es äußerlich sichtbar wird, und verursacht die schlimmsten überhaupt nur möglichen Holzwunden.

Saftstau

Zwei Maßnahmen fördern die Bildung der Blütenknospenanlagen: Eine gezielte Termindüngung zwischen Juni und August je nach artgemäßem Zeitpunkt des Knospenbildens. Bleibt die Tragbarkeit unbefriedigend, hemmt Saftstau das Wachstum und fördert die Blühneigung. Dafür gibt es mehrere Methoden: Steil wachsende Fruchttriebe kann man herunterbinden oder mit Zweigkrümmern flacher stellen. Schnürt man die Rinde mit einem starken Draht ein, staut sich der Saft in den Hauptästen und kommt der Knospenbildung zugute. Damit die Strangulation nicht einwächst, legt man eine Manschette aus Blech, Gummischlauch oder Hartplastik darunter. Wenn ein Rindenstreifen aus Hauptästen oder Stamm geschnitten wird, läßt man mehrere fingerbreite Rindenstücke stehen, um die Wirkung zu mildern. Die Wunden werden mit Baumwachs verstrichen. Alle Maßnahmen zur Blütenknospenförderung finden naturgemäß im Frühsommer statt, wenn es auf ein ausgewogenes Nährstoffverhältnis im Bildungsgewebe ankommt.

Knospenfresser am Beerenobst

Dompfaff (Gimpel), Grün- und Bergfink, Haus- und Feldsperling zerpflücken von Januar bis März die Knospen an Beerensträuchern, offensichtlich weniger, um sie zu fressen, als zur Erfrischung. Das hat sich gezeigt, als Trinkgefäße für diese Finkenvögel aufgestellt wurden. Vergällungsmittel hatten eine vorübergehende Wirkung. Sicherste Abhilfe ist wie zur Erntezeit ein Vogelnetz aus Kunstfasern oder alte Fischernetze mit 2 cm Maschenweite.

Schwarze Johannisbeeren

Die herbwürzigen Beeren sind zwar nicht jedermanns Geschmack, trotzdem gab es zeitweise geradezu einen Boom, weil ihr Saft so gesund ist. Allerdings fühlen sich die Sträucher nicht wohl bei uns, wenn es während der Blütezeit kühl wird; es muß gar nicht frieren. Die Folge ist, daß die Trauben stark abrieseln. Schwarze Johannisbeeren verändern sich erblich und werden von Virosen befallen, die durch Gallmilben übertragen werden. In Befallslagen verzichtet man auf diese Obstart, um sich nicht erfolglos damit herumzuplagen. Ältere Sorten erweisen sich als robuster als die auf lange Trauben gezüchteten neuen Sorten. Selbstfruchtbar sind ›Goliath‹ und ›Silvergieters Schwarze‹, unfruchtbar dagegen ›Rosenthal's Langtraubige‹ sowie ›Boskoop Giant‹, schwach selbstfruchtbar ›Davisons Eight‹.

Rote Johannisbeeren

Die Früchte rieseln, wenn die Knospenbildung zwischen Juni und August gestört wird, weil das neben der Knospe stehende Blatt beschädigt wird oder erkrankt. Später Frost im Frühjahr besorgt das ebenso wie trockener Boden während oder kurz nach der Blüte. Im Wurzelbereich graben schadet, wie die späte Düngung im März. Von Fremdpollen sind die Sträucher weitgehend unabhängig, aber sie bringen bessere Erträge, wenn sie von anderen Sorten bestäubt werden. Beim Rückschnitt ist zu beachten, daß der beste Fruchtansatz an der Triebbasis sitzt, während die hinter größeren Blätter sitzenden Knospen nicht so wertvoll sind. Sie können abgeschnitten werden, wenn man ältere Langtriebe auf jüngere, kräftige, tragbare Seitentriebe einkürzt. Alle zu eng stehenden, sich kreuzenden und ins Innere wachsenden Triebe werden ausgelichtet, weil sich in zu dichtem Gesträuch die Fruchtfäule ausbreitet. Da nicht gegraben werden soll, ist die Bodendecke aus Florabedarf unerläßlich, auch zur weiteren Humusversorgung. Unter den neueren Sorten rieseln ›Red Lake‹ und ›Jonkheer van Tets‹, während die ›Rote Riesentraube‹, ›Rote Vierländer‹ und ›Rondom‹ weitgehend rieselfest sind. Weiße Sorten sind geringfügig empfindlicher. Die ›Weiße Versailler‹ blüht so frühzeitig im Jahr, daß sie einen vor Spätfrost geschützten Standort braucht.

Die Masche: Vogelnetze

Zum Schutz des Beerenobstes vor Vogelfraß hilft nichts besser als Vogelnetze aus feinen Kunststoffmaschen. Aufpassen muß man, daß

- die Netze nicht direkt auf den Beeren liegen, sonst picken die Vögel hindurch;
- die feinen Gespinstfäden von Agrolam beim Abflämmen den schmelzenden Kunststoff nicht auf die Beeren tropfen und ungenießbar machen;
- die blauen und grünen Plastiknetze nicht einreißen; denn die Vögel nutzen jedes Schlupfloch, finden später aber nicht mehr heraus und verfangen sich darin;
- sich die Vögel nicht bereits im Anfliegen in den locker und nachlässig übergeworfenen Geweben verfangen

Mit Lattengestellen und richtiger Befestigung sind Vogelschäden so wenig wie Schäden an Vögeln zu befürchten. Wer der modernen Technik grundsätzlich nicht traut, kann sich mit alten Fischernetzen behelfen, auch Kaninchendraht auf Dachlattenrahmen hilft.

Stachelbeeren

Die wertvollsten Blütenknospen der Stachelbeeren wachsen am Grund einjähriger Triebe. Man kann sich die Ernte erleichtern, indem die Triebspitzen gestutzt werden. Das bewahrt zugleich vor Amerikanischen Stachelbeermehltau. Krümmen sich die Spitzen einjähriger Triebe hakenförmig, sind sie von einem Pilz befallen, der die Kragenfäule an Kernobstbäumen verursacht. Auch in dem Fall wird radikal geschnitten, um das Übergreifen auf vorjährige Triebe zu verhindern. Die Sträucher sind selbstfruchtbar, doch können sie auf Bienenbesuch nicht verzichten, weil sich die Blütenanlagen ohne Nachhilfe unbefriedigend befruchten. Bienen sorgen für stärkeren Behang mit größeren Einzelbeeren, die mehr Samenkörner enthalten. Das ist vor allem wichtig für ›Hönings Früheste‹, die dann Riesenerträge bringt. Mit Mehltau muß gerechnet werden bei ›Grüne Kugel‹ und ›Lauffener Gelbe‹, ›Mauks Frühe Rote‹ und ›Weiße Neckartaler‹, während ›Maiherzog‹ und ›Mauks Frühe Rote‹ unter Sonnenbrand zu leiden haben, wenn die Früchte ungeschützt sind.

Himbeeren

Himbeeren sind auf hohe Humusgaben angewiesen, so sehr sind sie Waldfrüchte geblieben. Jedes Jahr eine dicke Torfdecke, halbverrotteter Kompost, Gras- und Heckenschnitt sowie Herbstlaub schützen vor dem Winter, außerdem kalkfreie Dünger, sonst erkranken Blätter und Ruten an Chlorose. Gepflanzt wird nicht zu tief im Oktober, die Triebaugen am Wurzelhals dürfen nur 4 cm von Erde bedeckt sein. Lehmbrei ist nicht zweckmäßig, weil er die Wurzeln verkleistert. Das Pflanzmaterial muß virusfrei sein, schlecht entwickelte Früchte stammen von minderwertigem Erbmaterial. Die abgetragenen zweijährigen Ruten werden unmittelbar nach der Ernte dicht am

Boden abgeschnitten, um Schädlingen und Krankheiten vorzubeugen. Ist es bei der Blütenknospenbildung ab Anfang September zu trocken, wird vorsichtig gewässert, damit die Rinde der jungen Triebe nicht aufplatzt. Dort legen Gallwespen ihre Eier ab. Kulturhimbeeren bringen mit fremden Pollen höhere Erträge obwohl sie überwiegend selbstfruchtbar sind. Unter den neueren Sorten sind ausgesprochen robuste Gewächse, zweimal tragende und an einjährigen Ruten fruchtende Sorten. Schwarz- und gelbfrüchtige Sorten haben bei uns keine Bedeutung.

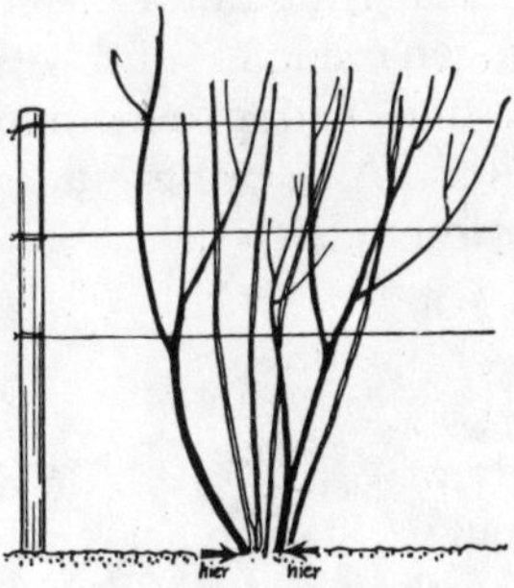

Abgetragene Ruten von Beerensträuchern werden unmittelbar am Ansatz abgeschnitten, sobald sie abgeerntet sind, um zu verhindern, daß sich Rutenkrankheiten und -schädlinge ausbreiten.

Brombeeren

Brombeeren werden im Frühjahr 10 cm tief gepflanzt. Die Jungpflanzen sind bleistiftstark mit zwei Bodenknospen im Wurzelballen. Die Blütenknospen entstehen von Oktober bis März an einjährigen Trieben, die nach der Ernte abgeschnitten und verbrannt werden, um den Befall von Schädlingen und Krankheiten zu beschränken. Frostschutz am Boden und Torf, Schilf, Stroh, Laub,

Fichtenreisig kann in kalten Wintern die nächstjährige Ernte retten. Die ganzjährige Bodendecke ersetzt die Bodenbearbeitung, die nicht tiefer als 8 cm gehen darf. Vernünftigerweise wählt man heute nichtrankende, dornenlose Sorten, die nicht entspitzt werden, weil sich dort die besten Fruchtansätze ausbilden. Man erkennt sie am Namen ›Thornfree‹, ›Thornless‹ und ›Smooth-stem‹ (glatter Stamm), ein ›Evergreen‹ darunter ist nicht nur winterhart, sondern wintergrün. Sie tragen Riesenfrüchte, die so dicht hängen, daß einmal in der Woche wirklich ausgereifte Früchte geerntet werden, die gleichermaßen für Frischgenuß und Konservierung verwertbar sind. Kreuzungen mit Him- und Loganbeeren wie die Boysen-, Laxton- und Youngbeere sind für den Garten noch zu entdecken. Alle bisher untersuchten Kulturbrombeeren erwiesen sich als standfeste Selbstbefruchter.

Kulturheidelbeeren

Aus den Vereinigten Staaten ist eine Obstart zu uns gekommen, die schon immer in unseren Wäldern wächst, vergrößert zu stattlichen Sträuchern von 1,5 m Höhe. Die modernen Kulturheidelbeeren gedeihen auf die Dauer, wo der Boden humusreich und stark sauer bei 4,5 bis 5 pH ist. Damit die Bodensäure nicht neutralisiert wird, gibt man kalkfreie und physiologisch sauer wirkende Mineraldünger wie Schwefelsaures Ammoniak. Darüber hinaus sind die Nährstoffansprüche der Heidelbeeren gering. Dennoch wird ein einzelner Strauch im Garten zwangsläufig enttäuschen, weil der Ertrag erst mit Fremdbefruchtung lohnt. Es müssen mehrere Sträucher verschiedener Sorten nebeneinander gepflanzt werden.

Erdbeeren

Erdbeeren haben Sorten mit rein weiblichen Blüten und andere mit zwittrigen. Da jedoch Erdbeeren in den Erstlings- und Folgeblüten unterschiedlich ausfallen und bei den zwitterblütigen Sorten besonders die vormännlichen neben den vorweiblichen Blüten weit verbreitet sind, müssen in jedem Fall geeignete Pollenspender zugepflanzt werden. Hinzu kommt, daß die Blüten teils über, teils unter dem Laub getragen werden und daher unterschiedlich frostempfindlich sind.

Pflanzvorbereitung
Erdbeeren werden ab Juli gepflanzt, am besten nach einer Vorkultur von Bohnen, Erbsen, Möhren, Wurzel-, Zwiebel-, Kohlgemüse oder Frühkartoffeln. Unmittelbar vorher gibt man keinen frischen Tierdünger, sondern reifen Kompost oder Floratorf bis 20 cm tief eingearbeitet. Die beste Bodendecke ist geschlitzte Schwarzfolie, falls nicht Milben, Nematoden und Mäuse bedrohlich auftreten. Als bester Frostschutz steht eindeutig das Folientunnel über der Reihe.

Mulchfolie
Wird auf das gut vorbereitete Erdbeerbeet eine schwarze Mulchfolie ausgelegt und an den Rändern eingegraben, trocknet der Boden kaum aus, weil die Verdunstung praktisch Null ist. Zugleich hält sich die Temperatur höher und gleichmäßiger. Später kann das Unkraut nicht hochkommen, es muß nicht gehackt werden, was für die flachen Erdbeerwurzeln vorteilhaft ist. Schädlinge und Krankheitserreger werden ferngehalten, und wenn die Früchte heranreifen, bleiben sie sauber, ohne daß Stroh oder Holzwolle zwischen die Reihen gelegt werden.

Pflanzen

Der Boden wird auf Vorrat verbessert, daß es für zwei Jahre reicht; denn später ist nur flüssige Nachdüngung möglich. Die geglättete Beetfläche muß so eben liegen, daß sich keine Wasserlachen darauf bilden. An den Pflanzstellen werden mit scharfem Messer im Abstand von 40 x 40 cm Kreuzschnitte eingeschnitten, daß die Jungpflanzen durchpassen. Gepflanzt wird bis September bei trübem Wetter in den kühlen Morgenstunden. Haben die Jungpflanzen keinen Erdballen, legt man sie zehn Minuten in Wasser. Die Setzlinge sollen so tief in die Erde kommen, wie sie vorher gestanden haben. Die Herzknospe darf nicht mit Erde bedeckt sein, weil die Pflanzen sonst später blühen. Besonders gut wachsen Erdbeeren an, wenn die Pflanzlöcher mit einer Handvoll nassem Floratorf gefüllt werden. Darauf legt man die Wurzeln aus und füllt das Loch mit Erde auf. Die Wurzeln dürfen nicht umgelegt, gebogen oder geknickt werden.

Schattieren

In den ersten Wochen wird schattiert, wenn die Sonne herauskommt. Dazu stellt man Tunnelbögen über die Reihen und spannt weiße Schattierfolie darüber, die soviel Licht durchläßt, daß das Anwachsen nicht behindert ist. Es genügt, wenn sie an beiden Kopfenden an einen schräg in die Erde geschlagenen Pfahl gebunden wird. Keine Angst beim Anziehen, die 1 m breite Folie von 0,1 mm Stärke hält zusammengerollt einen Zentner Zuggewicht aus. Das spart die seitliche Befestigung auf der Beetlänge, und es kann gelüftet werden, indem die Folie einfach auf den Bügel hochgeschoben wird.

Laub abschneiden
Lange blieb die Frage ungeklärt, ob das alte Laub nach der Ernte abgeschnitten werden soll oder nicht. Im Prinzip wirkt es sich günstig aus, weil in den Blättern für die Pflanzen nachteilige Stoffe entstehen. Eins allerdings kann die Rechnung durchstreichen: Wenn die Herzen der Erdbeerpflanzen ungeschützt der prallen Sonne und Regengüssen ausgesetzt sind, kann das bis ein Fünftel der nächstjährigen Erntemenge kosten. Dieselbe Fehlmenge ist im Folgejahr gewogen worden, wenn die Herzblättchen beim Abmähen versehrt wurden. Folienhauben erwiesen sich als wirksamste Methode, gemähte Erdbeerreihen unversehrt in den Winter zu bringen.

Jungpflanzen
Sortenechte Jungpflanzen kann man von großfruchtigen Gartensorten nur an Ausläufern gewinnen. Als Beihilfe zum Wurzelbilden legt man zwischen die Reihen 3 cm hoch Torfkultursubstrat TKS 1 und hält es feucht. Normal würden die Wurzeln schnell durch die Torflage in den Boden wachsen und sich darin ausbreiten. Legt man Mulchfolie unter die Torflage, bilden sie Wurzelballen im Substrat, wo sie dichter werden und leichter abzunehmen sind. Die Ballen halten beim Umpflanzen zusammen und wachsen deshalb am Pflanzort ohne zu stocken weiter. Die ersten Jungpflanzen sind ab Anfang Juli setzfähig, während die kleineren ohne Verbindung mit der Mutterpflanze im angereicherten Torf weiterwachsen, bis sie ebenfalls pflanzbereit sind.

Wartebeet
Kann nicht gleich auf das vorgesehene Beet gepflanzt werden, weil andere Kulturen darauf stehen, hilft das Wartebeet. Das ist eine Methode, die an der niederländi-

schen Grenze angewandt wird. Der Boden wird dafür 15 cm tief ausgehoben und mit Folie ausgelegt, damit die Wurzeln nicht in den Untergrund auswandern. Darauf füllt man TKS 2 und setzt die jungen Ballenpflanzen dicht an dicht hinein. Hier sind sie gut aufgehoben, auch im Winter, bleiben beweglich und sind im nächsten März ohne Anwachsrisiko auszupflanzen. Knipst man die ersten Blütenknospen aus, gewinnt man im Herbst volle Ernte.

Erdbeeren als Bodendecker

Eine Erdbeerwiese ist ein vorzüglicher Bodendekker unter lichten Gehölzen, an Böschungen und Einfahrten, Wegrändern und Mauern. Vor allem die kleinbeerigen Monats- und Walderdbeeren begünen das Land sehr schnell, wenn nur 6 Pflanzen pro Quadratmeter ausgesetzt werden. Sie ranken so dicht, daß Unkräuter nicht dagegen aufkommen, und bringen eine lange dauernde Ernte zahlreicher aromatischer Früchte. Die neue Züchtung ›Spadeka‹ aus großfrüchtigen und Walderdbeeren eignet sich für diesen Zweck ebenfalls vorzüglich.

Erdbeeraussaat

Die großfrüchtigen Monatserdbeeren aus der Sonderklasse ›Sperlings Bowlenzauber‹ können im zeitigen Frühjahr in Saatschalen mit Einheitserde ausgesät werden. Nach 2 bis 3 Wochen keimt die dünne, leicht angedrückte Aussaat bei 15 bis 20 Grad Celsius. Haben die Keimlinge 5 Blätter gebildet, wird in Jiffy-Pots pikiert und um Mitte Mai mit 25 cm Abstand ins Freie ausgepflanzt. Bereits ab August röten sich die ersten Beeren, die wesentlich größer sind als Walderdbeeren, vielleicht nicht ganz so aromatisch.

Bewässerungstermine
Erdbeeren bilden so lange Blütenknospen, wie die Tageslänge unter 14 Stunden liegt, sonst nur Blätter und Triebe. Daraus ergeben sich für die Praxis folgende Gießregeln: Vom Austrieb bis zur Hochblüte stark wässern. Nach der Ernte in der zweiten Julihälfte etwas Wasser zugeben. Ab August trocken halten, falls es regnet, unter Folienabdeckung. Ab Mitte September reichlich Wasser geben.

Das Obst muß geschützt werden

Was ist unter integriertem Pflanzenschutz zu verstehen? Gemeint sind alle pflanzenbaulichen, biochemischen, biotechnischen und physikalischen Verfahren, die geeignet sind, die Zahl der Schaderreger unterhalb einer wirtschaftlichen Schadensschwelle zu halten. Und was heißt das praktisch? Gezielte Bodenbearbeitung, richtige Pflanzen- und Sortenwahl, vernünftige Fruchtfolge, ein ausgewogenes Nährstoff- und Humusangebot. Alles, was die Pflanzen kräftigt, hilft ihnen, mit Streß besser fertigzuwerden. Und warum heißt das Pflanzenschutz? Man sollte es besser integrierten Pflanzenbau nennen.

Mechanischer Pflanzenschutz
In der alltäglichen Gartenpraxis beginnt es mit mechanischen Reinigungsarbeiten. Die Rinde muß sauber geglättet werden, bevor man Leimringe um die Stämme bindet, auf denen sich die flügellosen Weibchen des Frostspan-

ners fangen, wenn sie während der Flugzeit der männlichen Falter im Oktober zu Fuß auf dem Weg in die Krone sind, um ihre Eigelege in Rindenritzen und an den äußersten Zweigspitzen abzulegen. Das läßt sich verhindern, indem um Stamm und Baumpfahl, bei niedrigen Baumformen zusätzlich um die Hauptäste, ein Leimring gelegt wird, der die Tiere festhält oder veranlaßt, die Eier in dicht gedrängten Gelegen unterhalb abzulegen. Dort werden sie abgebürstet, bevor die jungen Räupchen im Februar oder März schlüpfen.

Auf den Leim gegangen

Der altbekannte Hausfliegenfänger ist zur giftfreien Bekämpfung außerhalb des Hauses erheblich vergrößert worden: 2 m lang, 20 cm breit und doppelseitig beleimt, die Haftfähigkeit wurde verstärkt und verlängert. Die Vorteile an stark von Fliegen beflogenen Plätzen liegen auf der Hand: Selbst bei Daueranwendung wird kein Tier dagegen resistent, und Kompostplätze werden damit umweltfreundlicher.

Leimringe

Für die Ringe nimmt man ein witterungsbeständiges Papier, 20 cm breit, und bindet es mit Draht oder Schnur oben und unten fest. Ältere Bäume mit zerklüfteter Rinde müssen mit Lehm oder Leim verschmiert werden, daß kein Durchschlupf unter dem Papier bleibt. Am Hochstamm legt man den Leimring in Brusthöhe an, sonst unterhalb der Astgabelung. Sitzt das Papier fest, streicht man darauf mit dem Holzspachtel einen Streifen Raupenleim von 8 cm Breite.

Kontrollieren
Bis Ende November muß regelmäßig kontrolliert werden, ob der Leim noch fängig ist. Vom Herbstwind werden Blätter dagegengeweht oder es sind so viele Frostspanner festgeklebt, daß die nachfolgenden über ihre Leiber hinweg in den Baum gelangen. Dann muß neuer Raupenleim aufgetragen oder der ganze Ring erneuert werden. Jedenfalls sollten die Ringe bis Ende Januar am Stamm bleiben.

Schadensschwellen im Obstbau

Pflanzenschutz wird nötig, wenn bei der Kontrolle folgende Befallsdichte festgestellt wird:

Obstbaumspinnmilbe:	2000 Wintereier auf 2 mm Fruchtholz;
Frühjahrsapfelblattsauger:	250 Eier auf 2 m Fruchtholz;
Grüne Apfelblattlaus:	15 von 100 Blütenbüscheln befallen;
Mehlige Apfelblattlaus:	2 von 100 Blütenbüscheln befallen;
Fruchtschalenwickler:	7 Räupchen auf 100 Blütenbüscheln;
Kleiner Frostspanner:	8 Räupchen auf 100 Blütenbüscheln;
Obstbaumspinnmilbe:	70 von 100 Blättern nach der Blüte befallen;
Grüne Apfelblattlaus:	8 Kolonien auf 100 Langtrieben nach der Blüte;
Mehlige Apfelblattlaus:	1 Kolonie auf 100 Trieben nach der Blüte;
Apfelsägewespe:	4 Eier auf 100 Fruchtkelchen nach dem Abwerfen

	der Blütenblätter;
Apfelwickler:	Ansteigende Fangzahlen in der Pheromonfalle von Juni bis August, wenn die Abendtemperatur 15 Grad Celsius übersteigt;
Fruchtschalenwickler:	1 bis 3 Räupchen auf 100 Früchten im Juni und Juli

Die Zählarbeit erleichtert man sich gerne mit der Klopfmethode, doch sind dabei teilweise andere Zahlen zugrunde zu legen: 10 Mehlige, 40 Grüne Apfelblattläuse und 2000 Obstbaumspinnmilben an 100 Ästen.

Frostspanner

Der Kleine Frostspanner ist ein Großschädling des Obstbaus, in manchen Jahren frißt er die Bäume restlos kahl, wenn nichts unternommen wird. Die Jungraupen beginnen zwischen den sich öffnenden Knospen zu fressen. Im ausgewachsenen Zustand werden sie 2,5 cm lang und zerstören Blatt- und Blütenknospen. Bei Kirschen und Birnen werden die jungen Früchte kochlöffelartig ausgehöhlt. Alle anderen Obstarten haben unter diesen Raupen zu leiden, bis sie sich Anfang Juni an einem Spinnfaden zu Boden lassen und in 5 bis 15 cm Tiefe unter der Erde verpuppen.

Apfelwickler

Ähnlich groß ist der Schaden durch den Apfelwickler, dessen Raupen als Obstmade oder »Wurm« im Obst allgemein Widerwillen hervorrufen. Im Hausgarten kann man dem Befall mit Wellpappgürteln vorbeugen, die als künstliche Schlupfwinkel dienen. Täglich wird alles Fallobst aufgelesen. Die ausgeschnittenen Abfälle werden nicht auf den Kompost geworfen, sondern gründlich vernichtet. Die Obstkeller werden geschützt, indem man die Fenster mit Drahtgaze versperrt. In Lagerräumen überwintern versteckt viele Raupen, vor allem die zweite Generation. Im Frühjahr des folgenden Jahres fliegen die Falter zu Hunderten an die Fenster und wollen in den Obstgarten zurück.

Viren gegen Apfelwickler

Granuloseviren sind von der Biologischen Bundesanstalt für Land- und Forstwirtschaft (BBA) in mehrjährigen Versuchen im Einsatz gegen Apfelwickler geprüft worden. Die gezielt nützlingsschonende Wirkung hat zugleich Blutläuse und Spinnmilben verschwinden lassen, so daß erstmals ein umweltschonendes, gegen den Wurm im Apfel hochwirksames biologisches Präparat zur Verfügung steht.

Wellpappgürtel

Die zweite Julidekade ist die wichtigste Flugzeit der Apfelwickler, obwohl sich die Eiablage über mehrere

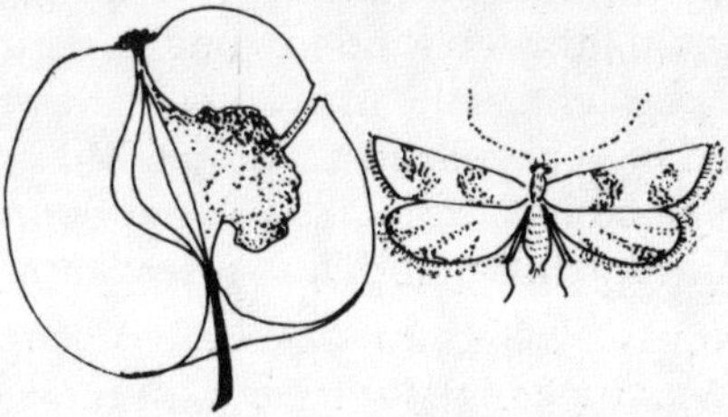

Der Wurm in Apfel und Birne, genauer die Raupe des Apfelwicklers, ist mit weitem Abstand der verheerendste Obstschädling überhaupt. Die ausgewachsenen Raupen suchen sich ein Überwinterungsversteck am Stamm und müssen mit allen Mitteln am Falterflug im Mai und Juni gehindert werden.

Wochen hinzieht. Jedes Weibchen legt bis 80 Eier ab, so daß wenige Falter riesige Schäden verursachen. 1 bis 2 Wochen später schlüpfen die jungen Raupen, dringen in die Früchte ein und fressen 4 Wochen um das Kerngehäuse, ehe sie ausgewachsen sind und ein Versteck zum Übewintern suchen, wo sie einen festen, weißen Kokon spinnen. Um sie anzulocken, bringt man Anfang Juli in Brusthöhe um die Stämme einen Wellpappgürtel an. Er wird nur am oberen Rand mit einem starken Bindfaden befestigt, damit die Raupen von unten hineinkriechen können. Sie verpuppen sich teils in der Wellpappe, teils auf der Borke, wenn sie Verstecke bietet. Ende April des nächsten Jahres werden die Fanggürtel abgenommen und verbrannt.

Kalkanstrich

Kalkanstrich, der keine Schädlinge vernichtet, ist dort angebracht, wo die weiße Farbe im späten Winter vorzeitige Erwärmung verhindern soll, also auf der Südseite von Stämmen und Hauptästen. Es ist nutzlos, die Bäume jeden Herbst rundherum bis in die Spitzen weiß anzupinseln. Manschetten aus Kunststoff sind für junge Stämme besser, weil sie zugleich vor Wildverbiß bewahren, der die schlimmsten Rindenwunden verursacht. Wo Verbißgefahr besteht, sollte man keine Spiralen umlegen, die vom Wild beiseitegedrückt werden. Mit umgebundener Wellpappe oder Karton läßt sich der Stamm in weniger wildgefährdeten Gegenden vor der Sonne schützen.

Rindenpflege

Ist die Frostgefahr vorüber, müssen der Sonnenschutz entfernt und die restliche Kalkmilch abgewaschen werden; denn nun kommt es darauf an, daß die Stämme sich erwärmen, den Saft steigen lassen und rechtzeitig austreiben. Zugleich sollte man lockere Rindenteile abbürsten, soweit sie die neu gebildete junge Rinde behindern; denn locker sitzende Borkenschuppen bieten einer ganzen Reihe von überwinternden Schädlingen Unterschlupf. Im Moos- und Flechtenpelz auf alten Stämmen und dicken Ästen findet man manchen Schädling, der auf das Frühjahr wartet. Der Abfall muß eingesammelt und restlos vernichtet werden. Das gilt ebenso für das gefallene Laub. Man weiß nie sicher, welche Pilzkrankheiten sich darin verbergen, um im Frühjahr massenweise Sporen über den frischgrünen Austrieb ausschwär-

Größere Holzwunden an Obstbaumstämmen können mit Ammen überbrückt werden, Jungtrieben, die man ober- und unterhalb einveredelt, wenn man nicht darauf warten kann, bis unterhalb der großflächigen Wunde schlafende Triebaugen ausgewachsen sind.

Von den zahlreichen Hausmitteln, Wildschäden an der Obstbaumrinde zu verhindern, sind die Plastikmanschetten um junge Stämme am zuverlässigsten. Sie schützen zugleich vor Frost- und anderen Winterschäden. Spiralen werden vom Rotwild beiseite gedrückt; deshalb sind Manschetten sicherer.

men zu lassen. Im Kompostbereiter vermögen sie keinen Schaden mehr anzurichten. Aber bei vielen Schaderregern ist es vernünftiger, den gesamten Abfall zu verbrennen, als sich wegen der geringen Mengen Humus auf das unabsehbare Risiko einer weiteren Ausbreitung einzulassen.

Baumkratzer

Oft sieht man in den Gärten, daß die Rinde alter Baumstämme bis auf den grünen Bast abgeschabt wird. Es gibt Ausnahmefälle, in denen das zu rechtfertigen ist, etwa wenn die abgestorbene Rinde von Moosen und Flechten überwuchert ist, unter denen sich ausgedehnte Schädlingskolonien zur Überwinterung angesiedelt haben. Mit Baumkratzer und Drahtbürste sollte man sehr behutsam vorgehen, sonst dringen durch diese Wunden Krebs-, Gloeosporium- und Valsapilze ein. Außerdem fördert das scharfe Abkratzen der Baumstämme den Blutlausbefall, der oft von solchen flächigen Wundstellen ausgeht. Es wird empfohlen, statt dessen Gelbkarbolineum einzusetzen, das die alte Baumrinde regelrecht verjüngt, indem das Holzwachstum angeregt wird.

Auslichten

Wenn alte Bäume zu eng stehen, breiten sich mangels Licht und Luft viele Erreger von Pilzkrankheiten und tierische Schädlinge aus. Wenn das Laub abgefallen ist, prüft man, ob Kronen ineinanderwachsen. Obstgehölze, die zu ausladend und alt geworden sind, müssen gerodet werden. Wenige, gut gepflegte Bäume decken den Bedarf der Familie weit besser als ein dichter Hochwald, in dem Mißernten und Obstschwemmen sich abwechseln.

Roden

Bäume mit abgestorbenen Ästen, die von Krebs oder Bleiglanz befallen sind, mit großflächigen Stammwunden vom Frost oder schweren Rißwunden, deren Unterlage sich nicht mit der Veredelung verträgt, sind nicht zu retten. Sie müssen rchtzeitig gerodet, in tragbare Stücke zerlegt und aus dem Garten geschafft oder verbrannt werden, damit sich in ihnen keine Schädlinge und Krankheiten ansiedeln. Von dort aus greifen sie die gesunden Gehölze an. die Wurzeln sollte man so weit wie möglich ausgraben, bevor der alte Standplatz eingeebnet wird. Für den Schaden, den ein umstürzender Baum anrichtet, haftet der Eigentümer nach § 823 BGB, wenn er den gefahrdrohenden Zustand hätte erkennen müssen.

> Weiden, die von Raupen befallen werden, verändern sich in zwei Wochen so, daß ihre Blätter unverdaulich werden und das Wachstum der Insekten verlangsamen, Dasselbe geschieht mit Bäumen in der Nachbarschaft, die nicht befallen wurden. David Rhoades von der Uni Washington nimmt an, »daß irgendeine Substanz durch die Luft übertragen wird. Wenn wir einen Baumbestand roden, beobachten wir dieselben Wirkungen. Nahe Bäume ändern ihre Chemie, als wüßten sie von der Gefahr.« Andere Wissenschaftler fanden in Tomaten und Kartoffeln bei Schädlingsbefall Stoffe, die Insekten schwer verdauen.

Baumstumpf

Nicht überall im Garten kann man so ein großes Loch graben, wenn andere Pflanzen danebenstehen. Hier schält man den Stumpen ab, damit keine Stockausschläge nachtreiben, streicht ein Desinfektionsmittel wie Obstbaumkarbolineum darüber und stellt ein Vogelfutterhäuschen, ein Bade- und Trinkbrünnchen oder eine Blütenschale darauf. Läßt man Efeu oder einen anderen selbstklimmenden kleinwüchsigen Ranker daran hochwachsen, wird daraus ein Schmuckstück für den Garten.

Krebsgefahr
Baumruinen sind Sporenquellen und verseuchen die weitere Umgebung. Deshalb sollte man versuchen zu erreichen, daß sie auch in den Nachbargärten gerodet werden. Man wird dafür Verständnis finden. In krebsgefährdeten Lagen und Hausgärten ist alles Schnittholz zu beseitigen, da der Pilz noch jahrelang darin leben kann und Infektionsquelle bleibt. Wo abgeschnittene Zweige und Äste als Wildverbißschutz bis zum Frühjahr liegen gelassen werden, muß unmitttelbar nach dem letzten liegenbleibenden Schnee alles weggeräumt sein.

Krebs ausschneiden
Krebswucherungen an älterem Holz sollte man im Anschluß an den Baumschnitt bis auf das gesunde Gewebe sorgfältig ausschneiden oder mit dem Stechbeitel ausmeißeln. Wie weit das Pilzmyzel bereits vorgedrungen ist, erkennt man an der Rotverfärbung des Bastgewebes. Über diese Zone hinaus muß abgeschnitten werden. Danach pinselt man die Wunden mit einem desinfizierenden Baumwachs ein. Dafür hat sich Kankerdood sehr bewährt, das Kupfer enthält und die Wunden verschließt, so daß sie vor weiterer Ansteckung geschützt sind.

Säuberungsschnitt

Nach dem Laubfall werden die Bäume von dürren Ästen, Hexenbesen, Misteln und Baumschwämmen befreit. Immer schneidet man ins gesunde Holz und streicht ein Wundverschlußmittel über die Schnittfläche. Wo Äste nach innen wachsen, sich kreuzen oder reiben, alles, was zu dicht geworden ist, wird gründlich ausgelichtet, so daß die Kronen selbst unter dem Laub durchsonnt werden.

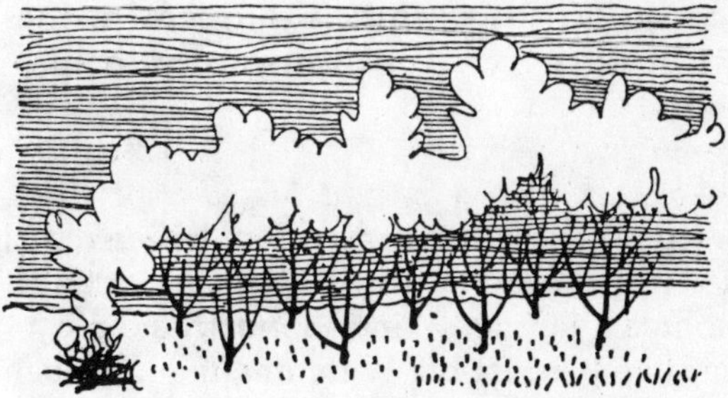

Frostschutz in der Obstblüte kann die Ernte eines ganzen Jahres retten. Bei den wenigen Gehölzen des Gartens genügt oft schon ein stark rauchendes Feuer.

Herbstfeuer

Feuer im Garten ist das natürlichste vorbeugende Pflanzenschutzmittel. Selbstverständlich muß man dabei die Grundstücks- und Rechtslage im Auge behalten. Wenn der Nachbar seine Wäsche auf der Leine hat, darf man nicht räuchern, es darf keine Brandgefahr aufkommen, und man kann alte Autoreifen nicht in die Flammen werfen. Dafür sind Verordnungen erlassen worden, die Tageszeit und Wochentag vorschreiben, wann was verbrannt werden darf, höchst unterschiedlich, so daß jeder bei der zuständigen Ordnungsbehörde nachfragen sollte.

Schädlingsverstecke

Schädlingsverstecke finden sich im Laub und hinter der Rinde, in den verschrumpelten Fruchtmumien an den Ästen oder im Gras. Darin überwintert die Monilia ebenso wie in Zweigspitzen, die bis ins gesunde Holz zurückgeschnitten werden, wenn sie verdorrt sind. An den Zweigspitzen findet man die Eigelege anderer Obstschädlinge wie die typischen ringförmigen Eiablagen des Ringelspinners und die schildähnlich angeordneten Eier der Apfelgespinstmotte. Goldafter und Baumweißling bauen an den Triebspitzen ein richtiges Winternest. Solche Zweige schneidet man heraus und verbrennt sie.

Blutlaus

Ungewöhnlich stark tritt in manchen Jahren die Blutlaus auf, die Fröste bis minus 25 Grad Celsius verträgt. Selbst ungewöhnlich strenge Winter hindern sie nicht daran, sich auszubreiten. Ist die Witterung mild, bleiben sie in ihren geschützten Kolonien auf den Ästen sitzen. In Erwartung sibirischer Kälte kriechen sie zum Wurzelhals und überwintern dort. Vor Spritzmitteln schützt sie der wachsartige Überzug, so daß alle Befallsstellen mit einem speziellen Blutlausmittel eingepinselt werden müssen.

Ölfilm

Die früher übliche Winterspritzung gegen Überwinterungsformen aller möglichen Schädlinge beschränkt sich darauf, alles Leben unter einem Ölfilm zu ersticken. Von dieser Methode ist man abgekommen und zieht die Austriebsspritzung mit Folidol-Öl und einem Kupfermittel (Cupravit) vor, das zwischen dem Knospenschwellen und dem Mausohrstadium (wenn die austreibenden Blättchen so groß wie Mäuseohren sind) unterschiedlos über alle Gehölze und Erdbeeren gespritzt wird. Als folgenlose Vorbeugungsmaßnahme mit breitem Wirkungsspektrum ist es eine im Hausgarten heute akzeptable Spritzmaßnahme.

Karbolineum

Karbolineum erstickt die Eibablage von Blattläusen, Apfelblattsaugern, Frostspannern, Kirschblütenmotten und anderen Schädlingen, es tötet Algen, Moos und Flechten. Insgesamt wirkt es reinigend auf Stämme und Hauptäste und regt das Wachstum der Gehölze an. Unterkulturen müssen abgedeckt werden; denn der Ölfilm ätzt und färbt, sei es die Haut, Kleidung, helle Hauswand oder überwinternde Grünpflanzen.

Kupferkalkbrühe

Kupferspritzmittel sind während der blattlosen Monate unentbehrlich. Die selbst hergestellte Kupferkalkbrühe ist Kupferfertigpräparaten an Wirksamkeit und Dauerwirkung überlegen: In einem Eimer werden für die 1%ige Brühe 50 g Kalkhydrat eingerührt, man füllt bis zur Hälfte Wasser auf, schüttet 100 g Kupfersulfat auf ein Sieb und spült es ebenfalls ein, bis 10 l im Gefäß sind. Mit Phenolphthalinpapier wird geprüft, ob die Testfarbe in Rot umschlägt. Wenn das nicht der Fall ist, muß weiter Kalkhydrat zugefügt werden, bis das geschieht. Für eine 2%ige Brühe werden die Kupfer- und Kalkgaben verdoppelt, kleinere Mengen gewinnt man mit prozentual verringerten Zusätzen. In jedem Fall muß die Kupferlösung in die Kalkbrühe gemischt werden und nicht umgekehrt, weil es sonst zu Ausfällungen kommt, die eine unbeständige Brühe ergeben.

Bei Sauerkirschen gibt Kupferkalkbrühe guten Schutz vor Monilia und Schrotschuß, bei Johannis- und Stachelbeeren hilft sie gegen Blattfallkrankheit, so daß die Blätter nicht vorzeitig abfallen. Die Kupferspritzung im Frühjahr hält das Laub gesund, so daß es bessere Ernten gibt. Stein- und Beerenobst sind weniger kupferempfindlich, so daß Kupferkalkbrühe angewendet werden kann. Ausgenommen sind Pflaumen und Zwetschen, solange sie belaubt sind. Dagegen hemmt eine mehrprozentige Kupferkalkspritzung bei Johannesbeeren den Knospenfraß der Vögel, da ihnen der Belag offenbar den Appetit auf die Knospen vergällt. Weiter bekämpft man damit vorbeugend holzzerstörende Pilze wie Grindschorf und Krebs, außerdem alle, die am Holz überwintern, um von dort aus das junge Laub zu überfallen wie die Schrotschußkrankheit.

Blattnarben

An jungen Trieben erkennt man Krebsbefall am Einsinken der Rinde um die Augen herum. Das zeigt, hier sind die Erreger eingedrungen. Es hat sich herausgestellt, daß die häufigsten Infektionsstellen Blattnarben sind, die der herbstliche Laubfall hinterläßt. Alle feuchten Lagen wimmeln von Sporenflug, auf vernäßten oder sehr wüchsigen Böden ist der Befall stärker, Tau- und Nebellagen fördern ihn.

Anfälligkeiten

Zu mastiges Wachstum, wie es nach Stickstoffdüngung auftritt, macht die Bäume anfällig für Apfelkrebs. Als stark anfällig gelten ›Cox-Orangen-Renette‹, ›Goldparmäne‹, ›Horneburger‹, ›James Grieve‹, ›Klarapfel‹ und ›Weißer Winterglockenapfel‹. Etwas weniger empfindlich sind ›Finkenwerder‹, ›Ingrid Marie‹ und ›Laxtons Superb‹, widerstandsfähig sind ›Altländer Pfannkuchen‹, ›Jonathan‹ und ›Martini‹.

Kupfer gegen Krebs

In Krebslagen genügt die mechanische Bekämpfung mit Säge und Stechbeitel nicht. Hier muß während des herbstlichen Befalls zwei- oder dreimal je nach Niederschlagsmenge mit Kupfer gespritzt werden, um die Blattnarben mit einem schützenden Belag zu versehen. Unmittelbar bei Beginn des Blattfalls gibt es die erste Spritze, einmal mittendrin und kurz nach Abfall des letzten Laubs. Regnet es so heftig, daß das schützende Kupfer abgewaschen wird, kann eine weitere Verkupferung nötig werden.

Schorf

In den abgestorbenen Blättern am Boden überwintert der Schorfpilz, eine der verheerendsten Pilzkrankheiten des Apfels. Hier erst bilden sich in krugförmigen Gebilden die zweizelligen Wintersporen. Von Anfang April bis Mitte Juni werden diese nach Regenfällen ausgestoßen und vom Wind in die Baumkronen geweht. Damit nicht schon die ersten jungen Blätter infiziert werden, muß alles verdächtige Herbstlaub restlos vernichtet werden. Denn aus dem mausgrauen Pilzbelag auf den Blattoberseiten entstehen massenweise Sommersporen, die der Regen innerhalb der Baumkrone verteilt. Werden Früchte befallen, verkorkt die Fruchtschale, das Zellenwachstum hört auf, und die Früchte platzen. In die Risse dringen Fäulniserreger ein und zerstören die Früchte.

Lagerschorf

Bis in den Herbst können sich Früchte anstecken, sogar noch während der Ernte. Auf dem Lager breitet sich Lagerschorf aus. Man erkennt ihn an vielen, kleinen, schwarzen Schorfflecken auf der Schale. So werden die verbliebenen Früchte unansehnlich. Deshalb wird bei sonnigem, trocken-warmem Wetter geerntet, nachdem es einen Tag nicht geregnet hat. Das fallende Laub fegt man laufend weg. Zur Zeit des Knospenaufbruchs hilft die Austriebsspritzung vorbeugend.

Rostansatz

Fruchtberostungen entstehen durch Beschädigungen der Fruchthaut, unter denen sich Kork bildet. Ingesamt sind neun Ursachen für Rostbildung bekannt, beginnend bei erheblichen Veränderungen und virusverseuchtem Pflanzmaterial. Tiefe Temperaturen zur Blütezeit. Temperaturschwankungen, Regen, Tau, hohe Luftfeuchtigkeit und kalte Beregnung sind für Rostzunahme verantwortlich. Tallagen sind gefährdet, die Früchte im Innern und auf der Schattenseite der Krone stärker betroffen. Praktisch beeinflußt alles, was auf den Baum einwirkt, die Fruchtberostung. Harmonisch ernährte Bäume, die auf humusreichen, gut durchlüfteten Böden stehen, sind dem nicht so ausgesetzt wie Bäume in hohem Grundwasserstand oder verdichtetem Untergrund. Hier läßt sich etwas machen. Eine weitere Ursache ist Mehltau vor allem bei ›Jonathan‹ und einigen anderen Sorten.

Schalenschäden

Rauschaligkeit oder Sternrissigkeit hat nur eine Ursache, einen Virus, der folgende Sorten befällt: ›Cox-Orangen-Renette‹, ›Finkenwerder‹, ›Golden Delicious‹, ›Martini‹, ›Glockenapfel‹ und ›Boskoop‹. Interessant ist, daß die Sorten ›Jonathan‹ und ›Weißer Klarapfel‹ nie Anzeichen dieser Krankheit gezeigt haben, während bei den genannten Sorten die Qualität der Früchte erheblich gemindert ist, außerdem bleiben die Früchte kleiner, und der ganze Ertrag sinkt. Bekämpfung ist nicht möglich, so daß man eine Sorte aufveredeln muß, die keine Symptome zeigt. Die Stilettkrankheit äußert sich in kleinen verkorkten Flecken auf der Schale, die später aufreißen.

Brennesselblättrigkeit

Viruskrankheiten steht man hilflos gegenüber, nur vor weiterer Verseuchung kann man die Gehölze schützen. Ein bekanntes Beispiel dafür ist die Brennesselblättrigkeit der schwarzen Johannisbeere. Die Blattveränderungen hemmen den Haupttrieb, zahlreiche Seitenaugen schlagen aus, so daß die Sträucher besenartig aussehen. Die Trauben werden kürzer und lassen die Beeren abrieseln, bevor sie reif geworden sind. Wenige Jahre nach der Infektion sind die Sträucher unfruchtbar. Es gibt Sortenunterschiede, die man bei der Neupflanzung ausnutzen kann. ›Rosenthals‹ zeigt sich besonders anfällig, während ältere Sorten weitaus gelassener reagieren.

Milben als Überträger

Johannisbeergallmilben übertragen die Viren. Man erkennt den Befall daran, daß die sonst gestreckten Knospen ballonartig angeschwollen sind. Diese Knospen treiben nach dem Öffnen nicht aus, sondern vertrocknen, nachdem sie von den etwa 0,2 mm langen, spindelförmigen, weißlich gefärbten Milben verlassen wurden. In einer einzigen Knospe leben bis über 10 000 Milben.

Schnitt genügt nicht

Der Gedanke, alle ballonförmigen Knospen im Winter wegzuschneiden, hat viel für sich. Aus ihnen wird nichts mehr. Aber als Abhilfe genügt es nicht; denn die Gallmilben sind so leicht, daß sie vom Wind über die Gärten verweht werden. Bienen und Hummeln verbreiten die Milben von Strauch zu Strauch. Hinzu kommt, daß Johannis- und Stachelbeeren ebenfalls von dieser Milbenart befallen werden, sie aber zeigen den Befall nicht offen mit angeschwollenen Knospen, sondern indem diese vertrocknen. Das sieht man zu spät für den Schnitt. Sind die Sträucher befallen, bleibt das radikale Roden. Es wäre zwecklos, in die Nähe gesunde Sträucher zu pflanzen, sie zeigen nach kurzer Zeit dieselben Schadbilder. Vermutlich werden die Viren von Wurzelnematoden übertragen.

Schwefelkalkbrühe
Eine Reihe von Spritzungen hilft zwischen Ende März und Ende der Blüte. Ein Glück dabei ist, daß ein Pilzmittel gegen Echten Mehltau und verschiedene andere pilzliche Krankheitserreger zugleich gegen Spinnmilben, Schildläuse und Gallmilben wirksam ist. Es ist die Schwefelkalkbrühe oder Kalifornische Brühe, die ebenso wie Kupferkalkbrühe selbst hergestellt wird. Aus 145 g Schwefelblüte und 85 g Branntkalk in 1 l Wasser wird die Stammlösung angesetzt. Zuerst mischt man das Pulver trocken gut durch, wobei 110 g Löschkalk den pulverisierten Ätzkalk ersetzen können. Mit dem Wasser versetzt, wird das Gemisch 45 Minuten unter ständigem Rühren gekocht, während das verdampfende Wasser nachgegossen wird. Es entsteht ein klare, gelbrote Lösung, die in einer verschließbaren Glasflasche aufbewahrt wird. Zur Spritzung verdünnt man auf 1: 40, wenn

Oben links: Die neuen Rosenarten sind robuster und natürlicher geworden. Leicht rankende Wuchsformen sehen besonders schön aus. *Oben rechts:* Fast ein halbes Jahr, von Juni bis zu den ersten Frösten, blühen die Rosen neuer Züchtungen witterungsfest und krankheitsfrei. *Unten links:* Früher war das größte Problem, Rosen mit anderen Pflanzen zusammenzubringen. Sie vertrugen sich kaum mit anderen Gartenpflanzen. Wie man sieht, geht das bei freier Gestaltung problemlos. *Unten rechts:* Sogar schöne und vitaminreiche Früchte tragen die meisten Rosenarten, aus denen die köstlichsten Marmeladen bereitet werden können.

grüne Pflanzenteile benetzt werden, damit unter ungünstigen Verhältnissen kein Gewebe verbrennt. Unbelaubte Pflanzen können mit wesentlich höherer Konzentration behandelt werden, je nach Anlaß im Verhältnis 1:10 oder 1:5.

Die meisten Obstarten vertragen Schwefelkalkbrühe besser als Kupfer, ausgenommen einige Stachelbeeren und Pfirsichsorten in belaubtem Zustand, außerdem einige Apfelsorten, wenn es warm und windstill ist, so etwa die ›Cox-Orangen-Renette‹, ›Berlepsch‹, ›Ananas-Renette‹, ›Ontario‹ und ›Weißer Winterkalkvill‹.

Gefahren am Lagerplatz

Der Pflanzenschutz ist nicht zu Ende, wenn Obst und Gemüse geerntet sind. Als erstes werden die Lagerräume von der Decke bis zum Fußboden mit warmer, 4%iger Sodalauge abgewaschen, besonders gründlich die Regale, Kisten und was sonst mit dem Erntegut in Berührung kommt. Ein Schmierseifenzusatz vestärkt die entkeimende Wirkung. Sind die Wände zum Schluß frisch geweißt, hält das im Dunkeln lauernde Schädlinge und Krankheitserreger von den Vorräten fern.

Oben links: Die bäuerliche Obstwiese hat sich nachträglich als die ideale Form der Untergrundbegrünung im Obstbau erwiesen. *Oben rechts:* Kleinkronige Baumformen mit kurzem Stamm sind für Pflege und Ertrag, Pflanzenschutz und Ernte so viel zweckmäßiger, daß man abgängige Hochstämme, so leid es dem grünen Herzen tut, roden sollte. *Unten links:* Der schwarze Holunder gehört im Obstgarten zu den neueren Beerenarten, vor allem geschätzt wegen seiner heilkräftigen Wirkungen. *Unten rechts:* Johannisbeeren sind im Garten ein ideales Beerenobst.

Ausschwefeln
Noch wirksamer ist es, den Lagerraum auszuschwefeln wie die Winzer das Weinfaß. Vorher wird der Raum ritzendicht zugeklebt und alle Metallteile entfernt oder unter einer Plastikfolie geschützt. Auf eine handhohe Sandschicht legt man 5 bis 10 g Schwefelblume auf 1 m^3 Rauminhalt und entzündet sie. Die Dämpfe sollen 24 Stunden einwirken, ehe gründlich gelüftet wird. Sehr wirksam sind 10 g Kaliumpermanganat in 20 cm^3 Formalin auf 1 m^3. Das Gefäß wird mit einem nassen Sack zugedeckt und der Raum luftdicht verschlossen. 3 bis 4 Tage sollen die aufsteigenden Dämpfe einwirken, bevor man auslüftet.

Temperatur
Die Lagertemperatur sollte zwischen 4 und 6 Grad Celsius liegen, die sich mit nächtlichem Lüften halten lassen. Ist der Heizungskeller zu nah, muß man notfalls mit Schaumstoffplatten eine Wärme-Isolierung auf die Innenwände montiert werden. 1 cm Hartschaum entspricht der wärmedämmenden Wirkung von 20 cm Vollziegelmauer, 2 cm reichen bereits, um die nachts eingeströmte Kaltluft zu speichern.

Luftfeuchtigkeit
Die relative Luftfeuchtigkeit sollte bei 80 bis 85% liegen. Ist der Keller naß, trocknet man die Kellerwände mit einem Heizgerät und streicht darauf mehrmals eine Mischung aus 9 Teilen Ziegelsteinpulver mit 1 Teil Blei-II-Oxid, die mit Leinöl streichfähig gemacht wird. Schimmel kann von den Kellerwänden abgefegt werden, nachdem man in einer Schale mit Salz konzentrierte Schwefelsäure gegossen hat und den Raum 12 Stunden dicht geschlossen hält.

Feuchtigkeit

Ist der Keller zu naß, zieht eine flache Schale mit Chlorkalium oder Salz die Feuchtigkeit aus der Luft. Zwei- oder dreimal in der Woche wird ausgewechselt und zur Wiederverwendung getrocknet. Katzensand erfüllt denselben Zweck. Ein trockener Lagerraum wird mit Ziegelsteinen ausgelegt, die mit einer Gießkanne feuchtgehalten werden. Die Luftfeuchtigkeit muß abgesenkt werden, je weiter die Reife der Früchte fortschreitet. Zugleich hebt man die Lagertemperatur an die obere Grenze an, da die Widerstandsfähigkeit des Gewebes gegen Infektionen nachläßt.

Reifegas

Um die Anreicherung von Reifegas zu vermindern, stellt man Holzkohle und Kaliumpermanganat auf, die mit Kieselgur oder ähnlichen Stoffen gemischt sind. Frische Luft zu Beginn der Lagerzeit bläst den gasförmigen Kohlenwasserstoff weg, der die Reifezeit verkürzt und Fruchtfleischbräune fördert. Schalenbräune wird von Zugluft verzögert, weil die flüchtigen Aromastoffe abziehen können. Die Aromastoffe des reifenden Obstes beeinflussen die Haltbarkeit anderer Lagergüter nachteilig. Damit sich keine fremden Gerüche festsetzen, vermeidet man, Kartoffeln, Kopfkohl oder gar Sauerkraut mit dem Obst zu lagern.

Torflager

Muß Obst zusammen mit Kartoffeln und Wurzelgemüse gelagert werden oder sind die Lägerräume aus anderen Gründen unzulänglich, kann man die Früchte einzeln in Seidenpapier wickeln und in Kisten mit feuchtem Torf einschichten. Der Torf soll mäßig feucht sein, damit die Früchte nicht faulen. Ist er zu trocken, schrumpfen sie.

Nachteilig ist, daß die Vorräte nicht regelmäßig kontrolliert werden können, sondern stichprobenweise.

Wurzelgemüse
Wurzelgemüse lagert am besten in mäßig feuchtem Floratorf, der das Gemüse vor gegenseitiger Fäulnis-Anstekkung schützt und zugleich dafür sorgt, daß es nicht austrocknet. Es ist nicht einfach, während der ganzen Lagerzeit die richtige Feuchtigkeit einzuhalten, etwa mit der Gießkanne, die über die Torfkiste gehalten wird, bis alles trieft. Wichtig ist, daß ausgereifte, gut gewachsene, unbeschädigte Wurzeln eingelagert werden, die von Erdresten, Blättern und Faserwurzeln befreit sind. Das Laub der Winterrettiche, Möhren, Gelben und Roten Rüben wird abgedreht, nicht geschnitten. Wurzelpetersilie behält wie Sellerie die unversehrten Herzblätter.

Folienlager
In Folienbeuteln gibt es kaum Verluste durch Verdunsten und Einschrumpeln, dafür ist die Gefahr von Fäulnis höher. In kalten Lagerräumen von 2 Grad Celsius geht das gut. Im Beutel konzentriert sich das ausgeatmete Kohlendioxid, bis ähnliche Verhältnisse entstehen wie im Kohlensäurelager. Nicht alle Obstsorten vertragen das, empfindliche Früchte reagieren mit Verbräunen der Schale und der Fruchtfleischzellen rund um das Kerngehäuse.

Stapel unter Folie
Bei einer anderen Art der Folienlagerung werden die Früchte in saubere Flachsteigen sortiert, so daß sie nicht mehr angefaßt und umgepackt werden müssen. Diese werden im Keller dicht gestapelt. So steigt die Luftfeuch-

tigkeit gegenüber dem Auslegen in Regalen. Wird über den ganzen Stapel eine durchsichtige Folie gezogen, läßt sich damit die Luftfeuchtigkeit steuern. Steigt sie zu hoch, wird gelüftet. Die Temperatur wird ebenfalls gleichmäßiger gehalten.

Kernobst in Beuteln

›Golden Delicius‹ wird für Folienbeutel empfohlen, bedingt eignen sich ›Berlepsch‹, ›Glockenapfel‹ und ›Jonathan‹. Keinesfalls dürfen in Folien gelagert werden die Sorten ›Goldparmäne‹, ›Cox-Orangen-Renette‹, ›Geheimrat Oldenburg‹ und ›Boskoop‹. Birnen können in durchlöcherten Beuteln aufbewahrt werden. Geeignet sind die Sorten ›Williams Christ‹, ›Conference‹ und ›Gute Graue‹, während ›Alexander Lucas‹, ›Köstliche von Charneux‹ und ›Clapps Liebling‹ nicht in Folien untergebracht werden sollen. Beim Kauf der Beutel sollte man geprüftes und gekennzeichnetes Material mit der Stärke von 0,03 mm nehmen, da der Lagererfolg von der Wandstärke und Dichtigkeit der Beutel abhängt.

Lagerkrankheiten

Frischluftzufuhr beugt zahlreichen Lagerkrankheiten vor, die nicht von Krankheitserregern verursacht werden und deshalb physiologisch genannt werden. Das sind Stoffwechselstörungen aus den mannigfachsten Ursachen. Eine kleine Reihe von Beispielen der häufigsten Vorkommnisse auf dem Obstlager:

Stippigkeit: Inselartige Verbräunung des Fruchtfleisches. Ursachen: Gestörter Stoffwechsel vor der Ernte, zu viel Stickstoff und Wasser. Besonders anfällig: ›Cox-Orangen-Renette‹, ›Krügers Dickstiel‹, ›Boskoop‹, ›Laxtons Superb‹, ›Ingrid Marie‹, ›Finkenwerder‹. Maßnahmen: Vier Wochen vor der Ernte zweimal mit 0,5 bis 1% Kalziumnitrat spritzen, große Früchte aussortieren und eher verbrauchen.

Glasigkeit: Fruchtfleisch sieht bereits am Baum stellenweise wäßrigglasig aus. Anfällig sind ›Goldparmäne‹, ›Cox-Orangen-Renette‹ und ›Melba‹. Zum richtigen Zeitpunkt ernten, befallene Partien aussortieren und zuerst verwerten.

Schalenbräune: Nach hohen Niederschlägen im Sommer und trockenem Herbst verbräunt die Fruchtschale vor allem auf der Schattenseite bei ›Boskoop‹, ›Cox-Orangen-Renette‹, ›Horneburger‹, ›James Grieve‹ und ›Martini‹. Den richtigen Erntezeitpunkt einhalten, Lagertemperatur und relative Luftfeuchtigkeit niedrig halten, viel frische Luft.

Lentizellenflecken: Als Folge von schlechter Witterung verbräunt das Fruchtfleisch unter den Lentizellen (Korkwarzen unter Spaltöffnungen der Furchthaut, um Atemluft an das innere Gewebe zu lassen) von ›Golden Delicious‹, ›Cox-Orangen-Renette‹, ›Martini‹ und ›Finkenwerder‹. Die Flecken sind erkennbar an einem roten Hof und werden Rottüpfelkrankheit genannt. Befallene Früchte müssen aus dem Lager genommen werden.

Markbräune: Steigt der Kohlensäuregehalt in der Luft des Lagers zu hoch an, verbräunt das Fruchtfleisch zwischen Kernhaus und innerem Gefäßbündelring bei ›Glockenapfel‹, ›Golden Delicious‹, ›Jonathan‹, ›Laxtons Superb‹,

›Boskoop‹, ›Cox-Orangen-Renette‹, ›Goldparmäne‹, ›Horneburger‹, ›Ingrid Marie‹. Lagerzeit nicht zu lang ausdehnen und Frischluftzufuhr.

Kältefleischbräune: Sind die Lagertemperaturen zu niedrig oder Stoffwechselstörungen am Baum, verbräunt das Fruchtfleisch zwischen Schale und Gefäßbündelring, meist bei ›Boskoop‹, ›Cox-Orangen-Renette‹, ›Altländer Pfannkuchen‹, ›Jonathan‹ und ›Ingrid Marie‹. Überreife Früchte nicht einlagern, die anderen langsam herunterkühlen auf äußerstenfalls 3 Grad Celsius, viel frische Luft zuführen.

Jonathanflecken: Scharf begrenzte bräunliche oder schwarze Flecken von 1 bis 2 mm Durchmesser. die eingesunken sind, obwohl nur die obersten, farbstoffhaltigen Zellschichten befallen sind, auf ›Jonathan‹ und anderen rotgefärbten Sorten von Typ IX. Rechtzeitig ernten und gut gekühlt lagern.

Bitterfäule: Eine Pilzkrankheit, bei der kreisrunde, scharf umgrenzte, konzentrisch angeordnete helle und dunkle Ringe auf der Fruchtschale erscheinen, die wie Hühneraugen aussehen. Die gelagerten Früchte werden fleckig, runzlig und faulen, ihr Fruchtfleisch schmeckt bitter. Unter Folie angereicherte Kohlensäure bremst den Ausbruch der Krankheit, zu hohe Luftfeuchtigkeit fördert sie.

Monilia: Verblüffend, wie scheinbar gesunde Früchte über Nacht durch und durch verfaulen. Ist die Fruchthaut fast schwarz (»Mohrenköpfe«) und beringt von dikken Sporenpolstern, sind es Moniliapilze, die im Innern zu Totalfäulnis führten, ehe sich die Fruchtschale schlagartig verdunkelt. Die Sporen dringen durch Wundstellen, Wespenstiche, Vogelfraß und Windstoß in die Früchte ein und verderben das Lagerobst, vor allem wenn die Temepratur nicht niedrig gehalten wird. Große, übermästete Früchte von jüngeren Bäumen und bei schwachem Behang sind besonders nach regenreichen Sommern gefährdet. Um die gegenseitige Anstekkung zu verhindern, werden die beschädigten oder, wenn es nicht zuviel sind, alle in Seidenpapier eingewikkelt und in Torf eingelegt.

Pflaumen

Frühzwetschen und Edelpflaumen lassen sich nur begrenzt lagern, während Hauszwetschen länger aufbewahrt werden können. Bei den Sorten gibt es Unterschiede in der Lagerzeit: ›Hauszwetsche‹ 6 bis 8 Wochen, ›Nancymirabellen‹, ›Viktoriapflaumen‹, ›Bühler Frühzwetschen‹ 6 Wochen, ›Frühe Fruchtbare‹ 3 bis 4 Wochen, ›Reineclauden‹ 2 bis 4 Wochen. Die Früchte müssen voll ausgereift und im festen Zustand geerntet werden. Nasse Pflaumen halten sich nicht, sondern faulen schnell.

Schädlinge behutsam bekämpfen

Was soll der Gartenfreund anfangen, wenn die Zeit der geflügelten Blattlausgenerationen gekommen ist? Es ist vorgekommen, daß der Straßenverkehr umgeleitet werden mußte, so dicht waren die Wolken wandernder Schädlinge. Soll er tatenlos zusehen, wie alle Blütenhoffnungen welken? Soll er sich die mühsam herangezogene Ernte streitig machen lassen? Das wäre zuviel verlangt; denn es gibt Pflanzenschutzmittel, die für Menschen und Tiere aus der Klasse der Warmblüter unschädlich sind.

Ungiftig ist nicht gleich gefahrlos

Für den Menschen und andere Warmblüter ungiftige Mittel werden im Garten gern genommen, weil damit nichts passieren kann. Woran die wenigsten denken, das ist die Breitenwirkung auf jedes Insektenleben. Es werden nützliche wie schädliche Tiere ohne Unterschied vernichtet. Darum sollte man auch mit den »harmlosen«, natürlichen Pflanzenschutzmitteln nur gezielt vorgehen und grundsätzlich bevorzugen, was als nützlingschonend bewährt und bekannt ist.

Insektenblume

Das ist ein Pulver, das aus den getrockeneten Blütenköpfen der Chrysantheme cinerarliifolium, der Dalmatinischen Insektenblume, gemahlen wird. Früher war ihr Name Pyrethrum, darum heißt das Mittel noch heute so. Es ist gegen Blattläuse, Blattwanzen, Blattwespenlarven, unbehaarte Raupen, Erdflöhe, Blatt- und Rüsselkäfer sowie gegen zahlreiche andere beißende Insekten wirksam. Der Wirkstoff kann am Tage vor der Ernte gespritzt und gestäubt werden, so schnell tritt die Wirkung ein, aber ebenso schnell ist sie wieder vorüber. Der Stoff ist binnen Stunden abgebaut.

Derris

Damit die Wirkung länger anhält, mischt man den insektentötenden Stoff Rotenon darunter, der aus den Wurzeln eines tropischen Schmetterlingsblütlers namens Derris eliptica gewonnen wird. Dieser für Mensch und Tier einschließlich Bienen unschädliche Stoff kann in der Nähe von Bienenstöcken, während der Blütezeit gegen andere Insektenarten eingesetzt werden. Da im Garten immer etwas blüht und der Sprühnebel oder Staub leicht vom Wind auf benachbarte Kulturen abgetrieben wird, ist man auf unschädliche Mittel angewiesen.

Allergien

Allergische Reaktionen sind von zahllosen Stoffen bekannt. Das muß nicht erst bewiesen werden, um beim Umgang mit ungiftigen Pflanzenschutzmitteln vorsichtig zu sein. Das bedeutet praktisch, niemals den Spritznebel einatmen, nicht rauchen, nicht essen und trinken während der Arbeit. Nach der Arbeit wird alles gründlich gereinigt, was mit dem Mittel in Berührung gekommen ist. Obst und Gemüse vor dem Verzehr zu waschen, wenn sie nicht geschält werden, ist schon wegen der Luftverschmutzung selbstverständlich.

Konzentrationen

Neben den vorgeschriebenen Wartezeiten sind die richtig eingehaltenen Konzentrationen wichtig. Sie sind so niedrig wie möglich angesetzt. Um davon eine annähernde Vorstellung zu geben, gehen wir einmal von einer 0,1%igen Spritzbrühe aus, von der 30 l auf 15 Bäume eines Obstgartens versprüht werden. Das sind durchschnittliche Werte. Das bedeutet, jeder Baum und seine nähere Umgebung werden von 2 g des Mittels getroffen. Von diesen gelangen bei 40 kg Fruchtbehang je Baum 5 mg, tausendstel Gramm auf jedes Kilogramm Früchte. Wir gehen dabei von einer Untersuchung des Pharmakologischen Instituts in Bonn aus, das mit etwa 10% Spritzbelag rechnet. Wird bis zur Ernte die reichlich bemessene Wartezeit eingehalten, sind auf den Früchten keine Spuren des Wirkstoffs mehr vorhanden.

Pflanzenextrakte

Wartezeiten fallen weg, wenn die zur Bodenpflege bereits vorgestellten Pflanzenextrakte gegen Schädlinge eingesetzt werden. Mit der Brennesseljauche (s. S. 52) lassen sich in gewissem Umfang Blattläuse und Pilzbefall eindämmen, wenn die Spritzbrühe auf 1: 20 verdünnt wird. Schachtelhalm wird stärker angesetzt mit 1: 5 für befallene Pflanzen und 1:10 zur Vorbeugung. Da Schachtelhalm nicht überall wächst, sondern auf sumpfigem oder sandigem Untergrund, kann man getrocknetes Kraut als Pulver bekommen. Davon braucht man 100 g auf 1 l Wasser, kalt angesetzt, eine halbe Stunde gekocht und dann verdünnt.

Farne

Die Schachtelhalmgewächse stehen den Farnen nahe, die mit einigen Arten an der Schädlingsvertreibung beteiligt sind. Getrockneter Wurmfarn wird ausgelaugt und verdünnt auf 1:10, um Schild-, Schmier- und Blutläuse zu durchdringen. Rainfarn ist botanisch kein Farn, sondern eine Art der Gattung Wucherblume, Chrysanthemum vulgare, deren getrocknete Blütenköpfe gegen tierische und pilzliche Schädlinge wirksam sind. Ein Extrakt von 300 g in einem Liter Wasser wird auf 1: 2 verdünnt, bevor die Pflanzen besprüht werden.

Wermut und Knoblauch

Ein Wermut ohne Prozente hilft gegen Blattläuse, Milben und Rost, wenn 100 g in 1 l Wasser ausgelaugt und 1: 3 verdünnt werden. Pfefferminztee verjagt Erdflöhe und Ameisen, Zwiebelschalen läßt man ziehen und spritzt einmal im Monat zur Vorbeugung von Pilzkrankheiten. Knoblauch ist erheblich vielseitiger. 500 g Zehen werden in kochendes Wassser geschüttet und die kaltgewordene

Brühe abgesiebt. Das verscheucht Erdbeermilben und Wühlmäuse, Kräuselkrankheit und Pfirsichläuse, Bakterien- und Pilzkrankheiten.

Quassiaholz
Wenn ein Insektengift zugleich als Magenmedizin angewendet wird, sind alle Bedenken ausgeräumt. Das trifft auf die Extrakte des Amerikanischen Quassiaholzbaumes (Quassia amara) aus der Gattung der Bittereschengewächse zu. Das bitter schmeckende Holz der 3 m hohen Bäume wird für die Herstellung von Wermutwein und anderen Spirituosen benutzt. Als Berührungsgift wirkt es auf Raupen, Blattwespenlarven und Blattwanzen. Weil es als Fliegenmittel verwendet wurde, ist es unter dem Namen Fliegenholz bekannt, sonst nennt es der Handel Bitterholz oder Surinamisches Quassiaholz. Die Späne werden ausgekocht, und zwar 150 g in 1 l Wasser. Darin läßt man sie bis zum nächsten Tag ziehen. Der Auszug wird mit einem halben Liter Wasser vermischt, in dem 250 g Schmierseife gelöst sind, bevor der Brei mit 10 l Wasser verdünnt wird.

Seifenlösung
Die Seifenlösung ist selbst als Pflanzenschutzmittel wirksam, wobei ungefähr 50 g bis 200 g in 10 l Wasser gelöst werden.
Das hilft gegen Blattläuse auf Gehölzen und verschiedene Raupenarten. Seifenlösungen mit Zusätzen werden grundsätzlich aus Schmierseife angesetzt, nicht aus anderen im Haushalt vorhandenen Seifen. Es gibt Pflanzenschutzseife, die gegen Insekten und Pilzkrankheiten zugleich eingesetzt wird. Mit 8 bis 10%, das sind 100 bis 150 g, Tabakextrakt erweitert sich die Wirksamkeit auf Blasenfüße, Blattflöhe, Zikaden, Mottenschildläuse,

Gespinstmottenraupen sowie die Jugendform von Schild- und Schmierläusen.

Spiritus

Setzt man 4 dl Spiritus zu, durchdringt die Lösung den Panzer von Wolläusen und anderen geschützten Schädlingen. Das gelingt ebenso mit 250 g Schmierseife, die heiß in 1 l Wasser mit 4 l Petroleum vermischt, zu einer milchigen Brühe geschlagen und mit 100 l kaltem Wasser verdünnt wird. Von dieser Mischung gehen Motten- und andere verdeckte Schildläuse, Blattwanzen und Gallmilben ein.

Leinöl

Spinnmilben verschwinden unter einer Seifenlauge mit Leinöl. Dazu werden in einem Liter heißem Wasser 100 g Schmierseife aufgelöst, 1 l kaltes Wasser und 1 l Leinöl zugegossen. Eine milchige Mischung entsteht daraus, indem man die ihrer Natur nach nicht mischbaren Flüssigkeiten mit einer Kolbenspritze schnell und oft hintereinander einsaugt und kräftig zurückspritzt. Das Öl verteilt sich dadurch in feine Tröpfchen, die sich eine Zeitlang im Wasser halten.

Schwefel

Spinn- und Gallmilben sind empfindlich gegen Schwefelkalkbrühe und andere schwefelhaltige Mittel. Sie sind bei warmem, sonnigem Wetter wirksamer und werden aus gemahlenem, ventiliertem Schwefel, nicht aus Schwefelblume hergestellt. Es genügt, wenn gestäubt wird, während Kupfermittel schlecht haften und deshalb kaum als Staub wirken. Feiner als Staub verteilen sich die Mittel beim Räuchern, Vergasen oder Verdampfen unter Glas.

Naphthalin
Gegen Spinnmilben und Blasenfüße wird Naphthalin verdampft. Wenn die Temperatur für 12 bis 36 Stunden auf 24 bis 34 Grad erhöht wird, genügt es, das weiße, kristallinische Pulver zwischen den Pflanzen auf den Boden zu streuen.

Ködermittel
Schnecken, Schnakenlarven, Erdraupen, Ohrwürmern, Haarmückenlarven, Kellerasseln und Küchenschaben, Tausendfüßlern, Maulwurfsgrillen, Wühl- und Feldmäusen, Ameisen und Japanischen Gewächshausheuschrekken wird jeweils ihre Lieblingsspeise geboten, die mit weniger bekömmlichem Zusatz vermengt ist. Dafür kommen in Frage Kleie und Haferflocken, Zucker und Bier, Erbsenbrei und Bruchreis.

Zur Naßbeize werden die Samen am einfachsten in kleinen, durchlässigen Säckchen in die Beizlösung gehängt, damit sie sich ebenso leicht wieder herausheben lassen.

Saatgutbeize
Saatgut, Knollen und Zwiebeln werden vor dem Auslegen gebeizt, um anhaftende oder im Boden lauernde

Krankheitserreger abzuwehren. Die Naßbeize kann mit einer Heißwasseranwendung gegen Wurzelmilben, Älchen und Fusarium-Fäule verbunden werden. Ein Bad in Kamillentee, Baldrian oder Eichenrinde reinigt das Saatgut von Keimen. Formaldehydlösung von 0,1 bis 0,2% genügt für Samen und zehnfach verstärkt bei Blumenzwiebeln und -knollen für die Dauer von 15 bis 60 Minuten, Zwiebeln und Knollen ausnahmsweise länger. Trockenbeizmittel machen weniger Umstände und können, wenn geeignete unbedenkliche Präparate entwikkelt sind, sicher ein hervorragendes, vorbeugendes Verfahren zum Schutz der keimenden Pflanzen in ihrem empfindlichsten Stadium sein.

Tiere im Garten

Nützlinge

Es gibt tierische Schädlinge, die von anderen Insekten getötet werden, den Nützlingen. Marienkäfer, Florfliegen, Schwebfliegen, Raubfliegen, Raupenfliegen, Raubwanzen, Schlupfwespen und räuberische Milben gehen als fertige Insekten oder Larven gegen die Pflanzenfresser unter ihren Artgenossen vor. Massenvermehrung einer Art wird gestoppt, wenn Zeit genug vergangen ist, daß der Nützling nachziehen konnte.

Zehrwespen

Als die Blutlauszehrwespen aus den USA nach Europa eingeführt wurden, ging der Blutlausbefall erheblich zurück. Hoffnungen knüpft man an einen Parasiten der San-José-Schildlaus, einer Schlupfwespenart aus Amerika, um diesen aggressiven Schädling vor allem von den Johannisbeersträuchern loszuwerden. Industriell ausgewertet wird bereits der Bacillus thuringiensis, dessen Sporen zu einem Spritzpulver verarbeitet und gegen Hunderte von Raupenarten im Garten verbreitet werden, ohne Schaden anzurichten.

Raubmilben

Weiße Fliege und Rote Spinne unter Glas und Folie können von Nützlingen ausgerottet werden, die neuerdings in Spezialpackungen für Kleingewächshäuser im Handel erhältlich sind. Bei Tomaten und Gurken sind Raubmilben und Schlupfwespen einzusetzen, solange ein ausreichender Schädlingsbestand vorhanden ist; denn um überleben zu können, brauchen die Nützlinge ihre Schädlinge.

Gallmücken

Wickenblattläuse werden auf einer kleinen Partie keimender Bohnen gezüchtet, damit die Gallmücken eine erste Nahrungsquelle haben. Sie werden vom Staatlichen Pflanzenschutzcenter Lyngby in Dänemark geliefert, um Blattläuse unter Glas zu bekämpfen. Sie brauchen zum Leben Honigtau, den diese Blattsauger ausscheiden. Die Gallmückenlarven aus den auf den Blättern abgelegten Eiern töten und saugen pro Kopf bis 50 Blattläuse aus, bevor sie sich nach 5 Tagen im Boden verpuppen. Zwei Wochen später schlüpft die zweite Generation und so fort, bis nach dem dritten Jahr selbst nach dem Winter genug erwachsene Gallmücken aus der Erde kommen, um allein mit der Blattlausplage fertigzuwerden.

Schädlingsvertilger

Viele andere Tierarten bewährten sich als Schädlingsvertilger: Igel und Spitzmäuse, Bilche und Siebenschläfer,

Erdkröten und Frösche, Lederlaufkäfer und Libellen, Blindschleichen und die ganze Vogelschar. Sie kommen in den Garten und bleiben da, wenn man sie in Frieden läßt, für Futter und Nistplätze sorgt. Selbstverständlich kann man mit ihrer Hilfe nur rechnen, wenn man sie nicht in dem Irrtum, einen Schädling vor sich zu haben, bekämpft oder vertreibt.

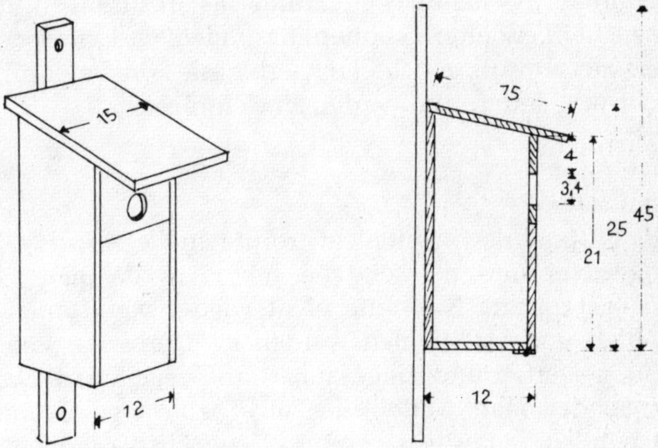

Nistkästen müssen die passenden Maße haben, damit sie angenommen werden und kleinere Vogelarten, meist die nützlicheren, nicht von größeren vertrieben werden.

Spitzmäuse

Die heimischen Feld- und Wald-, Haus- und Zwergspitzmäuse werden immer wieder für schädlich gehalten. Dabei sind sie an ihren spitzen Nasen und dem einheitlichen braunen oder schwarzen Fell deutlich zu erkennen. Es sind keine Nagetiere, sondern Insektenfresser, die von Insekten, Würmern und Schnecken leben, selbst junge Mäuse schädlicher Arten nicht verachten. Wo sie und die Gartenschläfer in Vogelnistkästen auf ihre kurze, intensive Fangzeit warten, sollte man sie ungestört weiterschlafen lassen. Ist Gesträuch im Garten dicht verwachsen, kann man hoffen, daß sie dort eine Schlafstelle suchen. Im sechsmonatigen Winterschlaf muß dafür gesorgt werden, daß sie vor Katzen und anderem Raubzeug geschützt sind. Es gibt verschiedene Methoden, am Stamm des Nistbaumes ein Hindernis anzubringen, das sie nicht überklettern können. Besonders wirksam ist ein Ring aus abwärts gerichteten Gerten; sie können darüber nicht wegklettern und verletzen sich nicht.

Nistkästen

Alte Nistunterlagen mit nicht erbrüteten Eiern sind voller Ungeziefer und müssen verschwinden, da Singvögel eine gebrauchte Niststätte nicht wieder benutzen. Die Höhlen und Halbhöhlen werden im Herbst abgenommen, geleert, gründlich gesäubert und desinfiziert. Dazu verwendet man Mittel, die nicht zu lange riechen, kochendes Sodawaser genügt. Neue Nistkästen hängt man im Herbst auf, damit sie bis zur Brut ausgelüftet sind und keinen fremden, die Vögel abstoßenden Geruch mehr in sich haben. Zum Teil dienen sie den Winter über als Wetterschutz und Schlafplatz.

Schlupflöcher

Beim Kauf oder Bau von Nistkästen sollte man darauf achten, daß die Fluglöcher so klein sind, daß Spatzen oder Stare nicht die kleineren Insektenfresser vertreiben. Wenige natürliche Nistgelegenheiten haben hier die Halbhöhlenbrüter wie Haus- und Gartenrotschwänzchen, Fliegenschnepper, Bachstelzen und Zaunkönige. Oft werden Halbhöhlen von Rotkehlchen angenommen.

Für Höhlenbrüter gibt es Niststeine, die in eine Mauer eingelassen werden, mit einem Hohlraum für das Nest mit einem kleineren Ziegel, der zum Reinigen herausgenommen werden kann.

Platzfrage

Das Schlupfloch sollte in Richtung Süden oder Osten zeigen. Frei hängende Kästen bringt man so an, daß der Regen vom schräg geneigten Dach nicht ins Flugloch tropft. Wichtig ist ausreichender Abstand zwichen den Nestern, die artgemäße Höhe über dem Boden. Freibrüter wie Girlitze, Braunelle, Stieglitz und andere brauchen Nisthilfen im Gebüsch, zusammengebunden aus Zweigen von Nadelbäumen oder Ginster. Das untere Ende wird an die Südost- oder Ostseite eines Stammes gebunden, das Bündel hochgeschlagen und oben festgebunden. Mit der Hand drückt man eine Höhle in das Büschel. Andere Freibrüter ziehen den flach auf der Erde liegenden Reisighaufen vor.

Brutfrieden

Brütende Vögel brauchen Ruhe. Gerade die Freibrüter verlassen mitunter das Gelege, wenn man neugierig die Sträucher auseinanderbiegt oder Nestunterlagen kontrolliert. Sind die Jungen bereits geschlüpft, hüpfen sie vor Schreck aus dem Nest und werden von den Eltern nicht mehr gefüttert. Wenn der Brutplatz angenommen ist, ist das kaum zu überhören. Wo ein Männchen singt, ist der Nachwuchs nicht weit. Erst im Herbst wird der Garten gründlich durchsucht und altes Nestwerk entfernt. Es verhindert, daß die Vögel an bewährte Brutplätze zurückkehren.

Knospenfresser

Nach der Schneeschmelze wird es trocken im Garten. Die Folgen haben Zier- und Beerensträucher zu spüren, deren Knospen von den Vögeln auf der Suche nach etwas Erfrischung aufgepickt und in der Gegend verstreut werden. Eine Vogeltränke ist deshalb wirksamer biologischer Pflanzenschutz, wenn man die Sträucher nicht jedes Jahr mit einem Vergällungsmittel oder Wasserglas zuspritzen will.

Vogeltränke

Eine Vogeltränke darf nicht zu tief sein, damit die Vögel ins Wasser treten können, nur 5 bis 6 cm an der tiefsten Stelle. Sie muß frei stehen, damit die Vögel Zeit haben, vor einer herankommenden Katze aufzufliegen, täglich mit frischem Wasser gefüllt werden und einwandfrei sauber sein. Ist ein Gartenteich vorhanden, läßt man darauf ein Vogelfloß schwimmen. Vier Hölzer werden zu einem Rahmen verbunden, an zwei gegenüberliegenden Seiten ein Stück Dachpappe angenagelt, die etwas durchhängt. Das Wasser sammelt sich in der Vertiefung, auf den Rahmenhölzern können die Vögel landen und in der Mulde baden. Eine Insel in der Mitte eines flachen Wasserbeckens wird gern angeflogen.

Vogelfutterplatz

Am wichtigsten ist ein Vogelfutterplatz, der von Herbst bis Frühjahr durchgehend mit naturgemäßem Futter versorgt ist. Körner- und Doppelfresser wie die Meisenarten bekommen ölhaltige Sämereien, Sonnenblumenkerne, Hanf, Mohn, ungesalzenes Fett, Rinder- oder Hammeltalg. Der Rinder- oder Hammeltalg darf nicht zu heiß werden, weil die Sämereien sonst an Nährwert einbüßen. Ein gutes Gemisch sind drei Gewichtsteile Fett und zwei verschiedene Sämereien wie Mohn, Hanfsamen, Sonnenblumenkerne sowie geriebene Hasel-, Wal- und Erdnüsse. Praktiker hatten gute Erfolge mit einem Gemisch aus Rindertalg und Weizenkleie im Verhältnis von 1:2, Finkenvögel und Ammern fressen stärkereiche Sämereien, Hirse, grob geschrotenen Weizen, Mais und Hafer. Die meisten Weichfresser ziehen im Herbst nach Süden, weil sie hier keine Insekten mehr finden. Doch bleiben sie am Standplatz, wenn sie mit gut gewähltem Weichfresserfutter aus dem Fachhandel versorgt werden. Das lohnt sich; denn sie sind eifrige Pflanzenschützer.

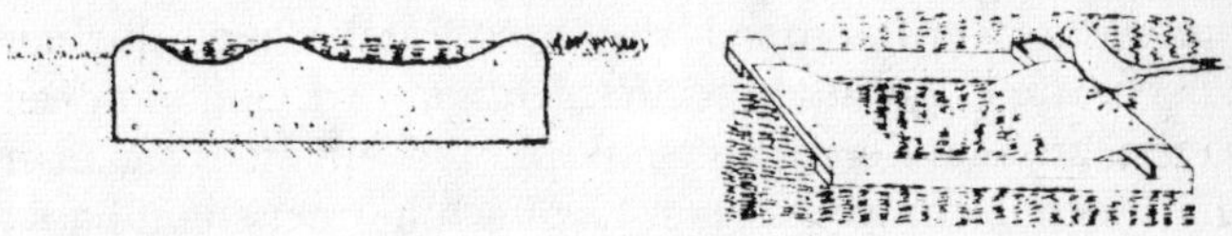

Vogeltränken: Links das Badefloß für eine größere Wasserfläche im Garten ohne flache Ränder. Vier Latten und ein Stück Dachpappe, die etwas durchhängt, ermöglichen den Vögeln die Landung. Andere Vogeltränken (rechts) werden unterschiedlich flach angelegt, daß Vögel verschiedener Größen darin planschen können.

Futterschutz

Der Futterplatz sollte frei stehen, so daß die am Boden nachlesenden Vögel nicht von Katzen gefährdet sind. Vor der Witterung sollte das Futter geschützt werden wie vorm Herunterfallen. Die Futterplatte wird von Leisten umgeben, die zugleich als Anflug dienen. Das Dach wird zur Wetterseite so weit heruntergezogen, daß sich die Vögel nicht scheuen, den dunklen Raum zu betreten. Für Meisenarten hängt man Fettfutternetze auf, da sie von den größeren Vogelarten von der Futterstelle vertrieben werden. Nisten sich Eichhörnchen und Mäuse an der Körnerkrippe ein, muß der Pfahl mit einer Blechmanschette versehen werden.

Igel
Ein Garten, in dem ein Igelpärchen lebt, ist frei von Mäusen. Sie vertilgen ansehnliche Mengen schädlicher Käfer, Larven und Schnecken. Wühlmäusen steigen sie so hartnäckig nach, daß sie tatsächlich verschwinden. Unter Experten gilt das als einzige wirksame Dauerhilfe gegen diese verheerendsten aller Gartenschädlinge. Ein bißchen problematisch wird allerdings der Appetit auf die ersten jungen Grünpflanzen. Davon lassen sie sich ablenken, wenn in der Nähe ihres Verstecks ein kleines Eckchen mit Igelfutter berücksichtigt wird. Sie brauchen einen zusagenden Unterschlupf, wo sie sich tagsüber verkriechen, unter dichtem Gebüsch in trockenem Laub, Gras oder anderem organischen Material, um darin eine kleine ausgepolsterte Höhle für ihre Jungen zu bauen. Die Paarungszeit beginnt unmittelbar nach dem Winterschlaf, sie endet erst spät im Sommer, fast im Herbst. Zoofachleute sagen, der Igel braucht rohes Fleisch, rohe Eier, Obst aller Arten, Weißbrot in Milch und reichlich Trinkwasser. Schnecken und Regenwürmer soll er sich selber suchen, dazu Käfer, Erdraupen, Frösche, Kaulquappen. Er frißt sogar Süßwasserfische, wenn sie ihm vorgelegt werden. Rindfleisch soll ihm lieber sein als Pferdefleisch.

Maulwurf
Lange wogte der Streit hin und her, ob der Maulwurf nützlich oder schädlich sei. Unbestritten frißt er keine Pflanzen, sondern Insektenlarven, Engerlinge, Erdrau-

pen, Schnecken, Draht- und Wiesenwürmer, selbst junge Mäuse. Aber er wühlt furchtbar und verschüttet manche junge Pflanze und Flachstaude unter seinen Erdhaufen. Ärgerlicher ist, daß sich in seinen Gängen schnell Wühlmäuse einfinden. Seit dem 25. August 1980 ist es verboten, Maulwürfe zu töten. Was bleibt übrig? Da seine Gänge geschlossen verlaufen, läßt er sich verhältnismäßig leicht mit einem Karbidstückchen oder petroleumgetränkten Lappen vertreiben. Mit einiger Geschicklichkeit läßt er sich fangen, ohne daß ihm etwas passiert, und draußen vor der Stadt aussetzen. Vorsicht, er beißt.

Wühlmäuse

Wühlmäuse bedrohen den Pflanzenanbau auf eine Weise, daß er ohne Bekämpfung aufgegeben werden muß. Die bisher bekannten Mittel und Methoden sind leider wenig wirksam, meist leisten sie nicht mehr, als die Tiere vorübergehend in Nachbargärten zu vertreiben. Das gibt ihnen Zeit, den Sommer über von Wurzelgemüsen zu leben und zentnerweise in ihren weitläufigen Burgen zu hamstern. Trotzdem machen sie sich im Winter über Ostbaumwurzeln her, daß starke Schäden bis zum Totalverlust des Baumes führen. Hinzu kommt, daß sie gleichzeitig säugen und tragen, sich also in atemberaubendem Tempo vermehren. Mit Wasser, Karbolineum, Petroleum und Abgasen aus dem Benzinmotor erreicht man nicht viel, weil die Nester zu tief liegen und von ausgedehnten, reich verzweigten, an der Oberfläche offenen Gängen abgeschirmt werden. Sobald Gase oder Gerüche eindringen, wühlen die Mäuse gefährdete Gänge zu. Fallen stellen verlangt sehr viel Geduld und Geschicklichkeit, die man erlangt, wenn man Mäuse hauptberuflich fängt. Das gibt es bereits. Wenn tiefe Gänge in festen Böden gegraben sind, helfen Räucher-

und Begasungsmittel oder Benzinmotorgase, fünf Minuten lang bei Leerlauf mit einem Schlauch eingeführt. Öffnet man die Gänge, erscheinen nach wenigen Minuten einzelne Wühlmäuse, um die Stellen zu verwühlen. Hier hilft ein Schlag mit dem Spaten.

Feldmäuse

Noch schneller vermehren sich die Feldmäuse mit der höchsten Vermehrungsrate aller Säugetiere. Als Säuglinge im zarten Alter von 11 bis 13 Tagen werden sie geschlechtsreif, und mit 33 Tagen bringen sie nach einer Tragzeit von 20 Tagen ihren ersten Wurf zur Welt. Von Februar bis November folgt alle 20 Tage ein Wurf nach dem anderen, in Verstecken sogar bis in den Winter hinein, selbst bei Frost unter einer dünnen Schneedecke. Das führt zu astronomischen Zahlen. Obstbäume in Grasland sind stärker gefährdet als frei stehende. Es hilft etwas, die Stämme eine Handspanne weit ringsherum von Gras- und Unkrautbewuchs freizuhalten. Den Wurzelhals kann man mit feinem Drahtgeflecht schützen, das eine Handbreit tief eingegraben wird. Sind trotzdem Nageschäden aufgetreten, wird ein desinfizierender Wundverschluß aufgetragen. Sind die Schäden größer, häufelt man den Stamm an, um die Verdunstung herabzusetzen.

Wühlmäuse im Eimer

Wühlmäuse fallen in vergrabene Eimer, die eine Handbreit mit Waser gefüllt sind (einige Bohrlöcher in dieser Höhe lassen überflüssigen Regen abfließen). Man vergräbt sie bis zum Rand in der Nähe von Mauerwerk, wo sie viel herumlaufen. Es dauert 2 bis 3 Wochen bis sie sich daran gewöhnt haben. Dann gehen sie in die Falle.

Maikäfer

Unter der Erde richtet der Maikäfer Schäden an. Daß die behäbigen Brummer seltener geworden sind und als Schokoladenkäfer fast soviel Sympathien genießen wie der Osterhase, darf nicht darüber hinwegtäuschen, daß sie in Abständen massenhaft auftreten und Totalschaden verursachen. Ihre Engerlinge fressen im zweiten und dritten Jahr die Wurzeln ganzer Salat-, Kohl- und Erbeerkulturen ab. Gerade in den zurückliegenden Jahren sind sie im süddeutschen Raum wieder verheerend aufgetreten. Es gibt Anzeichen, daß in bestimmten Zyklen, die nichts mit dem drei- bis fünfjährigen Entwicklungszeitraum vom Engerling zum Flugkäfer zu tun haben, nach 15, 38, 50 oder 100 Jahren wieder eine Massenvermehrung kommen wird. Es hängt mehr von dem Vorkommen bestimmter Futterpflanzen wie Löwenzahn und Pilzkrankheiten ab, die diese Art befallen als von der veränderten Umwelt.

Marienkäfer

Marienkäfer mit zwei oder sieben Punkten haben sich in einem Sommer so maßlos vermehrt, daß sie mit den Blattläusen schnell fertig wurden. Immerhin braucht jede der Larven mindestens 200 Blattläuse, aber sie saugen auch die dreifache Menge leer, wo die Kolonien dicht sitzen. Also sitzen sie schnell auf dem trockenen, stellen sich auf vegetarische Nahrung um und richten an Stauden und Sträuchern Blattschäden ungeahnten Ausmaßes an.

Käferlarven

Es sind nicht nur die bis 4 cm langen Engerlinge der Feld- und Waldmaikäfer, sondern die verschiedener anderer Blatthornkäfer, vom Junikäfer, Gartenlaubkäfer und anderen, die man findet, wenn welkende Salat- und Kohlpflanzen vorsichtig aus dem Boden gehoben werden. Bei jeder Bodenbearbeitung sollte man alle Arten von Käferlarven aufsammeln. Finden sich verdächtig viele, legt man auf befallenen Beeten Fanggruben an, die mit Kompost gefüllt und mit einem Stock markiert werden. Dorthin ziehen sich Engerlinge gern zurück und werden im Februar, spätestens März herausgesammelt. In der Flugzeit kann man gefährdete Flächen mit 20 kg Ätzkalk auf 100 m^2 bestreuen, so daß die Eiablage verhindert wird.

Drahtwürmer

Die Larven der Saatschnellkäfer sind mit Recht als Drahtwürmer bekannt; denn es sind harte Burschen. Damit sie nicht an Kartoffeln und Kohl, Möhren und Salat, Tomaten und Erdbeeren fressen, drückt man im Abstand von halben Metern halbierte Kartoffeln mit der Schnittfläche zwei- bis dreifingerbreit in die Erde. Alle paar Tage hebt man die Köder mit dem Spaten und einem Klumpen Erde heraus und sammelt die Schädlinge ein. Welkender Salat wird ebenso ausgegraben und die unterirdischen Fresser vernichtet. Stellenweise wird Salat sogar als Drahtwurmfalle gepflanzt.

Ohrwürmer

Ohrwürmer sind in Maßen nützliche Schädlingsvertilger, in Massen gefräßige Pflanzenschädlinge. Sie zerstören Dahlienblüten und andere Zierpflanzen, Früchte, das Kraut von Wurzelgemüse und Erbsen, Gurken und Zwiebelgewächsen bis zu völligem Kahlfraß. Wo die gefangenen Ohrwürmer von geschäftstüchtigen Händlern in ihren Sammelgefäßen als Pflanzenschützer angeboten werden: Vorsicht!

Maulwurfsgrillen

Maulwurfsgrillen (Werren) halten sich gern in Früh- und Saatbeeten auf. Sie ernähren sich hauptsächlich von lebenden Pflanzenteilen, Keimlingen, Wurzeln und Knollen und richten damit ebensoviel Schaden an wie mit der ausgedehnten Wühlarbeit. Nebenbei wird gern ein Regenwurm genommen. Sie vergraben sich im Herbst in künstlich angelegten Winterquartieren aus Kompost in Gruben oder Gräben. Kann man so lange nicht warten, gräbt man Gläser in die Erde, so daß ihr Rand 2 bis 3 cm unter Niveau liegt. Die Erdkrebse fangen sich darin.

Schnecken

Völlig eindeutig ist die Einstellung gegenüber den Schnecken. Besonders heimtückisch sind die kleinen Nacktschnecken, von denen am Tage nur die Fraßschäden sichtbar sind, die deshalb oft anderen Schädigern zugeschrieben werden. Diese Weichtiere sind zwittrig, jedes Tier kann bis 400 Eier legen, so daß es bei feuchtwarmem Wetter zur Massenvermehrung kommt und an Befallsstellen bestimmte Kulturen unmöglich sind. Die Fraßwerkzeuge dieser Weichtiere sind so hart, daß sie stark verholztes Pflanzengewebe angreifen, aber lieber sind ihnen Jungpflanzen und die Erdbeerbeete. Von ihnen kann man Schnecken fernhalten, indem man streifenweise um die Beete Branntkalk oder Kalkstickstoff streut, die zu starker Schleimabsonderung führen, bis die Tiere austrocknen. Andere Stoffe wie Koniferennadeln oder scharfe Schlacke sollen das Überqueren erschweren. Senfkörner sollen wegen ihres scharfen Geruchs eine ähnliche Wirkung haben, allerdings keimen die Körner rasch, und zwischen den Erdbeerreihen ist Gründüngung nicht angebracht. Sind die gefangenen Schnecken kurz und schmerzlos in kochendem Wasser getötet worden, hält das die nächtlich herankriechenden Mollusken fern, wenn der Sud am Abend ausgegossen wird, wo man die Nachtquartiere vermutet.

Ameisen
Von den ungefähr 6000 Ameisenarten leben 80 in deutschen Landen, von der Großen roten Waldameise, die als nützlicher Schädlingsvertilger nadel- und laubfressende Raupen in die großen Burgen schleppt und verfüttert, bis zu den kleinen schwarzgrauen Wegameisen, die mit ihrer Blattlauspflege im Garten schädlich sind. Sie schützen und hegen Blatt-, Schild- und Mottenschildläuse und tragen zu ihrer Verbreitung bei, weil sie deren zuckerhaltige Ausscheidungen als Nahrung schätzen. Auf dem Rasen und in Polsterstauden ersticken die Ameisenhaufen flachwachsende Pflanzen. Im Frühjahr fressen sie den frischen Austrieb an, um sich am Pflanzensaft zu laben. Blüten zernagen sie, wenn sie anders nicht an die Nektarquelle kommen. In Kleingewächshäusern und Frühbeeten schaden sie den Aussaaten vor dem Keimen, indem sie Samenkörner in ihre Nester tragen. Wird es zu schlimm, stellt man Blumentöpfe, die mit trockener Erde gefüllt sind, umgekehrt über die Nester. Sie tragen gern ihre Puppen hinein. Gräbt man die Nester auf und legt einen Haufen Reisig daneben, der mit einem Tuch abgedeckt ist, sammeln sie ihre Puppen auf einen Haufen und sind leicht einzusammeln. Verlegt man ihnen die Zugangswege mit Lavendelzweigen, Thymian- und Majoranduft, werden sie von Küche und Vorratskeller ferngehalten.

Ameisenpuppen
Die Ameisenpuppen sind ein ideales Winterstreufutter für Weichfresser, die Insektenfresser unter den Vögeln

mit dem spitzen Schnabel. Sie behalten ihren kräftigen Duft und bleiben frisch, wenn man sie auf einem Backblech dörrt. Sie bleiben so lange in der Hitze, bis sie nicht mehr leben, aber noch ihre hellgelbe Farbe haben.

Deutsche Wespen

Wespen sind schädlich, weil sie reifes Obst anfressen, und gefährlich, wenn man sie auf dem Bienenstich oder im süßen Sprudel in den Hals bekommt (das hat schon manchen das Leben gekostet). Als Fleischfresser machen sie sich nützlich, weil sie schädliche Insekten vertilgen. Bevor sie den Garten an warmen Sommertagen unbewohnbar machen, muß man bereits im zeitigen Frühjahr die überwinternden, befruchteten Königinnen fangen, die etwas größer als normale Wespen sind. Dazu hängt man Köderflaschen auf, die mit Lockstoffen gefüllt sind wie Zuckerwasser, Syrup, Apfelsaft mit Essig oder Bier, das sie von weither anlockt. Frei hängende Nester kann man nach der Flugzeit an Ort und Stelle verbrennen, wenn es vorsichtig geschieht. Besser stülpt man eine Plastiktüte über das Nest, nimmt es ab und vernichtet es mit Feuer oder kochendem Wasser. Das befruchtete Weibchen überwintert gern im Haus, Gartenhaus oder Kleingewächshaus, wo es warm und trocken ist. Ihr Nest baut sie erst ab Frühjahr und legt darin bis zu 1500 Eier ab.

Folien haben sich bewährt

Im April sind unter Folientunneln Temperaturen von 18 Grad Celsius gemessen worden, 6 Grad mehr als im freien Land daneben. Dadurch erhöhte sich die Bodentemperatur um 3 Grad auf 13. Auf den warmen Fuß kommt es bei wärmeliebenden Kulturen an, die in den kurzen Sommerwochen nicht voll ausreifen.

Reifehauben mit Sonnenkollektoren

Kleingärtner haben ein neues Verfahren ausgedacht und erprobt, wie die tägliche Sonnenwärme für die kühle Nacht danach gespeichert werden kann. Sie stellen großbauchige Chiantiflaschen (jede andere tut es auch, die grünglasigen besonders gut) neben die Pflanze unter die Reifehaube. Das Wasser darin erwärmt sich so stark, daß es unter der Haube am nächsten Morgen noch 2 Grad wärmer ist als draußen. Das Verfahren wurde vom bedeutendsten Folienanbieter auf der Internationalen Gartenfachmesse vorgestellt, obwohl es wissenschaftlich noch nicht getestet ist.

Mulchfolie

Es leuchtet unmittelbar ein, daß Erdbeeren (s. S. 203), Buschbohnen, Tomaten, Salat und viele andere Pflanzen besser in dunkler Folie gedeihen. Blätter und Früchte bleiben sauber, sind weniger anfällig gegen Krankheiten, die vom Boden aus die Pflanzen anstecken. Vor Grauschimmel bieten Folien fast vollständigen Schutz, ebenso gegen zahlreiche andere Pilzerkrankungen der Gemüsepflanzen. Die Ernte ist 8 bis 10 Tage früher reif, weil die Bodenwärme gleichmäßig höher liegt. Mehrerträge bis zu 50% sind keine Seltenheit.

Folientunnel sind nicht nur im zeitigen Frühjahr, sondern über empfindlichen Kulturen und in rauhen Klimazonen ganzjährig ein idealer Witterungsschutz.

Schlitzfolie

Das Wässern foliengedeckter Beete wurde einfach, als die ersten Schwarzfolien mit feinen Schlitzen auf den Markt kamen, die durchlässig für Wasser und Gasaustausch sind, als läge keine Folie dazwischen. Wer will, kann sogar Pflanzenschutzmittel darauf sprühen, und es gibt keine Verluste. Trotzdem ist es darunter dunkel genug, weil sich die Schlitze nicht öffnen, so daß Unkraut an Lichtmangel eingeht.

Reifehauben gegen Braunfäule

Die Reifehauben ersetzen die Kupferspritzungen gegen die Braunfäule der Tomaten. Alle zwei Wochen müßte einmal vorbeugend gespritzt werden, weil der Schaden nicht wiedergutzumachen ist. Ursprünglich war Glas die einzige Möglichkeit, im Frühjahr eher zu säen und im Herbst länger zu ernten. Jetzt sind Folien lichtfest gemacht worden, so daß sie länger als eine Kulturdauer geschmeidig und haltbar bleiben. Sie sind so leicht, daß zarteste Keime nicht krumm werden, hauchdünn, 0,04 bis 0,1 mm stark, extrem leicht, aber zugfest, entweder lichtdurchlässig, fast klarsichtig bis milchig trüb, weiß pigmentiert als Schattierfolie im Sommer, schwarz als Mulch- und Unkrautfolie zur Bodenbedeckung unter Erdbeeren, Gurken und verwandten Gemüsearten, im Obstbau und ausnahmsweise bei wasserscheuen oder anderweitig empfindlichen Ziergewächsen.

Folien wachsen mit

Grundsätzlich geschützt sind die kulturberührenden Flachfolien, deren 14 000 kleine Schlitze auf 1 m^2 sich so weit dehnen und öffnen, daß sich die Fläche um ¼ vergrößert. Die Bahnen sind weniger flatterig im Wind. Sie liegen, an den Rändern leicht beschwert, wie feuchtes Löschpapier auf den Pflanzen, aber fast schwerelos. Deshalb können sie nach Aussaat oder Auspflanzen aufgelegt werden und bleiben bis knapp 2 Wochen vor der Ernte darauf liegen.

Nachteile

Einige Nachteile dürfen nicht verschwiegen werden. Wird der Sommer heiß, kann unter der Abdeckung eine brütende Hitze entstehen. Die Pflanzen schließen die Spaltöffnungen, um die Wasserverluste zu verringern. So lange wachsen sie nicht weiter. Unter Folienabdekkung bildet sich mehr Nitrat im Gemüse, weil die

Oben: Die Meisenarten gehören zu den aktivsten Schädlingsverzehrern im Garten, bis zwei Zentner Ungeziefer soll ein Pärchen mit Jungen im Jahr vertilgen. *Unten:* Ein Igel im Garten hält ihn frei von vielen Bodenschädlingen, aber man muß für seine ungestörte Ruhe sowie das richtige Futter sorgen, um ihn als Dauergast zu behalten. Jungigel aus Zweitwürfen müssen zum Überwintern ins Haus geholt werden.

geringere Lichtstärke der Sonne weniger in Ammonium umwandelt. Das trifft besonders auf die weiße Schattierfolie zu, die alle Schutzwirkungen hat wie die durchsichtige, aber nur vorübergehend aufgelegt werden darf.

PE-Folien in der Praxis

Zweck	Dicke mm	transparent	weiß deckend	schwarz eingefärbt	gelocht 10 mm-Ø je m²	UV-stabilisiert
Mulchen bei Erdbeeren etc.	0,04	o	o	+	o	o
Bodendecke bei Spargel	0,05	+	o	o	o	o
Tunnel mit Schnurspannung	0,10	+	o	o	100	o
Folien-Gewächshäuser	0,15–0,20	+	o	o	o	+
Bodenbedeckung	0,05	+	o	o	250–1000	o

Links oben: Reifehauben für Tomaten und andere wärmebedürftige Gemüsearten halten ebenso den Schädlingsbefall fern wie die Mischkulturen auf den Nachbarbeeten. *Rechts oben:* Fein geschlitzte Schwarzfolien, die schon vor der Erdbeerpflanzung auf dem Boden ausgelegt werden, haben sich als der beste Kulturschutz erwiesen. *Rechts unten:* So fein gesponnen sind die Vogelnetze aus Kunststoff, daß sich die Tiere nicht darin verfangen und verletzen können.

Vliese

Das Neueste sind geflockte Vliese, die luftdurchlässiger, aber nicht weniger lichtdurchlässig als Folie sind. In einem Punkt sind die leichten, lockeren Vliese den Folien überlegen: Wenn im Winter die Feuchtigkeit im Gewebe gefriert, wird die Abdeckung praktisch luftundurchlässig. Weil sie ab Frühjahr mehr frische Luft durchlassen, kann man die Vliese länger auf den Kulturen liegen lassen. Der Übergang zum ungeschützten Anbau ist bei Folien manchmal von Welke und trockenen Blatträndern begleitet. Wenn man auf das richtige Wetter wartet, mild, aber nicht zu sonnig, wirkt das Abnehmen der Vliese weniger schockartig. Kopfsalat, andere Salate und Wurzelgemüse werden erst bei der Ernte abgedeckt, die größeren Gemüsearten wie Blumenkohl, anderer Kohl und Porree einige Wochen vorher. Bei robusten Gemüsen sind die Eisheiligen der richtige Abdecktermin, sonst Ende Mai, ausgenommen Blütenpflanzen, die auf Bestäubung angewiesen sind.

Abc der Gartenbau-Folien

EVA-Folien: Reißfester, elastischer, aber leichter zu überdehnen und wegen des Anteils von Vinylacetat bis 18% weniger wärmedurchlässig als PE-Folien.

IR-Durchlässigkeit: Langwellige Wärmestrahlung (Infrarot) wird am besten von trockenen PE-Folien durchgelassen, während benetzte Folien dafür fast undurchlässig werden.

PE-Folien: Fast ausschließlich im Gartenbau verwendet, weiß oder rußschwarz eingefärbt oder im Luftpolsterverbund, aus Polyethylen.

Polyester-Folien: Hoch widerstandsfähig, halt- und belastbar, neigen zum Spleißen und sind für IR-Strahlung am wenigsten durchlässig.

UV-Beständigkeit: Das ultraviolette Sonnenlicht schädigt Kunststoffe, die nicht mit UV-Stabilisatoren versehen sind, am schnellsten PE-Folien, EVA- und PVC-Folien an zweiter Stelle, Polyester-Folien sind am beständigsten.

Weich-PVC-Folien: In Dicken von 0,5 bis 2 mm zum Bau von Wasserbecken eingesetzt, wegen des hohen Preises sonst kaum im Gartenbau.

Netze

Werden die Zwischenräume immer schmaler, werden gelochte Folien zu Kunststoffnetzen, die sich beim Vogelschutz als unübertroffen zuverlässig herausgestellt haben. Sie kommen als dicke Seile an und werden breitgezogen, um die Beeren oder Beete zu überziehen. Sie sind so leicht, daß man sie hinterher mit einem Streichholz entfernen kann. Das entwickelt kaum Hitze, einen Augenblick lang, dann ist alles zu Kohlendioxid und Wasser verpufft, den harmlosesten aller Rückstände. Neu sind Netze mit Glitzerplättchen, die aussehen, als ob sie sich ständig bewegten. Die Vögel werden abgeschreckt, damit sie sich nicht im Netz verfangen. Zur Befestigung über Beeten gibt es die altbewährten Folienhalter.

Ranknetz

Die weitesten Maschen mit 150 x 150 mm hat das Ranknetz für Stangenbohnen, hohe Erbsen, Tomaten, Wikken, Clematis und andere Klettergewächse. Sie sind praktischer als Stangen und Spaliere: nach der Ernte leicht mit dem Laub zusammengrollt und weggebracht. Sie rosten und faulen nicht, an ihnen setzen sich keine Krankheitserreger und Schädlingskeime fest, die bei Hülsenfrüchten und Nachtschattengewächsen von einem Jahr ins nächste verschleppt werden, wenn man die Hölzer nicht gründlich desinfiziert. Das gilt ebenso für die plastikummantelten oder bezinkten Welldrahtstäbe, aus denen sich wiederum ein ganzer Stall von Stützen und Stäben für haltebedürftige Pflanzen entwickelt hat.

Kohlfliegen gehen ins Netz

Blumenkohl wird neuerdings stark von Kohlfliegen befallen, so daß der Anbau gebietsweise kaum noch lohnt. Das Institut für Gemüsebau im dänischen Aarslev versuchte das auf einem neuen, naturgemäßen Weg zu umgehen: Feinmaschige Netze verhinderten die Eiablage des Schädlings, so daß der Befall praktisch aufgehört hat. Das Unkraut wird allerdings ebenso davon gefördert wie die Kohlpflanzen selbst. Deshalb werden die Jungpflanzen wie Erdbeeren in Schwarzfolie gesetzt.

Vielseitige Schutzgitter

Doch die Reihe der Gitter ist nicht zu Ende. Witterungs- und altersbeständig in 3 Maschenweiten von 10 x 10 mm bis 25 x 25 mm werden sie verwendet als Schutzgitter, Umzäunung, Abdeckung, Baumschutz, Sichtschutz für Balkon und Volieren. Es sind Kompostsilos aus Kunststoff- und Welldrahtgittern auf dem Markt. Und als die einfachste Art, Kompost zu gewinnen, können die schwarzen, gelochten Kunststoffsäcke gelten, in denen man 400 Liter verrottendes Material einfüllt, verschließt und wegstellt.

Kleinteile

Weil so haltbar und pflanzenfreundlich, sind eine Fülle von Kleinteilen für die Pflanzenzucht heutzutage aus keimfreiem Pastikmaterial gefertigt. Um nur einige als Beispiel aufzuzählen: Baumanbinder und Bindebast (aus Plast), Pflanzen- und Drehbinder, Rankenhalter und Gartenschnur, Pflanzschildchen, Steck- und Binde-Etiketten, der Bindedraht ist plastikummantelt. Gegenüber natürlichem Material, echtem Bast oder Holz draußen in Wind und Wetter, kann man sich die Vorzüge der Kunststoffe an den Fingern abzählen.

Bewässerung

Ein warmer, sanfter, anhaltender Landregen ist noch immer die beste Wassergabe für alle Gartenpflanzen. Leider kann man sich nicht darauf verlassen. Im Gegenteil. Unser Klima bringt am wenigsten Regen, wenn die Obstgehölze das meiste Wasser brauchen, von der Blüte bis Mitte Juli. Erst danach setzt der sommerliche Monsum ein und beendet den niederschlagsarmen Frühsommer. So kommt es, daß eine termingenaue, richtig bemessene Bewässerung die Erntemenge bis auf über 200 Prozent erhöhen kann.

Wassergaben

Wassergaben zur rechten Zeit steigern den Ertrag vom Erdbeerbeet über 50%. Dieselben Wassermengen zur falschen Zeit können bis zu 25% weniger Beeren bringen. Der Rasen braucht in einer wolkenlosen Sommerwoche 250 Kannen Wasser von 10 l auf 100 m², damit die obersten 10 cm der Grasnarbe durchfeuchtet sind. Das sind 25 Zentner Gießwasser, die man nicht zu tragen braucht, wenn man das schwere Wasser durch Schlauch und Sprenger selber laufen läßt.

Regenwasser

Aufgefangenes Regenwasser hat viel von seinem Nimbus verloren, denn die Luftverschmutzung setzt sich zuerst auf den Dächern ab. Regnet es nach längerer Trockenheit, muß man den Belag erst gründlich abspülen lassen, ehe das Regenwasser aufgefangen und verwendet werden kann. Dazu kann man eine Klappe in die Dachrinne einbauen oder einen Deckel auf die Tonne legen, aber beides setzt voraus, daß man zu Hause ist und nicht viel anderes im Sinn hat als den Garten.

Gründlich gießen
Wird zu wenig auf einmal gewässert, statt in Abständen gründlich, wirkt das auf viele Kulturen nachteilig. Da der Boden oberflächig feucht ist, entwickeln sich die Saugwurzeln in diesem Bereich. Bleibt die Wasserzufuhr aus, fehlt es an tiefergehendem Wurzelwerk, und es treten eher Trocken- und Welkeschäden auf. Außerdem werden zahlreiche Unkräuter von der flachen Durchfeuchtung gefördert. Allein mit Schnitt und richtigem Wässern kann der Unkrautbesatz eines Rasens von 80 auf 10% gebracht werden.

Regner
Die neuen Werkstoffe sind haltbar, korrosionsfrei, primitiv, aber wirksam. Die faustgroßen Plastik-Kreisregner kosten weniger als eine gute Gießkanne. Nach Testbericht sind diese Billigregner nicht schlechter als alle chromblitzenden Wasserspiele. Sie werden mit einem Händedruck in den Boden gespießt und verteilen mit dem Netzdruck des Leitungswassers die gesamte Menge gleichmäßig im Kreise. Für Grenzsituationen gibt es Halbkreisregner und Schwenkarme, die gerade Flächen bewässern. Als Anschluß braucht man keine fest installierten Wasserhähne, denn die Steckarmaturen zwischen den Plastikschläuchen sind leicht zu bedienen. Sie sind so robust, daß sie beim Autowaschen ohne weiteres unter die Räder geraten dürfen, es geschieht ihnen nichts.

Unterflurregner
Das Neueste für den Rasen sind Versenkregner. Sie werden in die Grasnarbe eingegraben, so daß sie beim Mähen und Benutzen des Rasens nicht stören. Fällt etwas Erde in die Löcher, stört es die Regner nicht; denn

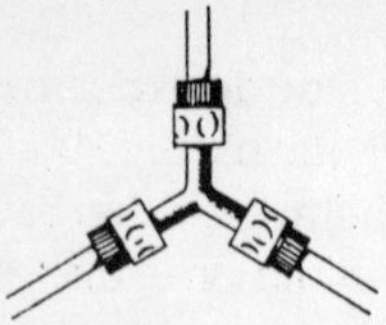

Moderne Bewässerungssysteme sind durchweg rostfrei, weil kein Metall mehr verwendet wird. Die Steckarmaturen sind leicht zu bedienen und doch zugleich so robust, daß millionenfaches Ein- und Auskuppeln keine Verschleißerscheinungen gezeigt hat.

Ausgelegte Sprühschläuche, die zentral an einem Wasserhahn an- und abgestellt werden, vereinfachen die zusätzliche Bewässerung, sparen Wasser und sind besser für viele Pflanzen, deren Laub möglichst nicht unnötig benetzt werden sollte.

wenn das Wasser aufgedreht wird, drücken die Sprenger alles an die Oberfläche. Wird das Wasser abgedreht, verschwinden sie wie von Zauberhand wieder unter dem Gras.

Träufelschlauch

Unter die Erde verlegt man Träufelschläuche, um Wasserverluste zu vermeiden. Es verdunstet nicht, bevor es den Boden erreicht hat oder in die Wurzelbereiche abgesunken ist. Außerdem kann man den Zufluß so steuern, daß stets gleichmäßig viel, aber nie zu viel Wasser vorhanden ist. Das läßt sich so steuern, daß genauso viel aus den Poren oder Düsen träufelt, wie von Wurzeln aufgenommen wird. Für den kleinen Garten gibt es Hobby-Sets für Balkonkästen und Freilandpflanzgefäße.

Sprühschlauch
Krankheitsbefall läßt sich vermeiden, vor allem in kühleren Zeiten unter Glas, bei blattempfindlichen Nutz- und Zierpflanzen, indem die Blätter beim Gießen nicht benetzt werden. Zwischen Jungpflanzen in Folientunneln und unter anderen Überbauungen legt man einen durchlöcherten Kunststoffschlauch aus, der das Wasser tröpfchenweise nach unten zum Boden abgibt. In das Einfüllende wird ein Trichter gesteckt und aus der Kanne eingegossen. Soll der Schlauch nicht liegen bleiben, wird er statt der Brause auf die Gießkanne gesteckt und überall dort ausgelegt, wo Rosen, Tomaten, Bohnen oder andere empfindliche Kulturen blattschonend gegossen werden sollen.

Pflanzenschutz tut not

Nach einer Erhebung der Universität Hannover setzen 79% aller Haus- und Kleingärtner chemische Pflanzenschutzmittel ein, zumeist gegen Schadinsekten an Zierpflanzen, weniger bei Obst und Gemüse; denn alle sind gegen »gespritzte« Nahrungsmittel. Für die Mittel werden im Jahresmittel 23 Mark ausgegeben. Die vorhandenen Geräte waren in gutem Zustand, jedoch wurde »oft eine fehlerhafte Handhabung« beobachtet, und der Wissensstand über den Pflanzenschutz war »relativ gering«.

Saugschlauch
Topf- und Gefäßpflanzen im Freien sind ein spezielles Gießproblem; denn sie brauchen je nach Größe und Standplatz mehrere Wassergaben pro Tag. Die üppigen

Sommerbepflanzungen, wie sie modern geworden sind, sind auf stetige Wasserzufuhr angewiesen, am besten mit Tröpfelstellen und selbsttätiger Schaltung, mit den angebotenen Bausätzen heute ein Kinderspiel.

Bezugsquellen

Abtei Fulda, Nonnengasse 16, 6400 Fulda (Humofix Kompoststarter)
Angst, Oskar, Pflugersgrundstr. 33, 6800 Mannheim (Regenwurmbrut)
Beckmann-Dünger, Herpstedter Str. 10, 2832 Twistringen (organische Dünger)
Bio-Agrar GmbH, Probststr. 31, 7505 Ettlingen (Algomin)
Biologische Bundesanstalt für Land- und Forstwirtschaft, Messeweg 11/12, 3300 Braunschweig (Pflanzenschutzmittel-Verzeichnis)
bio-Samen GmbH, Postfach 124, 2190 Cuxhaven (Saatgut)
blitol GmbH, Roßdörfer Str. 48, 6101 Messel (alles Biozubehör für den Garten)
Bodenuntersuchungsinstitut Koldingen, Dr. Hans von Rohr, 3001 Koldingen
Bouillard Freres S.A., B.P.1, F-71370 Saint Germain du Plain (Schädlingsabwehr- und Fanggeräte)
Herbert Brandt, Remser Weg 44, 4834 Harsewinkel (Mücke-Kompostsilos)
Bundessortenamt, Bemeroder Rathausplatz 1, 3000 Hannover 72 (Bundessortenliste)
Ernst-Otto Cohrs, Postfach 1165, 2720 Rotenburg (Bentonit, Kompoststarter Eco)
Compo GmbH, Postfach 2107, 4400 Münster (Schaumstoffe)
Corna-Werk, Postfach 4267, 7900 Ulm (Horndünger, Kompostbeschleuniger)
Günther Cornufera GmbH, 8520 Erlangen 2 (Horndünger)
Einheitserde Werkverband, Waldsiedlung 4, 6492 Sinntal 3-Jossa (Einheitserde)
Euflor GmbH, Alfonsstr. 1, 8000 München 19 (Humus, Erden, Torfprodukte, Folien)
Fabromont, CH-3185 Schmitten (Folien, Netze, Zubehör)
Gabi-Biochemie, Liemer Str. 26, 4902 Bad Salzuflen 1 (alle möglichen Bio-Produkte)
garda Carl Hinz KG, Postfach 1112, 6229 Schlangenbad 5 (Folien, Netze, Teiche)
Gardena Kress + Kastner, Boschstr. 5, 7900 Ulm (Erdaufbereiter)
Geizhals Woldemar Wagner, Peter-Henlein-Str. 19, 7730 Schwenningen (Zerstäuber)
Gesellschaft für Grün, Wehlingsweg 6, 4390 Gladbeck (Bodenverbesserung)
Geto-Export, Zandlaan 24, NL-2121 VS Bennebroeck (Pflanzenstützen)
Gloria-Werke Schulte-Frankenfeld, Diestedder Weg 39, 4724 Wadersloh (Spritzen)

Heckelmann, Lorenz & Söhne, Schlingenstr. 17, 8731 Waldfenster (Nistkästen)

hila Draht + Garten GmbH, Fassendeichstr. 6, 6740 Landau (Welldrahtprodukte)

Hoechst AG, Postfach 80 03 20, 6000 Frankfurt 80 (Bacillus thuringiensis)

Huminal GmbH, Zufuhrstr. 206, 6000 Frankfurt 16 (Humistrat und kompostierte Baumrinde)

Jünemann Heinz G. GmbH, Sälzer Str. 1, 3582 Felsberg (Vogelschutznetze)

Kama-Organ-Dünger GmbH, Salzstr. 178–180, 7100 Heilbronn (organ. Düngemittel)

Klasmann-Werke GmbH, Georg-Klasmann-Str. 2–10, 4478 Geeste 4 (Torfprodukte)

Manna-Düngerwerk, 7403 Ammerbuch 2 (getrockneter Stalldung)

Mewaplast Ing. H. Wüster, Auwerk 18, A-6460 Imst (Komposter, Frühbeete, Kleingewächshäuser)

Möschle, 7601 Ortenberg (Erdaufbereitungs-, Zerkleinerungs- und Mischmaschinen)

Neudorff, An der Mühle 3, 3254 Emmerthal 1 (Boden, Kompostaktivatoren)

Nielsen Thor GmbH, Rabenslücke 1, 2390 Flensburg-Mürwik (Algen, Stallmist)

A. Pell, Neanderstr. 101, 4020 Mettmann (Schutzwände, Komposter, Zubehör)

Perrot Regnerbau, Bischofstr. 54, 7260 Calw (Regner, Tropfbewässerung)

Rheinbraun, Stüttgenweg 2, 5000 Köln 41 (Perlhumus)

Rietbergwerke, Bahnhofstr. 55, 4835 Rietberg 1 (Kompostiergeräte und Zubehör)

Edm. Romberg & Sohn, Esplanade 6, 2000 Hamburg 36 (alle Jiffy-Produkte)

Sanpack, Eiffestr. 482, 2000 Hamburg 26 (Vogelschutznetze, Nistkästen)

Speidel, Tübinger Str. 14, 7404 Ofterdingen (Regentonnen und andere Gefäße)

Carl Sperling + Co., Hamburger Str. 27, 3140 Lüneburg (Bodenkur, Gründüngung)

Sudbury S.A., Place Stéphanie 10/5, B-1050 Bruxelles (Bodentester)

Schwegler, Heinkelstr. 35, 7060 Schorndorf (Vogelschutzgeräte)

Stäbler GmbH, 7321 Adelberg (Kompostlegen, Regenauffanggeräte)

Thompson-Siegel, Erkrather Str. 230, 4000 Düsseldorf 1 (Pflanzennahrung)

Torfstreuverband, Bloherfelder Str. 39, 2900 Oldenburg (alle Torfprodukte)

Alfred Strothe, Osterstr. 32, 3000 Hannover 1 (beschreibende Bundessortenlisten)

Literaturverzeichnis

BÜCHTUNG, ANDREAS-J., UND GUTSCHOW, ARVID, Grenzen und Engpässe moderner Agrarverfahren, *Ökologische Alternativen, Bad Soden 1976.*

BUND NATURSCHUTZ IN BAYERN, HRSG., Ökologischer Garten, *Frankfurt 1981.*

EICHENBERGER, ROSMARIE, HENGGELER, SILVIA, SCHMID, OTTO, UND VOGTMANN, HARDY, Das Jahr im biogolischen Gartenbau, *Münsingen 1982.*

FRANCK, GERTRUD, Gesunder Garten durch Mischkultur, *München 1980.*

FRANZ, JOST MARTIN, UND KRIEG, ALOYSIUS, Biologische Schädlingsbekämpfung, *Berlin und Hamburg 1972.*

FRITZSCHE, HELGA, Heilpflanzen biologisch ziehen, *München 1982.*

HEIMANN, MAX, Naturgemäßer Pflanzenschutz im Nutzgarten, *Stuttgart 1982.*

VON HEYNITZ, KRAFFT, UND MERCKENS, GEORG, Das biologische Gartenbuch, *Stuttgart 1981.*

KOEPF, HERBERT H., PETTERSON, D. UND SCHAUMANN, WOLFGANG, Biologische Landwirtschaft, Einführung in die biologisch-dynamische Wirtschaftsweise, *Stuttgart 1974.*

KOEPF, HERBERT H., Landbau natur- und menschengemäß, Methoden und Praxis der biologisch-dynamischen Landwirtschaft, *Stuttgart 1980.*

KREUTER, MARIE-LUISE, Der Bio-Garten, *München 1982.*

MICHAELI-ACHMÜHLE, PETRA, Der gesunde Garten, *München 1979.*

SEYMOUR, JOHN, Der Traum vom Landleben und wie man ernst damit macht, *Rüschlikon-Zürich 1982.*

STIFTUNG ÖKOLOGISCHER LANDBAU, HRSG., Landbau und Ökologie, *Band 19 der Schriftenreihe der Georg Michael Pfaff Gedächtnisstiftung, Kaiserslautern 1976.*

VERNAZZA, CLELIA, Biologisch gärtnern, *Bern 1980.*

Register

Eine kleine Leseprobe:

Was man sammelt und wo man sammelt

Abbildung und Beschreibung der einzelnen Pflanzen sind in diesem Buch so genau wie möglich gehalten. Dennoch empfiehlt es sich – vor allem für den Laien –, zusätzlich ein gutes Pflanzenbestimmungs- bzw. Pilzbuch hinzuzuziehen. Vorsicht ist ein guter Ratgeber! . . .
Es ist möglich, daß der eine oder andere auf den Genuß bestimmter Wildpflanzen allergisch reagiert. Seien Sie daher mit neuen Gerichten ein wenig vorsichtig! Dasselbe gilt für die Hausapotheke. Überschreiten Sie nie die angegebenen Mengen. Nehmen Sie sich auch von einer neu ausprobierten Speise zunächst nur eine kleine Portion. Es ist keineswegs ungewöhnlich, daß Menschen beispielsweise gegen Erdbeeren, Holunder oder Schlehe allergisch sind. Auch bei Pilzen ist Vorsicht geboten!
Denken Sie auch daran, daß es nicht nur unvernünftig ist, Pflanzen am Straßenrand zu sammeln, sondern auch gesundheitsschädlich, weil sie durch Abgase und Reifenabrieb stark verunreinigt sind. Spürbar sind die Folgen solcher Schadstoffe zunächst zwar nicht, aber da die Gifte häufig im Körper verbleiben und sich dort sammeln, sind spätere nachteilige Auswirkungen durchaus möglich. Dasselbe gilt für das Sammeln auf chemisch behandelten Flächen und im Bereich umweltverseuchender Industrieanlagen. Man sollte diese Gefahren nicht unterschätzen! Es gibt ja glücklicherweise noch genügend unbebautes Land, das nicht mit Chemikalien verunreinigt ist!
Das Sammelgut transportiert man am besten in Körben oder Naturfaserbeuteln, nie in Plastiktüten oder luftun-

durchlässigen Behältern. Das gilt ganz besonders für Pilze. Das Gesammelte sollte locker in den Korb oder die Tasche gelegt und nie zusammengedrückt werden. Letzteres erhöht nämlich die Verderblichkeit und führt meistens dazu, daß daheim ein Großteil der Früchte, Kräuter oder Pilze weggeworfen werden muß. Zweckmäßig ist es, einige Papiertüten mitzunehmen, damit verschiedenartiges Sammelgut nicht durcheinandergerät.

Behandeln Sie die Natur so schonend wie möglich, d. h. reißen Sie von Bäumen und Sträuchern nicht ganze Äste ab; ziehen Sie die Pflanzen nicht mit den Wurzeln aus (sofern diese nicht benötigt werden); reißen Sie nicht sämtliche Blätter, Blüten oder Früchte ab, denn u. U. ist dann der Fortbestand solcher Pflanzen gefährdet. Die Nutzung von Baumrinde oder Bast für medizinische Zwecke muß auf ein Minimum beschränkt werden. Durch unsachgemäße Behandlung kann man einem Baum bleibenden Schaden zufügen. Aus diesem Grunde sollte man auch auf »interessante Experimente« (ich denke z. B. an das Sammeln von Baumsäften im Frühjahr) verzichten. Die Gefahr, daß beim Saftabzapfen ein Baum »verblutet«, ist zu groß. Wer beispielsweise Birkensaft für eine Frühjahrskur benötigt, sollte ihn besser im Reformhaus kaufen.

Walderdbeere

Fragaria vesca

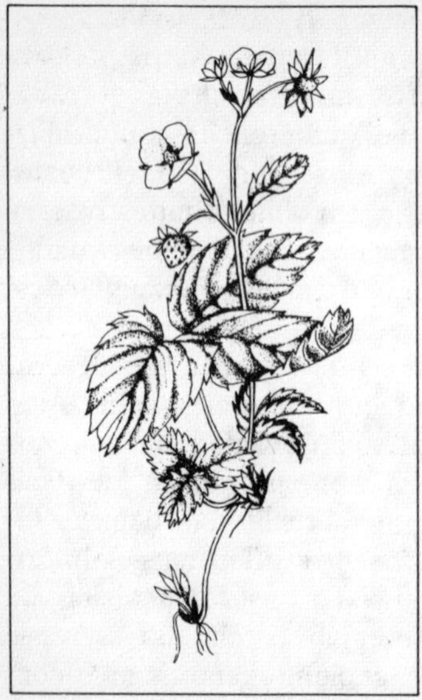

Vor der Walderdbeere muß man niederknien, denn leicht zu finden ist sie nicht. Das kleine Pflänzchen verschwindet ganz zwischen dem hohen Gras und anderem Grün. Dafür ist die Walderdbeere jedoch kein »Einzelgänger«, sondern kommt immer truppweise vor. Man findet sie in Wäldern und Hainen, im Gebüsch und an grasigen Plätzen. Die dreigesägten Blättchen, von denen das mittlere gestielt ist, sind graugrün, an der Unterseite leicht behaart. Die kleinen weißen Blüten entfalten sich bereits im Mai; die winzigen Früchte reifen von Mai bis Juli. Die Erdbeere ist übrigens eine Scheinfrucht, die eigentlichen Früchte sind die gelbgrünen Kernchen auf der sattroten Außenhaut.

Sowohl die Blätter als auch die Früchte und Wurzeln der Walderdbeere leisten in der Hausapotheke gute Dienste, aber auch in der Küche. Bereiten Sie ruhig einmal Salat mit Erdbeerblättern zu. Sie brauchen damit nicht zu sparen, sie schmecken wirklich gut. Zur Teebereitung kann man die Blätter frisch oder getrocknet verwenden. Recht vielseitig sind die Verwertungsmöglichkeiten der Früchte – in Konfitüre, Obstsalaten, Bowle oder Feingebäck. Medizinisch wendet man die Erdbeere sowohl innerlich als auch äußerlich an. Die frischen Früchte sollen blutreinigend, laxierend und gut gegen Erkältungskrankheiten sein. Ihres hohen Eisengehalts wegen sind sie auch Blutarmen zu empfehlen. Bei Übergewicht, Diabetes und Allergie (manche Menschen bekommen von Erdbeeren Nesselausschlag) sollte man freilich auf den Genuß der kleinen Lebensversüßer verzichten. Wurzelstock und Blätter werden ihrer erfrischenden, adstringierenden, fiebersenkenden und harntreibenden Wirkung wegen geschätzt. Der Saft frischer Blätter hat sich u. a. auch bei Hautwunden und Zahnfleischentzündung bewährt. Der Saft der Früchte wird zur Herstellung von Hautcremes und Gesichtsmasken verwendet. Erdbeersaft soll auch fleckige Hautverfärbungen beseitigen. Starke Raucher benutzen Erdbeeren zur Beseitigung der unschönen Nikotinflecke auf den Zähnen, indem sie Erdbeerbrei einige Minuten darauf einwirken lassen.

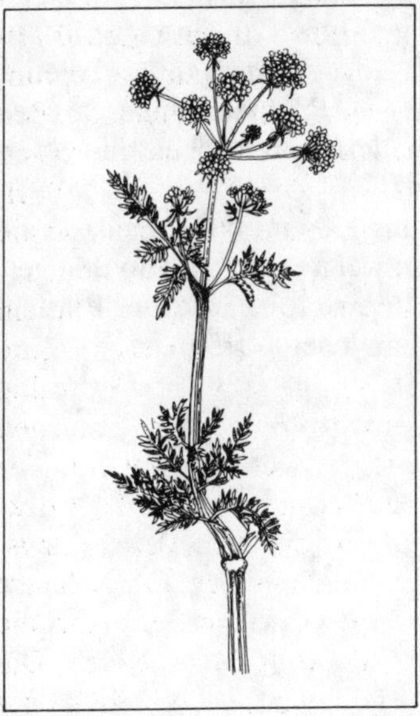

Wiesenkerbel

Anthriscus sylvestris

Wiesenkerbel wuchert im Frühjahr üppig an vielen Wegrändern und Rainen. Wer hätte gedacht, daß sich dieses »lästige Unkraut« so gut in der Küche verwenden läßt? Man kann den Wiesenkerbel auf verschiedene Art zubereiten – gedämpft als Gemüse, zur Garnierung von Salatplatten, in Bohnen- oder

Kartoffelgerichten, im Eintopf . . . Der Phantasie sind keine Grenzen gesetzt. Es empfiehlt sich, etwas Wiesenkerbel im Frühjahr zu trocknen, denn später – vor allem wenn die Pflanze zu blühen beginnt – schmeckt er bitterer. Also nur ganz jungen Wiesenkerbel verwenden! Die Sache hat allerdings einen Haken: Es gibt zahlreiche verwandte Arten, die ihm täuschend ähnlich sehen, vor allem die Jungpflanzen. Dazu zählen u. a. auch die giftige Hundspetersilie und der Gefleckte Schierling – beide Doldenblütler wie der Wiesenkerbel. Wer sich seiner Sache nicht ganz sicher ist, sollte auf alle Fälle ein gutes Pflanzenbestimmungsbuch zu Rate ziehen. Zur allgemeinen Orientierung möchte ich hier die erwähnten Pflanzen kurz charakterisieren:
Wiesenkerbel: Höhe 50 bis 150 cm; Hohlstengel, gerieft und meist ganz behaart; dreigefiederte Blätter, leicht behaart; wächst in regelrechten Büschen auf feuchten Wiesen, an Wegrändern und Rainen; angenehmer Duft.
Gefleckter Schierling: Höhe 30 bis 120 cm; rotgefleckte Stengel, die oben dicke Knospen tragen; zweigefiederte, behaarte Blätter; abstoßender mäuseartiger Geruch; wächst an Wegrändern und Hecken, in lichten Wäldern und im Unterholz.
Hundspetersilie: Höhe 30 bis 150 cm; bleibt meist ziemlich klein; runde, stark verzweigte, unbehaarte Stengel; dreigefiederte, an der Unterseite glänzende Blätter; häufig einzeln stehend, unangenehm riechend.

Wiesenbärenklau

Heracleum sphondylium

Dieser kräftige Doldenblütler gedeiht am besten an feuchten Stellen entlang von Böschungen und Dämmen oder auf schilfbewachsenen Flächen. Bei günstigen Wachstumsbedingungen kann er bis zu anderthalb Meter hoch werden. Es gibt auch eine persische Abart, die in letzter Zeit gerne in Naturparks angepflanzt wird und die stattliche Höhe von zweieinhalb Metern erreichen kann.
Der Stengel des Bärenklaus ist rauh behaart und tief gefurcht. Die großen Blätter sind gefiedert, die Blattscheiden stark aufgeblasen, so daß sie fast den ganzen Stengel einnehmen. Die auffallenden, weißen, dichten Blütendolden sieht man von Juni bis Oktober.
Die jungen Triebe und zarten Blätter sind recht schmackhaft und eignen sich für gemischte Salate. Kochen Sie einmal die fleischigen Triebe und bestreuen Sie sie mit gemahlenem Sesam! Sie bilden eine köstliche Zwischenmahlzeit und sind mal etwas anderes als die ewigen Cracker.
Verwechseln Sie den jungen Bärenklau aber nicht mit Wasserschierling oder Engelwurz, gleichfalls Doldenblütler, die auf feuchten Standorten gedeihen. Auf die Unterschiede bin ich bei den Ausführungen über die Engelwurz näher eingegangen.

Als Band mit der Bestellnummer 66 071 erschien:

Joachim Breschke

TAUSENDSCHÖN & GRÜNE BOHNEN

999 praktische und ungewöhnliche Garten- und Zimmerpflanzen-Tips

Mit diesen 999 altbewährten und brandneuen Tips und Tricks werden Ihre Balkon- und Zimmerpflanzen besser gedeihen. Ihr Garten wird zu jeder Zeit in schönster Blüte stehen und gesunde Früchte tragen.

Joachim Breschke hat den Gemüse- und Zierpflanzenanbau wie die Gartengestaltung bei der praktischen Arbeit im elterlichen Gartenbaubetrieb kennengelernt. Seine Fachpressedienste für den Freizeitgärtner erscheinen bereits im 30. Jahrgang. Daneben entwickelte er eine umfangreiche journalistische und schriftstellerische Tätigkeit, aus der bisher über 20 Gartenbücher hervorgegangen sind.

Mit Zeichnungen von Josef Blaumeiser.